高职高专会计类精品系列教材

审计基础与实务

（第四版·增订版）

主　编　王　拓　王新玲

副主编　白　洁　牛　艳　李　梅

主　审　刘春娟

科学出版社

北　京

内 容 简 介

本书在全面介绍审计理论的基础上，结合审计实例分析了审计实务内容。全书分为12个项目，内容包括审计概述，注册会计师审计准则、职业道德与法律责任，审计目标，审计方法，审计证据与审计工作底稿，审计重要性和审计风险，审计过程，审计报告，销售与收款循环审计，采购与付款循环审计，存货与生产循环审计，货币资金审计。

本书既适合于高职高专经济管理类专业审计学课程的教学，也可以作为审计人员和其他企业管理人员学习的参考用书。

图书在版编目（CIP）数据

审计基础与实务/王拓，王新玲主编. 4版. —北京：科学出版社，2019
（“十四五”职业教育国家规划教材·高职高专会计类精品系列教材）
ISBN 978-7-03-063439-9

I. ①审… II. ①王… ②王… III. ①审计学 IV. ①F239.0

中国版本图书馆CIP数据核字（2019）第254615号

责任编辑：薛飞丽 王 琳/责任校对：赵丽杰
责任印制：吕春珉/封面设计：东方人华平面设计部

科学出版社 出版
北京东黄城根北街16号
邮政编码：100717
http://www.sciencep.com
三河市骏杰印刷有限公司印刷
科学出版社发行 各地新华书店经销
*
2008年9月第 一 版 2022年1月第四版增订版
2012年8月第 二 版 2025年1月第二十二次印刷
2015年6月第 三 版 开本：787×1092 1/16
2019年11月第 四 版 印张：17
字数：403 000

定价：59.00元

（如有印装质量问题，我社负责调换）
销售部电话 010-62136230 编辑部电话 010-62135763-2030

第四版增订版前言

为了响应国家“十四五”规划中激发人才创新活力，加强技能型人才培养，壮大高技能人才队伍的要求，全面贯彻党的方针政策，落实立德树人的根本任务，推进数字化进程，完善现代职业教育体系，加强职业教育基础能力建设，创新完善产教融合、校企合作的高素质技术技能人才培养模式，实现职业院校教师和企业技术人才双向交流。编者以此为契机对本教材进行重新编写和审定。本次教材编写更加突出了专业设置、课程内容、教学方式与生产实践对接，更加注重教材的应用性、交叉性和层次性。本书编者结合新要求、新政策、新的经济发展模式需要，组织了一批具有丰富理论知识和实践经验的专家，并结合参考审计部门工作人员和会计师事务所建议，对本书进行了第四次修订。

本书自 2008 年出版以来，在高职高专院校会计类专业的教学中取得了较好的使用效果，特别是教材能为学生提供大量的技能训练案例资料，在指导学生审计方法运用上，融“教、学、做”为一体的编写思路，使它被评为教育部第一批“十二五”职业教育国家规划教材。

本次修订是以 2019 年修订后的审计准则及应用指南为指导、以“项目为导向，任务为驱动”的高职教材编写的理论与思路及课程建设体系，将全书进行了修订，包括加入引导案例、项目调整、微课视频等。本次修订后内容更精练、贴合实际，更加注重培养和提高学生运用所学的理论知识分析和解决实际问题的能力，突出针对性、实用性和可操作性，为培养高素质技术技能型人才提供更好的服务。

本书由会计师事务所刘春娟所长负责主审。具体编写分工如下：山西财贸职业技术学院副教授王拓编写项目一、项目二；山西财贸职业技术学院副教授牛艳（注册会计师）编写项目三、项目四、项目七；中审亚太会计师事务所所长刘春娟（注册会计师）编写项目五；鄂尔多斯职业学院副教授李梅编写项目六；山西财贸职业技术学院讲师白洁（注册会计师）编写项目八、项目九、项目十；山西财贸职业技术学院副教授王新玲（注册会计师）编写项目十一、项目十二。

由于编者水平有限，书中难免有不足之处，恳请读者批评指正。

第一版前言

课程建设和改革是提高教学质量的核心。经济的快速发展，给审计学教学内容和方法的改进提出了新的要求。审计学教学内容和方法的改进与创新，是每个审计学教师义不容辞的责任。尤其是新的企业会计制度颁布实施和高等职业技术教育的广泛开展，使得此项工作显得更为紧迫。总结多年来我们进行审计学教学改革和探索的实践经验，特别是在学院领导和一线工作的会计人员、审计人员的支持下，精心组织编写了本书。

教学改革，教材先行。为了推动我国高职高专教育教学改革向“以培养职业能力为中心，理论和实践并重”的方向发展，本书在以下几个方面进行了改进与创新。

（1）突出新的知识和信息

本书在编写中体现了新法规、新政策、新方法等会计理论与实务的最新成果。在内容上，除了体现基本知识和基本技能外，还大量吸收了新的会计和审计知识。针对实际工作中出现的新问题，探索了一些解决问题的措施和方法。

（2）改革教学方法和手段，融“教、学、做”为一体，强化学生能力的培养

本书突出了技能训练，形成了理论教学与技能训练的紧密结合。体现了教学为实践服务，培养实用型人才的宗旨。

（3）坚持育人为本，德育为先，把立德树人作为根本任务

重视德育渗透和法制教育。本书以提高学生综合素质为己任，对德育教育贯穿始终。不仅通过大量的审计案例分析，而且运用课堂讨论和控制制度设计，使学生受到深刻的学习和教育。不仅提高了他们的思想觉悟，而且增强了他们抵抗“腐蚀”的能力。

（4）重视学生校内学习成绩考核与企业实践考核相结合

本书特别在各章结束后精心设置了大量的案例和思考题，并采纳了不少专家的建议，组织了大量的课外实训内容。强化了试验、实训、实习三个环节，使学生能独立完成简单的审计报告和管理建议书。

以上探索和创新不但体现了高职高专审计学教育特色，而且启发了学生学习的热情和学习的主动性。

目　　录

项目一 1 审计概述

【知识目标】

了解审计产生的原因及发展过程；

熟悉审计的定义、职能和特征；

熟悉审计的基本分类和其他分类；

了解审计组织机构的设置。

【技能目标】

能够认识审计的主体、对象、目标和职责范围；

能够辨别不同类型的审计组织和人员。

【素质目标】

培养学生的职业敏感度及正义之心。

【引导案例】

杨晓、陈丽和徐华是某大专学校的同班同学。毕业后，杨晓回到县里审计局做临时工，陈丽在山西华昌商贸有限公司的内审部门做审计助理，徐华在山西光明审计事务所做审计助理。同学聚会她们相遇了，分别聊了她们所从事的工作，才恍然大悟原来学了审计这门课程有这么多可以从事的工作。

思考

1）什么是审计？

2）这三位同学所从事的审计工作，分别属于什么审计？

3）这三种审计的相同点是什么？不同点是什么？

任务一 审计本质

一、审计的产生与发展

1. 审计产生与发展的客观基础

社会经济环境决定着审计的产生与发展。当社会发展到一定程度，经济组织规模扩大了，经济活动过程复杂了，管理层次增多了，致使财产所有者无法亲自掌管全部经济活动，只好委托他人代为经管，这样就形成了财产所有权与经营管理权的分离及受托责任关系。在这种经济关系下，所有者和经营者的目标可能不一致，所有者为了维护自己的经济利益，防止经营者营私舞弊，需要经营者合法、有效地履行其职责；同时，经营者为了确定自己的经营业绩，证实自己经济责任的履行情况，也需要接受客观公正的审查。对财产经营者进行审查，客观上要求与财产所有者和财产经营者都无利害关系的第三者来进行，这就要求有一个独立的专门的监督部门或人员代替财产所有者进行监督检查，于是就产生了审计。

可见，审计是社会经济发展到一定阶段的产物，是在财产所有权与经营管理权相分离而形成的受托经济责任关系下，基于经济监督的客观需要而产生的。也就是说，受托经济责任关系是审计产生与发展的基础。

2. 我国审计产生与发展的历程

我国审计的产生与发展经历了一个漫长的过程。

早在西周时期，我国就有了审计的萌芽。当时朝廷在天官之下设有小宰一职，小宰之下设有宰夫，负责对各级官府的财物收支状况进行稽查，有“考其出入，而定刑赏”的职权，监视群吏执行朝法。宰夫一职的出现标志着我国国家审计的产生。

秦汉时期，是我国国家审计的最终确立阶段，其标志是“上计”制度的建立和日趋完善。所谓“上计”制度，就是皇帝亲自听取和审核各级地方官吏的财政会计报告，以决定赏罚的制度。秦朝还设有御史大夫，掌管国家政治经济监察大权，三十六郡设监察御史，形成全国性的监察系统。汉承秦制，仍由御史大夫掌管审计监督大权。

隋唐至宋，是封建经济的鼎盛时期，我国审计也进入日臻完善的阶段。隋朝在刑部下设比部，使审计成为国家司法监督部门的组成部分。唐朝除设比部外，还将稽查职能划归御史台，使比部和最高监察机关配合。宋朝设“审计院”，成为中国“审计”一词的最早来源。这一时期，不仅有独立行使经济监察职权的专门审计机构，同时也出现了较为完善的监察制度和专职经济监察人员。

元明清三代，封建经济渐趋衰败，君主专制日益强化，与此相适应，国家审计也逐步衰退，专门的审计机构撤销了，户部自己行使“审计”权力，审计监督流于形式。这一时期审计停滞不前。

中华民国时期，封建帝制被推翻，审计进入了近代演进时期。1912 年，北洋政府在国务院设立审计处，1914 年颁布了《审计法》，这是我国历史上第一部审计法典。1928 年，国民政府成立审计院，后改为审计部，隶属监察院，并引进了西方的审计制度，形成了比较完整的国家审计体系。与此同时，我国资本主义工商业有所发展，随之民间审计（注册会计师审计）也应运而生。1918 年，北洋政府颁布了我国第一部注册会计师法规——《会计师暂行章程》。著名会计学家谢霖先生成为我国第一位注册会计师，他创办了中国第一家会计师事务所——正则会计师事务所，随后在一些大城市中相继成立了会计师事务所，民间审计得到了发展。但在半殖民地半封建的旧中国，终因政治动荡，经济发展缓慢，审计工作没有得到足够的重视和提高。

中华人民共和国成立之初，国家没有设置独立的审计机构。20 世纪 80 年代，为适应改革开放和经济建设的需要，我国把审计工作提上了重要日程。1980 年恢复重建注册会计师制度；1981 年上海会计师事务所成立；1986 年《中华人民共和国注册会计师条例》的发布，成为我国注册会计师制度步入法制化道路的重要标志；1988 年中国注册会计师协会成立；1993 年发布了《中华人民共和国注册会计师法》（以下简称《注册会计师法》）。注册会计师审计蓬勃发展。与此同时，我国把建立政府审计机构、实行审计监督，载入我国 1982 年颁布的《中华人民共和国宪法》（以下简称宪法）之中；1983 年成立了我国国家审计的最高机关——审计署，在地方设置各级审计机关；1985 年发布了《国务院关于审计工作的暂行规定》；1994 年发布了《中华人民共和国审计法》（以下简称《审计法》），并于 2006 年和 2021 年做了较大修订，2010 年 5 月 1 日起实施的《中华人民共和国审计法实施条例》，从法律上进一步确立了国家审计的地位。为加强部门、单位内部的经济监督和管理，我国于 1984 年在部门、单位内部成立了审计机构，实行内部审计监督制度。1985 年、1995 年、2003 年、2008 年先后几次发布了关于内部审计工作的规定，规范了我国内部审计工作，建立健全了内部审计制度，使内部审计得到了迅速发展。

至此，我国形成了国家审计、注册会计师审计和内部审计三位一体的审计监督体系，三者各自独立、各司其职，泾渭分明地在不同的领域实施审计，审计工作进入了振兴时期。审计监督体系的构建和完善对我国经济体制的改革乃至整个国民经济的发展都起到了良好的促进作用。

从审计的产生与发展历程中我们可以看到，审计的产生和发展与经济发展密切相关，经济越发展，审计越重要。

二、审计的定义

从“审计”一词的字面意义上讲，“审”有“查”之意，但比“查”字的含义更为丰富，有详细、周密、谨慎地审阅检查，分析研究，缜密推断，查证核实等意思；“计”有“算”之意，但比“算”字的含义更具体，有会计资料及核算、稽核之意。“审计”一词的词义，就是详细、周密、慎重地审查会计资料。在英文中，“审计”（audit）一词是指会计检查。古今中外，“审计”一词被称为会计检查或查账，是一种对狭义的经济监督行为的表述。但是，随着社会经济的发展和经济管理要求的提高，“审计”的内涵和外延都有了扩展，无论从查账的内容、方法还是目的来看，其字面意义的表述已远远不能概括现代审计的丰富内容。

审计的定义是对审计的本质特征或其内涵与外延做出科学的界定和高度的概括。根据 1995 年 10 月中国审计学会等单位在青岛举办的审计定义研讨会上，与会专家学者的反复研讨，对审计的定义做出如下简明、通俗的表达：审计是独立检查会计账目，监督财政、财务收支真实、合法、效益的行为。

审计是由独立的专职机构或人员接受委托或授权，对被审计单位特定时期的财务报表及其他有关资料的公允性、真实性，以及经济活动的合规性、合法性和效益性进行审查并提出结论的一种监督、评价和鉴证的活动。

审计是一项具有独立性的经济监督活动。随着经济发展，审计学也在实践中不断充实、丰富和完善。在不同社会历史时期，由于生产力发展水平和社会经济管理方式不同，审计独立的经济监督活动的深度、广度、内容和目的不尽相同。因此，审计的概念也有所区别。

1. 审计的主体

审计的主体是指审计的执行者。在实际工作中，审计主体是独立的专职机构和专业人员。专职机构是以审计为专门工作的单位，包括国家审计机关、内部审计机构和社会审计组织。专业人员是上述专职机构中的审计人员。

2. 审计的对象

审计的对象是指审计监督的范围和内容。被审计单位是审计活动的客体，即为审计的范围；客体的经济活动即为审计的内容。

具体来说，审计对象包括以下两个方面。

（1）被审计单位的财政、财务收支及相关的经营管理活动

不论传统审计还是现代审计，不论是政府审计、社会审计还是内部审计，都要求以被审计单位客观存在的财政、财务收支及其相关的经营管理活动为审计对象，对其真实性、合法性及有效性进行审查和评价，以确认或解除其所负的经济责任。现代审计一般还包括对控制制度健全性、有效性的审核、评价。各种不同类型的审计，其审计对象有所区别：根据我国《宪法》规定，政府审计机关的审计对象是国务院各部门和地方各级政府的财政收支；国有金融机构和企事业单位的财务收支、内部审计的对象是本系统部门、本单位及下属单位的财务收支及相关经济活动；社会审计的对象是委托人指定的被审计单位的财务收支及相关经济活动。

（2）被审计单位的会计资料和其他有关资料

审计对象的本质是通过一定的载体反映出来的，提供会计信息的载体主要是会计凭证、会计账簿、财务报表等会计资料及计划、预算、经济合同等其他资料；提供经营管理活动信息的载体主要是经营目标、预测方案、决策方案、技术资料、经济活动分析资料等其他有关资料。以上这些是审计工作的具体对象。

综上所述，审计对象是指被审计单位的财政、财务收支及其有关的经营管理活动，具体对象是指提供经济活动信息的会计资料及其他有关资料等信息载体。

3. 审计的目标

审计的目标是对被审计单位经济活动的真实性、合法性和效益性进行审查，提出审计结论。

真实性是指反映财政收支、财务收支及有关经济活动的信息与实际情况相符合的程度。合法性是指财政收支、财务收支及有关经济活动遵守法律、法规或者规章的情况。效益性是指财政收支、财务收支及有关经济活动实现的经济效益、社会效益和环境效益。

4. 审计的任务

审计的任务是根据审计授权人或委托人的审计目标所确定的，对审计对象进行审查所要达到的目的和要求。我国审计的基本任务是：坚持四项基本原则，以党和国家的路线、方针、政策、法规为依据，对被审计单位的经济活动的真实性、合理性、合法性、有效性进行监督、鉴证和评价以达到维护财经法纪、加强企业管理、提高经济效益、维护社会良好有序的经济秩序、保护国家财产安全和完整的目的，为我国经济体制改革和市场经济的健康顺利发展，创造良好环境提供有力保证。

我国审计的具体任务分述如下。

（1）审查会计资料的真实性、正确性及其所反映的经济活动的合法性、合理性和有效性

会计信息质量影响国家宏观经济决策的正确性和资源配置的有效性。这就要求不同类型的审计，通过对企事业单位的经济业务进行审查，鉴证其会计信息是否真实、正确，经济活动是否符合国家的法规、制度要求，强化审计监督，维护正常的社会经济秩序，推动市场经济的健康发展，满足投资者对会计信息的需求。

（2）审查揭发营私舞弊、违法乱纪行为，打击经济领域的犯罪活动

目前在经济发展过程中，有少数单位和个人违反党纪国法，为取得小团体或个人的不正当利益，有的欺上瞒下，侵吞国家集体承包的财产；有的进行贪污盗窃、行贿受贿、走私赌博等违法犯罪活动；有的造假账，虚盈实亏或虚亏实盈；有的把大量资金体外循环或私设小金库，财务信息失真和会计造假已严重影响市场经济健康运行。所以，需要通过不同类型的审计，检查各企事业单位贯彻执行党和国家的路线、方针、法规、制度的情况，追查一切违纪、犯罪行为的原因及当事人的法律责任，严肃法纪，维护社会主义经济秩序，保证社会主义市场经济稳步发展。

（3）审查企业内部控制制度的健全性和有效性，促进其提高经营管理水平

健全、有效的内部控制制度能够保证会计资料真实、可靠，保证国家财经纪律的贯彻执行，保护财产安全完整，防止贪污、盗窃等不法行为的发生。现代审计的一个主要特征就是先对被审计单位的内部控制制度进行了解，在此基础上进一步明确审计重点和范围，提高审计效率。通过审计，促进企业建立健全内部控制制度，形成人人有专责、各负其责的局面，形成有效的责任制度，起到防止差错、提高工作效率、提高经营管理水平、提高企业经济效益的作用。

（4）审查监督经济资源的利用情况，挖潜创新，促使经济效益的提高

提高经济效益的主要途径之一，是提高经济资源的利用效率，挖潜创新，提高管理水平，从而实现经济效益的增加。通过审计，审查经济资源是否充分利用，其耗用是否符合节约合理的原则，人力资源是否做到人尽其才，管理机构是否健全合理，经营决策、经营目标是否科学、可行，提出改进意见和建议，促使被审计单位有效利用各种资源，针对存在的问题采取行之有效的措施，加强管理，挖掘潜力，促进生产的发展和经济效益的提高。

5. 审计的职能

审计的职能是指审计本身所固有的内在功能，是审计完成任务所需要具备的能力。审计的发展在一定程度上表现为审计职能的发展。审计的职能是随着社会经济发展而逐步提高的。到目前为止，理论界和实务界通常都认为审计具有监督、鉴证和评价三个方面的职能。

（1）监督职能

监督是审计最基本的职能，监督是指监察和督促被审计单位的全部经济活动或其某一特定方面在规定的范围内，遵循正常的秩序执行。通过审计监督，一方面可以查清财政、财务收支等经济活动的真实情况，查处违法乱纪事项，促进经济效益提高；另一方面，可以促进正确处理有关方面的经济利益关系，监督经济责任履行。

（2）鉴证职能

鉴证职能是审计基本职能的延伸和发展，是指通过对被审计单位的会计报表及有关经济资料所反映的财务收支和有关经济活动的审核检查，确定其可信赖程度，并做出书面证明，增强其可信度，供有关利益关系人使用。

（3）评价职能

评价职能也是审计基本职能的延伸和发展，是指审计人员通过被审计单位的经济活动进行审计后，就其预算、计划、方案和经济决策的可行性、执行情况、经济效益及内部控制有效性等做出评价，并有针对性地提出合理意见和建议。

三、审计关系

委托经济关系产生审计的同时，也形成了审计关系。审计关系是指一项审计行为必然涉及的审计人、被审计人和审计委托人或授权人三方之间所形成的经济关系。在审计关系中，这三方称为审计关系人，是指构成一项审计活动的相互有责任关系的三方当事人。

我们知道，任何一项审计活动都必须有审计人、被审计人和审计委托人三个方面。审计人（第三关系人）在接受审计委托人的委托或授权的情况下，对被审计人进行审查，向审计委托人证实被审计人的责任、状况与问题；被审计人（第二关系人）对审计委托人负有经济责任，并由审计人对其受托经济责任进行审查；审计委托人（第一关系人）将其财产委托被审计人去经营管理，要求被审计人对他们承担经济责任，并从审计人那里获取有关被审计人受托经济责任履行的书面报告。审计人、被审计人和审计委托人三

者的关系，如图 1-1 所示。

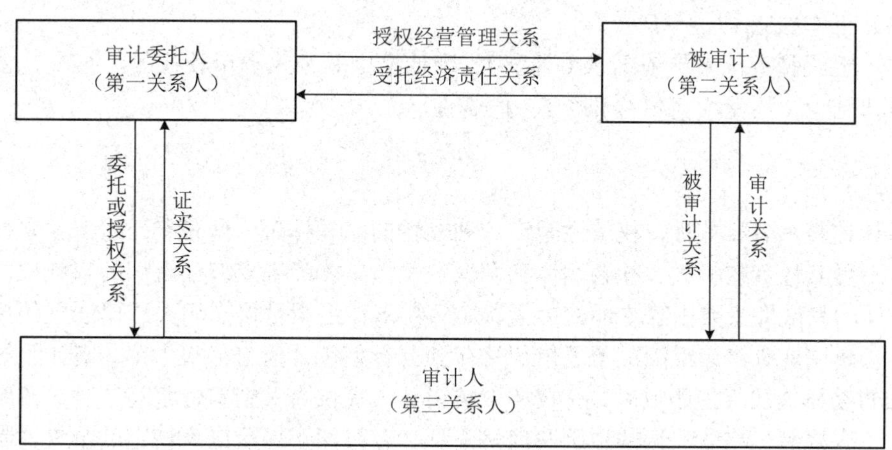

图 1-1 审计关系

从图 1-1 可见，审计人与审计委托人和被审计人之间，不存在经济利害关系。审计人对审计委托人和被审计人都具有主动性和自由性，处于超脱地位，这就决定了审计主体的独立性。

审计人承担审计工作，对审计委托人负责，根据审计委托人的委托或授权，对经营管理者承担和履行经济责任情况进行验证、审查，并提出审计报告和审计证明书。

接受审计监督的人，被称为被审计人，被审计人根据财产所有者的授权，经营管理其资产，承担受托经济责任，有义务接受审计人对其实施审计监督。

审计委托人或授权人是财产所有者，将财产授权于被审计人经营，两者形成受托经济责任关系；同时授权于审计人实施审计监督，两者形成委托责任关系。审计关系必须由审计人、被审计人和审计委托人或授权人三方组成，任何审计工作中都应如此。

四、审计的特征

1. 独立性

独立性是审计最本质的特征。审计人员在整个审计过程中都要保持独立性，这种独立性不仅是形式上的，也是实质上的。只有这样，才能保证审计人员的审计结果客观、公正、不偏不倚，才能取信于使用审计结果的各利害关系人，才能取信于社会。

审计独立性主要表现为以下四个方面。

（1）组织独立

审计组织是单独设置的专门机构，不受被审计单位和委托方的干涉和管制。

（2）人员独立

审计人员的指派和任命不受被审计单位和委托方的限制，完全由独立的审计组织管理。

（3）经济独立

审计组织或审计人员要有法定的、专门的经济来源，不得受制于被审计单位，否则审计独立性是难以保证的。

（4）工作独立

审计组织和审计人员依据《审计法》、审计准则等来执行审计业务，客观、公正地做出审计结论，不受任何单位和个人的干涉。

2. 权威性

审计监督具有权威性，权威性是审计独立性的明显体现，只有审计组织独立行使监督权，不受其他行政机关、社会团体和个人的干涉，才能确立审计组织的权威性。在我国，审计的权威性主要由三方面的因素决定：①审计组织是根据相关法律法规的规定建立的，法律法规对审计组织赋予了依照法律独立行使审计监督的权力；②审计组织按照委托人的委托依法行使职权时，有权要求被审计人提供有关资料，尤其是对于政府审计组织，还有权追究违法乱纪的原因和经济责任，有权纠正违反国家规定的收支，制止损失浪费；③审计组织出具的审计报告具有法律效力，政府审计机关的审计决定，还可以依法定性处理和处罚。

3. 广泛性

审计监督的广泛性主要体现在审计对象的广泛性。审计对象是审计实体的内容和范围。简言之，凡是负有财政财务和经营管理责任的政府机关、社会团体和企事业单位都可以成为审计对象。虽然在某些情况下，审计监督的内容取决于审计授权人或委托人，但在接受授权或委托时，审计监督的内容是不受行业、部门经济业务范围限制的。同时，审计对象的广泛性是由审计在经济监督体系中的较高层次的地位所决定的。特别是国家审计机关所进行的审计监督，是整个经济监督体系中较高层次的监督，它不仅监督各生产、经营单位，还监督国务院各部门和各级地方政府的财政收支及财政、金融等部门的经济活动。其他经济监督则不同，由于受行业、部门基本职能的限制，只能结合本行业、本部门的业务范围，监督经济活动的某一方面，不能进行综合、全面的监督。

五、审计的作用

作用是指对某些事项产生的影响和效果。审计作用的产生有赖于其本身的职能及其发挥。就此而论，审计作用与审计职能紧密相连，审计作用是发挥审计职能和实现审计目标过程中所产生的社会效果，概括起来主要有防护作用、促进作用和证明作用。

1. 审计的防护作用

审计的防护作用，是指运用审计监督职能所产生的防范、保护、维护、保证、保障等实际效果。这是传统审计所具有的作用。发挥我国审计的防护作用，可以检查经济资料及其所反映的经济活动的真实性和准确性，保证经济信息的准确可靠，保护社会主义财产的安全完整，确保国家计划、预算的顺利完成；可以监督党和国家的方针、政策和经济法规的贯彻情况，表彰先进，鞭策后进，揭露和查处违法乱纪行为。这样，不仅可以维护财经法纪，保障经济秩序，还可以健全法制，防止违法乱纪行为的发生，保证党和国家的方针、政策和经济法规的顺利实施，确保社会主义市场经济的健康有效运行。

2. 审计的促进作用

审计的促进作用，是指审计评价职能在审计工作中产生的正面效应。审计人员在审计过程中，可以根据检查审核的情况进行审计评价。这样，既可以对被审计单位合理的地方、有效的方面及取得的成绩进行评价，又可以指出被审计单位存在的问题、不合理的地方，并提出改进意见，以利于被审计单位不断完善内部管理制度，提高会计信息的质量和管理水平，挖掘内部潜力，不断提高经济效益。

3. 审计的证明作用

审计的证明作用，是在完成经济鉴证职能所赋予的任务之后发挥出来的。审计通过审核检查，对被审计单位经济活动的真实情况有所了解，然后以审计报告的形式将审查结果反映出来。审计报告能起到证明被审计单位某些经济情况、经济行为、经济事实真相的作用。

互动讨论

审计和会计有什么区别和联系？

任务二 审计的种类

一、审计分类的意义

随着审计的发展及其内容形式的变化，审计的种类也逐步复杂化。审计的分类，是指按照不同的标志，将审计分为各种不同的类型。研究审计分类，具有重要意义。

研究审计分类，对于完善审计理论体系有着重要的意义。对审计分类进行深入的研究，就能把各种不同类型的审计有机地结合起来，形成一种完整的审计种类体系，并通过探索各种不同类型的审计工作规律，使审计理论向广度和深度发展，使之成为完整的审计科学理论体系。

研究审计分类，有利于顺利地进行审计工作。在审计工作中，为了使每一项审计事项顺利进行，必须在理论上对其特点进行深入研究，通过对各种审计事项进行科学分类，掌握各种审计类型的规律，以适应各种不同审计实务的需要，从而确保审计工作的顺利进行。

二、审计按其主体分类

审计主体是指具有并行使审计权的组织机构和专职人员。审计主体在审计活动中处于主导地位，是审计行为的执行者。

审计可以依据其主体性质及主体内容和目的来进行分类。

微课：国家审计、内部审计与社会审计的区别

1. 按审计主体性质分类

审计按其主体性质划分，可以分为国家审计、内部审计和社会审计三类。

（1）国家审计

国家审计又称为政府审计，是指由国家审计机关依法进行的审计，对政府部门和国有企事业单位的财政、财务收支及其有关经济活动的真实性、合规性和效益性所进行的审查。政府审计是在政府领导下代表政府进行的审计。例如，我国审计署对民政事业费的审计，省审计厅对本省各市财政预算收支执行的审计均属政府审计。

审计机关与被监督部门没有任何业务上的联系和经济上的利害关系，因此是独立于被监督部门的，且其具有法律所赋予的法定性和强制性，被审计单位不得拒绝。同时，国家审计是一种无偿审计。

（2）内部审计

内部审计是指由部门、单位内部专职审计机构的专职审计人员对本部门、本单位及下属单位的财务收支及有关经济活动所进行的审计。内部审计的内容是本部门、本单位财政财务收支的审计，财经法纪的审计以及经济效益的审计。内部审计的职能是在本部门、本单位相对独立地行使审计监督权，这种审计的目的在于帮助本单位健全内部控制，改善经营管理，提高经济效益，是实现经济管理的一种必要手段，其内容并不限于各部门、各单位会计核算的工作监督，还涉及经济活动的各个领域，是增强内部控制的一个重要环节。

（3）社会审计

社会审计又称为独立审计、注册会计师审计、民间审计，是指由经有关部门批准注册的会计师事务所进行的审计，主要是接受委托对单位的财务报表进行审查并发表审计意见。社会审计组织也可接受政府审计组织的委托，对企事业单位进行审计，其主要特点是受托审计。社会审计的内容十分广泛，不仅包括传统的财务审计、财经法纪审计，还包括经营审计、管理审计、单位经济效益审计。社会审计组织的每一项审计事项的内容取决于审计委托人具体委托事项的目的和要求。例如，审计师事务所、会计师事务所所进行的审计、验资、查账、清算等，都属于社会审计。

社会审计具有双向独立性、委托性及有偿性。双向独立性是指社会审计组织完全独立于审计委托人和被审计人。社会审计是审计人接受审计委托人的委托，对被审计单位的审计事项所进行的审查。

政府审计与社会审计都是被审计单位以外的审计组织所进行的审计，统称为外部审计。

2. 按审计主体内容和目的分类

审计按其主体内容和目的分类，可以分为财政财务审计、财经法纪审计和经济效益审计三类。

（1）财政财务审计

财政财务审计又称为常规审计或传统审计，是指审计组织通过对凭证、账簿、报表及有关经济资料的审查，查明被审计单位的财政财务收支活动是否真实、合规的一种审计。

（2）财经法纪审计

财经法纪审计又称为违纪审计，是对被审计单位或被审计人员是否贯彻执行和严格遵守财经政策、法令、制度的一种审计。从严格意义上来讲，财经法纪审计是财政财务审计的一个特殊类别，其内容包括在财政财务审计的内容之中，但其内容突出以下两点：一是突出对违反财经法律行为的审查，诸如乱挤成本、乱摊费用、偷税漏税、化公为私等行为；二是突出对违法犯罪案件的审查，诸如贪污盗窃、投机倒把、行贿受贿等情况。审计的目的在于通过监督、检查，促使被审计单位和有关人员遵守财经法纪，防止经济违法犯罪案件的发生。

（3）经济效益审计

经济效益审计又称为绩效审计，是指对被审计单位经济活动的效益性所进行的审计。其目的在于加强经营管理，提高经济效益。审计重点是审查和评价被审计单位经营管理活动的经济性、效率性和效果性。其中，经济性是对投入的要求，效率性是对速度的要求，效果性是对产出的要求。对这三个方面的审计，实质是审查经济活动是否有效地进行。具体审计内容包括：一是对经营方针决策、各项计划目标和投资方案的经济性、合理性和可行性的审计；二是对被审计单位管理素质和管理水平的审计；三是对经营活动中人力、物力、财力等资源利用的节约或浪费的专项审计；四是对生产经营成果和财务成果等效益实现程度及其影响因素的审计。通过对被审计单位有关项目的审查、取证、分析、评价，提出建议，借以查清被审计单位存在的问题，促使其改善经营管理，提高经济效益。

三、审计按其对象分类

按审计对象分类，可以依据审计对象的性质、接受程度和记录载体等标志进行分类。

1. 按审计对象性质分类

审计按其对象性质不同，可以分为公共审计和企事业审计。

（1）公共审计

公共审计是指政府审计组织对政府各机关的财政收支及其效果所进行的审计。公共审计属于宏观经济审计，其目的在于监督国家财政预算资金合理有效地使用，揭露财政上的不法行为，提出改善财政管理的建议和意见。审计的内容主要包括预算和决算的可行性和真实性的审计，财政收支的合法性和合理性的审计，国家资金利用的经济性、效率性和效果性的审计等。

（2）企事业审计

企事业审计是指由审计组织对企事业单位的财务收支及其经济效益所进行的审计。企事业审计属于微观经济审计，其目的在于审查企事业单位经济活动的真实性、合法性和效益性。审计的内容包括财务收支审计、财经法纪审计和经济效益审计。企事业审计，按其行业性质不同，又可分为工业企业审计、商业企业审计、交通运输企业审计、文教事业单位审计和基建单位审计等。

2. 按审计对象的接受程度分类

审计按其对象的接受程度不同，可以分为强制审计和任意审计。

（1）强制审计

强制审计是指根据国家法令规定，不考虑被审计人的意愿而强制执行的审计。我国政府审计组织和部门内部审计组织对企事业单位的财务收支实行的审计监督，就属于这一审计类别。实行强制审计时，被审计单位必须依法接受审计，不得拒绝。

（2）任意审计

任意审计是指根据被审计单位的意愿而进行的审计。在任意审计中，被审计单位不仅可以自主地决定是否接受审计，还可以按照自己的意愿去选择审计范围和审计方法。企业委托社会审计组织对内部控制制度所进行的审计，以及单位内部审计组织的经济效益审计就属于这类审计。

3. 按审计对象记录载体分类

审计按其对象的记录载体不同，可以分为簿籍审计和电算化审计。

（1）簿籍审计

簿籍审计是指运用常规审计方法，对会计簿籍所进行的审计。这类审计属于传统审计方式，其目的在于审查会计资料的真实性和合法性。审计的内容包括会计基础工作审计、会计凭证的审计、会计账簿的审计和财务报表的审计。

（2）电算化审计

电算化审计是指对被审计单位电子数据处理系统的会计资料和业务记录所进行的审计。电算化审计是一种现代审计，它通过对电算化软件程序以及信息的输入和输出的审查，查明资料的正确性和可靠性，借以查出和纠正电算化过程中出现的错误，揭露和打击不法分子利用计算机作案的违法行为。

四、审计按其客观条件分类

按照审计的客观条件分类，就是按审计的实施时间、执行地点、组织方式和范围等所进行的分类。

1. 按审计实施时间分类

审计按其实施时间不同，可以分为事前审计、事中审计和事后审计。

（1）事前审计

事前审计是指审计组织在被审计单位经济业务发生前进行的审计。该类审计的主要内容包括被审计单位经济计划、预算、决策、方案的编制是否切实可行，各项工程项目的预算是否经济有效，以及经济合同的签订是否合理合法等，其目的在于事先纠正计划、预算、决策等方面的失误，预防错弊行为的发生，防患于未然，保证经济行为的合理性和合法性，促使被审计单位正确处理各方面的经济关系，不断提高企业经营管理水平。事前审计一般由内部审计组织进行。

（2）事中审计

事中审计是指审计组织在被审计单位某项经济业务发生期间进行的审计。审计的主要内容是审查计划、预算、决策、方案、合同等的执行情况，审查经济责任的履行情况，审查基建工程的施工进度、施工质量、施工效益等，其目的在于确保内部控制制度的贯彻执行，及时发现和纠正错弊行为，保证计划、预算、决策、方案、合同的顺利实施。

（3）事后审计

事后审计是指审计组织在被审计单位经济业务结束后进行的审计。这类审计的内容较多，既包括财政财务审计，又包括财经法纪审计和经济效益审计，其目的在于评价经济活动的真实性、合法性和效益性，确认经济责任，总结经验和教训，为今后编制计划、预算、方案等提供参考依据。

2. 按审计执行地点分类

审计按其执行地点不同，可以分为就地审计和报送审计。

（1）就地审计

就地审计又称为现场审计，是指审计机构派出审计小组和专职人员到被审计单位现场进行审计，以全面调查和掌握被审计单位的情况。这种审计主要适用于国家审计、内部审计和注册会计师审计。这种审计可以深入实际，调查研究，易于全面了解和掌握被审计单位的实际情况，是运用较为广泛的一种审计形式。

（2）报送审计

报送审计又称为送达审计，是指被审计单位按照审计机关的要求，将需要审查的全部资料送到审计机关所在地进行的审计。这种审计一般适用于业务量不多的行政事业单位的经费收支审计。

3. 按审计组织方式分类

审计按其组织方式不同，可分为委托审计、联合审计、常驻审计、巡回审计、预告审计和突击审计。

（1）委托审计

委托审计是指由审计委托人委托社会审计组织，按委托方的要求对被审计单位进行的审计。受委托人员在受托期间和受托审计案件的范围内对政府审计对象进行的审计，在国家审计机构的领导下进行工作，享有国家审计人员的权力。

（2）联合审计

联合审计是指两个以上的审计组织或审计组织与有关经济监督机构联合进行的审计。这种审计既可以是政府审计系统内部省、市、县审计部门的联合，政府审计组织与内部审计组织的联合，也可以是审计组织与其他经济监督机构，如财政、税务、银行、司法等部门的联合。采用联合审计方式，可以借用其他审计力量，弥补审计人员及其专业知识的不足；便于沟通信息，少走弯路，提高审计效果；便于集思广益，准确衡量错弊，提高审计质量；便于充分发挥各方面的积极性，各施其能，加快善后处理工作。

（3）常驻审计

常驻审计又称为驻在审计，是指政府审计组织派出审计小组或人员驻在被审计单位，对其进行经常性审计。一般说来，对于管理混乱、问题较多、资金收付频繁的单位或违纪行为严重及经济效益极差的单位，可采用这种审计方式。

（4）巡回审计

巡回审计是指审计组织按规定的时间和先后次序轮流到几个被审计单位进行的审计。这种审计具有机动灵活的特点，可以较好地树立审计威信，扩大审计影响；可以查处本部门、本地区带有倾向性的弊端，维护财经法纪。

（5）预告审计

预告审计是指审计组织在进行审计之前，把将要进行审计的目的及主要内容等，预先通知被审计单位及其有关人员的情况下所进行的审计。这种审计方式主要适用于一般性财务审计和经济效益审计。其目的在于督促被审计单位提高工作质量，纠正差错和弊端，提高审计效果。

（6）突击审计

突击审计是指审计组织在进行审计之前，不预先把审计的目的、日期及主要内容等通知给被审计单位及有关人员，而是采用突然袭击的方式所进行的审计。这种审计主要适用于保密性较强的专案审计，如对贪污挪用资产行为及偷税漏税等行为的审计。采用该种审计方式的目的，主要是为了防止被审计单位及其有关人员事先隐匿和销毁各种留有弊端、罪证的会计记录及其他经济资料，便于及时查清问题，顺利完成审计任务。

4. 按审计范围分类

审计按其范围不同，可以分为全部审计、部分审计和专项审计。

（1）全部审计

全部审计是指审计组织对被审计单位在审计期内的全部经营活动及其经济资料所进行的审计。全部审计的结果比较准确可靠，但审计业务量过于繁重。它一般适用于内部控制制度不健全、会计基础工作较为薄弱的单位或经济业务简单、凭证账册等经济资料较少的小型企业。

（2）部分审计

部分审计是指审计组织对被审计单位在审计期内的部分经营活动及其经济资料所进行的审计，如现金审计、销售业务审计等。部分审计所需时间短、费用少，便于帮助被审计单位及时发现问题、解决问题。但在审计过程中，可能会漏掉那些具有严重问题的事件和存在违法或非法行为的经济业务。

（3）专项审计

专项审计是指对被审计单位特定项目进行的审计，如对被审计单位应付工资的审计等。

综上所述，依据不同的标准对审计所进行的各种分类，既有其各自特点，又相辅相成、密切相关。审计人员在执行审计任务时，应根据不同的审计目标和要求，结合被审计单位的实际情况，恰当地选用审计类型，更好地完成审计任务。同时，也可以选用几种审计类型结合使用，使其相互补充、扬长避短。只有这样，才能合理组织审计工作，充分发挥各类审计作用，从而既能简化审计工作、减轻审计工作量，又能保证审计质量，提高审计工作的效率和效果。

任务三 审 计 组 织

审计组织是指有权利或有资格行使审计职能、开展审计工作的群体，主要包括国家审计机关、内部审计机构和社会审计组织。目前，我国形成了国家审计、社会审计和内部审计三位一体的审计监督体系。

一、国家审计机关

国家审计机关是代表国家依法行使审计监督权的行政机关，它具有国家法律赋予的独立性和权威性。

1. 机构设置

我国的政府审计机关是以宪法为依据而设置的，共分审计署、审计厅和审计局三级。它是代表政府依法行使审计监督权的行政机关。审计机关依照法律规定独立行使审计监督权，不受其他行政机关、社会团体和个人的干涉。

根据《审计法》的规定，国务院设立审计署，在国务院总理领导下，主管全国的审计工作，审计署的行政首长是审计长；省、自治区、直辖市的人民政府设立审计厅，设区的市、自治州、县、自治县、不设区的市、市辖区的人民政府设立审计局，审计厅和审计局分别在本级人民政府最高行政长官和上一级审计机关的领导下，负责本行政区域内的审计工作。

2. 审计人员

国家审计机关审计人员包括领导人员和审计专业人员。按照宪法及其他有关规定，审计署的审计长是国务院的组成人员，由国务院总理提名，全国人民代表大会决定人选，国家主席进行任免；地方各级审计机关领导人员，是本级人民政府的组成人员，由本级人民代表大会决定任免。国家审计人员属于国家公务员编制，其聘用按照国家对公务员聘用的有关规定进行。

国家审计人员审计依据的准则是审计署制定的国家审计准则。审计专业人员职称设初级、中级、高级，初级职称只设助理级，高级职称分设副高级和正高级。初级、中级、副高级、正高级职称名称依次为助理审计师、审计师、高级审计师和正高级审计师。初级、中级实行以考代评方式，副高级实行考试与评审相结合方式，正高级一般实行评审方式。国家审计机关审计人员行使职权受法律保护，任何组织或个人不得拒绝、阻碍审计人员依法执行公务，不得打击报复审计人员。审计机关应支持审计人员依法行使职权，审计人员在行使职权时应遵纪守法。

3. 审计机关审计职责

审计机关的审计职责是指国家法律、行政法规规定的审计机关应当完成的任务和应当承担的责任。根据《审计法》的规定，政府审计机关的主要职责如下。

1）审计机关对本级各部门（含直属单位）和下级政府预算的执行情况和决算以及其他财政收支情况，进行审计监督。

2）审计署在国务院总理领导下，对中央预算执行情况、决策草案以及其他财政收支情况进行审计监督，向国务院总理提出审计结果报告。地方各级审计机关分别在省长、自治区主席、市长、州长、县长、区长和上一级审计机关的领导下，对本级预算执行情况、决算草案以及其他财政收支情况进行审计监督，向本级人民政府和上一级审计机关提出审计结果报告。

3）审计署对中央银行的财务收支，进行审计监督。

4）审计机关对国家的事业组织和使用财政资金的其他事业组织的财务收支，进行审计监督。

5）审计机关对国有企业、国家金融机构的资产、负债、损益以及其他财务收支情况，进行审计监督。

6）对国有资本占控股地位或者主导地位的企业、金融机构的审计监督，由国务院规定。

7）审计机关对政府投资和以政府投资为主的建设项目的预算执行情况和决算，对其他关系国家利益和公共利益的重大公共工程项目的资金管理使用和建设运营情况，进行审计监督。

8）审计机关对国有资源、国有资产，进行审计监督。对政府部门管理的和其他单位受政府委托管理的社会保险基金、全国社会保障基金、社会捐赠资金以及其他公共资金的财务收支，进行审计监督。

9）审计机关对国际组织和外国政府援助、贷款项目的财务收支，进行审计监督。

10）根据经批准的审计项目计划安排，审计机关可以对被审计单位贯彻落实国家重大经济社会政策措施情况进行审计监督等。

二、内部审计机构

内部审计机构是指在部门、单位内部从事组织和办理审计业务的专门组织。我国《审计法》规定国务院各部门和地方人民政府各部门、国有的金融机构和企业事业组织，以及法律法规、规章规定的其他单位，应当按照国家有关规定设立独立的内部审计机构。

1. 机构设置

我国内部审计机构的设置主要包括两种情况：一种是作为国家审计机关的派出机构设置，既受审计署领导，又受本部门领导，这种情况主要见于政府各部门、国有金融机构和企业事业组织；另一种是在部门内部最高领导者的领导下设置独立的内部审计机构，对本部门及其所属企业事业单位执行内部审计监督职能，这种情况主要见于相关企业。

当然，很多不太大的企业并没有设内部审计这样一个部门，但这种检查功能其实一样存在，往往由总经理或者是经理办公室、企业管理部之类的部门来完成。

2. 审计人员

由于审计的专业性和政策性较强，内部审计机构要配备政治素质与业务素质较高的人员，并要求专业知识结构合理。

3. 内部审计机构的职责

内部审计机构的主要职责是对本单位及其下属单位的下列事项进行审计监督。

1）财务计划或单位预算的执行情况。

2）与财务收支有关的经济活动及其经济效益。

3）国家和单位资产的管理情况。

4）违反国家财经法规的行为。

5）本单位领导交办的其他审计事项。

三、社会审计组织

社会审计组织是指依法设立并接受委托从事鉴证、咨询等相关服务的专业中介组织。社会审计组织的主要形式是会计师事务所。会计师事务所是注册会计师的工作机构，注册会计师要想开展审计业务，必须加入或组织一家会计师事务所，然后以事务所的名义对外承揽审计业务。

1. 机构设置

目前，我国会计师事务所的机构设置主要包括合伙制会计师事务所和有限责任制会计师事务所两种。这两种会计师事务所均具有不附属于任何机构、自收自支、独立核算、自负盈亏、依法纳税的特点。正是因为这些特点，使得会计师事务所在业务上具有较强的独立性、客观性和公正性，并且为社会公众所认可。

合伙制会计师事务所是由两位或两位以上合伙人组成的会计师事务所。有限责任制会计师事务所是指由注册会计师出资发起设立、承办注册会计师业务并负有限责任的会计师事务所。

会计师事务所的组织结构大致有两种：所长负责制和董事会领导下的主任会计师负责制。在实行所长负责制的事务所里，所长对本所工作负全面责任，副所长协助所长工作，事务所可根据需要设置若干业务部门，分别负责不同的工作。主任会计师负责业务承接、人员安排、督促检查和报告初审等日常工作。在实行董事会领导下的主任会计师负责制的会计师事务所里，董事会为事务所的最高权力机构，主任会计师负责日常业务，在机构设置上，因事务所规模、业务特点不同而有所差别。

2. 审计人员

会计师事务所的合伙人和专业审计人员必须依法取得注册会计师资格，注册会计师的资格通过考试取得。

我国实行注册会计师全国统一考试制度，考试办法由国务院财政部门制定，由中国注册会计师协会组织实施。目前，我国注册会计师考试分为两个阶段：第一阶段为专业阶段，总共有会计、审计、财务成本管理、公司战略与风险管理、经济法和税法六个科目；第二阶段为综合阶段，综合测试考生是否具备在注册会计师执业环境中运用专业知识，有效解决实务问题的能力。报名参加考试的人员必须具有高等专科以上学校毕业学历，或者具有会计或者相关专业（审计、统计、经济等）中级以上技术职称。

3. 会计师事务所的职责

我国社会审计的主要职责是接受政府机关、企事业单位和个人的委托，承办审计业务和会计咨询、服务业务。根据我国《注册会计师法》的规定，会计师事务所可以依法承办的业务有鉴证业务和相关服务两类。

（1）鉴证业务

鉴证业务是指注册会计师对鉴证对象信息提出结论，以增强除责任方之外的预期使用者对鉴证对象信息信任程度的业务，即提供保证程度的业务。鉴证业务按其提供的保证程度和鉴证对象信息，又分为审计业务、审阅业务和其他鉴证业务。

审计业务是指注册会计师综合运用审计方法，对历史财务信息是否存在重大错报提供合理保证，并以积极方式做出结论。合理保证（高水平保证程度）是指低于百分之百的保证，并不是绝对保证。审计业务主要包括审查企业财务报表、验资、办理企业变动产生的审计业务和办理其他审计业务。审计业务属于法定业务，非注册会计师不得承办。

审阅业务是指注册会计师运用某些审计方法，对历史财务信息是否不存在重大错报提供有限程度的保证并以消极方式提出结论。有限保证（低于审计业务的保证水平）是指将所审阅业务风险降低至该业务环境下可接受的水平，即对审阅后的信息提供低于审计中的高水平的保证，如财务报表审阅。

其他鉴证业务是指注册会计师执行的除审计业务和审阅业务以外的鉴证业务，根据鉴证业务的性质和业务约定的要求，其保证程度可能是合理保证也可能是有限保证，如内部控制鉴证、预测性财务信息的审核等。

互动讨论

审计业务、审阅业务和其他鉴证业务有什么区别与联系？

（2）相关服务

相关服务是非鉴证业务，即不提供任何保证程度的业务，包括税务代理、对财务信息执行商定程序、代编财务信息、管理咨询及会计服务等。

项目小结

审计是独立检查会计账簿，监督财政财务收支真实性、合法性、效益性的行为。审计的基本职能是经济监督。审计的对象，是指被审计单位及其财政财务收支和有关的经济活动。审计的作用是发挥审计职能，实现审计目标过程中产生的社会效果。审计应发挥防护、促进和证明三种作用。审计的任务是指国家赋予审计组织及其相关人员的工作任务，也是审计工作应达到数量上、质量上的标准和要求。

审计组织是指有权利或有资格行使审计职能，开展审计工作的群体。我国的审计组织是由政府审计机关、社会审计组织和内部审计机构三大部分组成的。政府审计机关是代表国家执行审计监督的机构，包括国务院和县级以上各级人民政府的审计部门。社会审计组织又称为民间审计组织，它是依法独立从事委托审计业务和咨询服务的组织。内部审计机构是在部门、单位内部从事审计工作的机构。

演练与提升

一、思考题

1. 审计有哪些特征？
2. 审计主体有哪些？
3. 什么是审计对象？试说明审计对象包含的内容。
4. 审计有哪些基本职能？
5. 审计的作用有哪些？
6. 什么是审计关系？
7. 会计师事务所可以从事哪些业务？

二、能力提升

（一）单项选择题

1. 审计的最基本职能是（　　）。
   A. 经济监督　　B. 经济鉴证　　C. 经济评价　　D. 经济管理
2. 在我国，“审计”一词最早出现于（　　）。
   A. 西周　　B. 秦汉　　C. 唐代　　D. 宋代
3. （　　）是指审计的执行者。
   A. 审计主体　　B. 审计对象
   C. 审计委托人　　D. 被审计单位
4. 审计产生的基础是（　　）。
   A. 私有制的产生　　B. 受托经济责任关系的确定
   C. 社会化大生产的形成　　D. 市场经济的形成
5. （　　）属于注册会计师法定业务。
   A. 审计业务　　B. 代理纳税申报
   C. 管理咨询　　D. 代编财务信息

6.（　）非注册会计师不得承办。

A. 经济管理咨询　B. 设计财务会计制度

C. 审阅业务　D. 财务报表审计

7.（　）属于双向独立。

A. 社会审计　B. 注册会计师审计

C. 内部审计　D. 独立审计

8. 纵观中外审计发展史，最早出现的审计是（　）。

A. 政府审计　B. 注册会计师审计

C. 内部审计　D. 独立审计

9. 审计的本质特征是（　）。

A. 独立性　B. 权威性　C. 公正性　D. 广泛性

10. 按审计执行地点的不同，可以将审计划分为（　）。

A. 送达审计和就地审计　B. 强制审计和任意审计

C. 内部审计和外部审计　D. 预告审计和突击审计

（二）多项选择题

1. 我国审计监督体系的组成内容包括（　）。

A. 专项审计　B. 国家审计　C. 内部审计　D. 社会审计

2. 审计的职能包括（　）。

A. 经济监督　B. 经济鉴证　C. 经济评价　D. 制约性

3. 鉴证业务按照提供的保证程度和鉴证对象的不同，可分为（　）。

A. 审计业务　B. 审阅业务

C. 其他鉴证业务　D. 相关服务业务

4. 总结国内外审计实践，我国审计独立性应体现在（　）。

A. 组织独立　B. 人员独立　C. 工作独立　D. 经济独立

5. 审计主体包括（　）。

A. 政府审计机关　B. 内部审计机构

C. 公司经理　D. 社会审计组织

6. 按审计主体的目的与内容不同，审计可分为（　）。

A. 财政财务审计　B. 经济效益审计

C. 财经法纪审计　D. 国家审计

7. 审计关系由 3 个方面的关系人构成。在这种审计关系中，涉及的关系人有（　）。

A. 委托人　B. 被审计者　C. 审计主体　D. 债权人

8. 审计对象的两层含义是（　）。

A. 被审计单位

B. 被审计单位的经济活动

C. 被审计单位的会计资料及其相关资料

D. 被审计单位的财务报表

9.（　　）属于我国会计师事务所可以从事的业务。

A. 审计业务　　B. 审阅业务

C. 内部控制鉴证　　D. 管理咨询

10. 注册会计师提供合理保证的业务可能是（　　）。

A. 审阅业务　　B. 审计业务

C. 其他鉴证业务　　D. 相关服务

（三）判断题

1. 鉴证业务是提供保证程度的业务。（　　）

2. 审计业务属于注册会计师的法定业务，非注册会计师不得承办。（　　）

3. 西周是我国审计制度初步形成阶段，民间审计与国家审计都在那时产生。（　　）

4. 审计的职能不是一成不变的，它是随着经济的发展而发展变化的。（　　）

5. 纵观中外审计发展史，审计最早出现于民间，称为民间审计。（　　）

6. 审计是社会经济发展到一定阶段的产物，是在财产所有权与经营所有权相分离而形成的受托经济责任关系下，基于经济监督的客观需要而产生的。（　　）

7. 审计按其内容与目的分为国家审计、内部审计和注册会计师审计。（　　）

8. 审计对象就是被审计单位。（　　）

9. 注册会计师审计的首要特征是独立性，它不同于国家审计和内部审计，它既独立于被审计单位，又独立于审计委托人。（　　）

10. 国家审计属于内部审计。（　　）

（四）案例分析题

审计发现，山西省交通运输厅所属太旧高速公司、交通信息通信公司对外投资管理不到位，国有投资600万元面临损失风险。2015年7月，审计署将此线索移送山西省交通运输厅调查。2017年2月，山西省交通运输厅党组给予7名责任人警告、诫勉谈话、批评教育等处理处分。①

要求：

1）本案例中审计主体与审计对象是什么？

2）按审计主体不同划分，本案例属于哪种审计？

3）分析这种审计的职能与作用。

① 资料来源：审计署，2018. 2018年第1号公告：审计署移送违纪违法问题线索的查处情况[EB/OL].（2018-01-08）[2021-08-01]. http://www.gov.cn./xinwen/2018-01/08/content_5254362.htm.

项目二

2

注册会计师审计准则、职业道德与法律责任

【知识目标】

理解并掌握审计人员的行为准则；

理解并掌握注册会计师职业道德规范；

掌握注册会计师所承担的法律责任。

【技能目标】

能够判别哪些因素会对职业道德产生不利影响；

能够对所面临的不利影响及时作出防范措施。

【素质目标】

培养学生的职业道德修养。

【引导案例】

某报纸刊登了一家会计师事务所的宣传启事，其中的部分内容如下：“本所是全国第一家中外合作会计师事务所，值此开业之际向多年来与我所合作并给予支持的国内外各界朋友致以深切的谢意，并愿继续为各界人士提供会计审计、企业咨询、税务等方面世界一流的专业服务。”

思考

1）你认为会计师事务所能刊登这样的宣传启事吗？为什么？

2）约束注册会计师及会计师事务所的规范及准则有哪些？

任务一　注册会计师审计准则

审计准则是审计人员实施审计工作时应遵循的行为规范，是衡量审计工作质量的标准。在审计发展史上，规范注册会计师执业的独立审计准则是最早出现的，在此基础上出现了政府审计准则和内部审计准则。

本项目将主要介绍中国注册会计师执业准则体系（原独立审计准则）。随着注册会计师业务领域的多元化，“审计准则”的含义已不能覆盖其全部执业范围，而“注册会计师执业准则”的含义更能体现其业务范围的这一变化。

经过十几年的建设，2006 年 2 月 15 日中华人民共和国财政部发布了由中国注册会计师协会拟定与修订的 48 项准则，并于 2007 年 1 月 1 日起在会计师事务所施行。至此，我国已建立起一套适合我国国情、与国际审计准则趋同的中国注册会计师执业规范体系，以满足注册会计师业务多元化发展的需要。

为了规范注册会计师的执业行为，提高执业质量，维护社会公众利益，促进社会主义市场经济的健康发展，中国注册会计师协会将“中国注册会计师独立审计准则体系”改进为“中国注册会计师执业准则体系”。

中国注册会计师执业准则体系和中国注册会计师执业准则应用指南共同构成了完整的中国注册会计师执业规范体系。

1. 中国注册会计师执业准则体系

中国注册会计师执业准则体系包括中国注册会计师鉴证业务基本准则、中国注册会计师相关服务准则和质量控制准则。

（1）鉴证业务基本准则

鉴证业务准则由鉴证业务基本准则统领，根据鉴证业务提供的保证程度和鉴证对象的不同，分为注册会计师审计准则、注册会计师审阅准则和注册会计师其他鉴证业务准则。其中，审计准则是整个执行准则体系的核心。

（2）相关服务准则

相关服务准则用以规范注册会计师执行除鉴证业务以外的其他相关服务业务。相关服务业务主要包括对财务信息执行商定程序、代编财务信息、税务咨询和管理咨询等。

（3）质量控制准则

质量控制准则用以规范会计师事务所在执行各类业务时应遵守的质量控制政策和程序，是对会计师事务所质量控制提出的具体要求。

会计师事务所根据质量控制准则来制定质量控制制度，以约束会计师事务所与注册会计师在执业时遵守法律法规、职业道德规范及相应的业务准则，合理保证业务质量。

2. 中国注册会计师执业准则应用指南

中国注册会计师执业准则应用指南对注册会计师执业准则的要求提供了进一步解释，并为如何执行这些要求提供了指引，与中国注册会计师执业准则体系同步施行。

中国注册会计师执业准则应用指南针对具有概念框架功能的准则进一步系统阐述了其理论基础、规范的理由和对执业的影响，指导注册会计师理解执业理念和方法论；针对具有实务操作功能的准则重点阐述了其核心程序和具体方法，通过大量的解释、说明、举例和图示指导注册会计师正确运用程序和具体方法，具有很强的可操作性与实用性。

互动讨论

北京市长城机电产业公司（以下简称“长城公司”）利用科研成果（节能电机），以签订技术开发合同的方式，以高息回报为诱饵非法集资。投资者络绎不绝，从1992年6月2日至1993年2月底，长城公司在全国范围内集资高达十多亿元。大量的集资款被长城公司挥霍和侵吞。1993年广大投资者对长城公司的集资行为产生怀疑，这时长城公司找到中诚会计师事务所第二分所（以下简称“二分所”），要求出具资信证明。二分所相关人员接受吃请，收受红包，按照长城公司的要求以中诚会计师事务所总所名义出具了验资报告。投资者因看到中诚会计师事务所的验资报告而不再要求退款。

审计署、财政部针对中诚会计师事务所出具虚假验资报告行为，责令解散中诚会计师事务所（包括所有13个分所），吊销相关当事人的注册会计师证书。法院对承办长城公司审计业务的2名注册会计师依法判处了有期徒刑。

【讨论】分析中诚会计师事务所解散的原因。

任务二 注册会计师的职业道德

一、注册会计师职业道德的含义

注册会计师职业道德是指注册会计师职业品德、职业纪律、专业胜任能力及职业责任等的总称。为了规范中国注册会计师执业行为，提高注册会计师职业道德水准，维护职业形象，中国注册会计师制定了《中国注册会计师职业道德守则》。该守则要求中国注册会计师在执业时应遵守职业道德基本原则，并能够运用职业道德概念框架解决职业道德的问题。

北京会计师在执行鉴证业务时，应当遵守注册会计师职业道德规范和注册会计师执业准则。注册会计师职业道德规范不属于执业准则，它高于注册会计师执业准则的标准，是注册会计师与会计师事务所执业时的最高要求。

二、注册会计师职业道德的基本原则

目前，我国注册会计师职业道德规范主要有《中国注册会计师职业道德基本准则》和《中国注册会计师职业道德规范指导意见》。这两项规范要求注册会计师在执行鉴证业务时，恪守诚信、独立、客观、公正的原则，保持专业胜任能力与应有的关注，并对执业过程中获知的信息保密。具体包括如下内容。

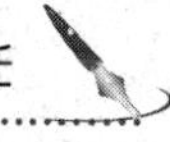

1. 诚信原则

诚信原则要求注册会计师应当在所有的职业关系和商业关系中保持正直和诚实，秉公处事、实事求是。

注册会计师如果认为业务报告、申报资料或其他信息存在重大虚假、误导性陈述或遗漏重要信息时，应考虑其影响并出具合理意见的审计报告。

2. 独立性原则

微课：审计职业道德增强审计独立性的措施

独立性原则要求注册会计师在执行鉴证业务时，必须保持独立性。独立性包括实质上的独立性和形式上的独立性。

（1）实质上的独立性

实质上的独立性是一种内心状态，使得注册会计师在提出结论时不受个人或外界等损害职业判断因素的影响，诚信行事，遵循客观和公正原则，保持职业怀疑态度。

（2）形式上的独立性

形式上的独立性是一种外在表现，使得一个理性且掌握充分信息的第三方在权衡所有相关事实和情况后，认为会计师事务所或审计项目组成员没有损害诚信原则、客观和公正原则或职业怀疑态度。

互动讨论

山西华昌制造有限公司委托山西光明会计师事务所审计2019年度的财务报表，王刚是这次审计组的项目成员，王刚父亲为山西华昌制造有限公司的财务部门人员。审计组成员李华持有山西华昌制造有限公司2%的股份。

【讨论】

1）王刚成为项目组成员是否满足独立性原则？为什么？

2）李华成为项目组成员是否满足独立性原则？为什么？

3. 客观和公正原则

客观和公正原则要求注册会计师应当公正处事、实事求是，不得由于偏见、利益冲突或他人的不当影响而损害自己的职业判断。如果存在导致职业判断出现偏差，或对职业判断产生不当影响的情形，注册会计师不得提供相关专业服务。

4. 专业胜任能力和应有的关注原则

专业胜任能力和应有的关注原则要求注册会计师通过教育、培训和执业实践获取和保持专业胜任能力。

（1）专业胜任能力

专业胜任能力是指注册会计师具有专业知识、技能和经验，能够经济有效地完成客户委托的业务。

专业胜任能力分为两个阶段：一是专业胜任能力的获取；二是专业胜任能力的保持。注册会计师应当持续了解并掌握当前法律、技术和实务的发展变化，将专业知识和技能始终保持在应有水平，确保为客户提供具有专业水准的服务。

（2）应有的关注

应有的关注是指注册会计师遵守执业准则和职业道德规范的要求，勤勉尽责，认真、全面、及时地完成工作任务。

应有的关注要求注册会计师在执业过程中保持职业怀疑态度。

职业怀疑态度是指注册会计师在审计过程中对客户及所提供的信息均保持必要质疑的思想状态。也就是说，注册会计师要以质疑的思维方式评价所获取证据的有效性，并对相互矛盾的证据，以及引起对文件记录或被审计单位提供的信息的可靠性产生怀疑的证据保持警觉。换句话说，职业怀疑态度就是要求注册会计师对审计证据进行批判性评价。注册会计师不能假定“管理层是诚实的”，而应当考虑他们不诚实的可能性。因此，应从假定他们提供的证据不可靠出发。

5. 保密原则

保密原则要求注册会计师应当对在执业活动中获知的涉密信息予以保密。

（1）保密责任

1）未经客户授权或法律法规允许，不得向会计师事务所以外的第三方披露其所获知的涉密信息。

2）不得利用所获知的涉密信息为自己或第三方谋取利益。

（2）不属于泄密情形

1）法律法规允许披露，并取得客户或工作单位的授权。

2）根据法律法规的要求，为法律诉讼、仲裁准备文件或提供证据，以及向有关监管机构报告发现的违法行为。

3）法律法规允许的情况下，在法律诉讼、仲裁中维护自己的合法权益。

4）接受注册会计师协会或监管机构的执业质量检查，答复其询问和调查。

5）法律法规、执业准则和职业道德规范规定的其他情形。

互动讨论

山西华昌制造有限公司的2019年年报由李华负责审计，在2020年3月2日审计完成后审计报告尚未报出，但是李华母亲想买股票进行投资，李华告诉自己母亲买山西华昌制造有限公司的股票，因为李华从审计中获知该公司的商业机密，预计2020年股票会大幅上涨。

【讨论】李华的行为是否属于泄密？

6. 良好的职业行为

注册会计师应当遵守相关法律法规，避免发生任何损害职业声誉的行为。

注册会计师在向公众传递信息以及推介自己和工作时，应当客观、真实、得体，不得损害职业形象。既不能夸大宣传提供的服务、拥有的资质或获得的经验，也不能贬低或无根据地比较其他注册会计师的工作。

三、职业道德概念框架

1. 职业道德概念框架的内涵

在职业道德守则中，不可能对各式各样的情形予以逐一界定并给出相应的应对措施。因此，《中国注册会计师职业道德守则》提出职业道德概念框架，以指导会员遵循职业道德基本原则，履行维护公众利益的职责。

职业道德概念框架是指解决职业道德问题的思路和方法，用以指导注册会计师，其具体内容如下。

1）识别对职业道德基本原则的不利影响。

2）评价不利影响的严重程度。

3）必要时采取防范措施消除不利影响或将其降低至可接受的水平。

在运用职业道德概念框架时，注册会计师应当运用职业判断。如果发现存在可能违反职业道德基本原则的情形，注册会计师应当评价其对职业道德基本原则的不利影响。在评价不利影响的严重程度时，应当从性质和数量两个方面予以考虑。如果认为对职业道德基本原则的不利影响超出可接受的水平，应当确定是否能够采取防范措施消除不利影响或将其降低至可接受的水平。在运用职业道德概念框架时，如果某些不利影响是重大的，或者合理的防范措施不可行或无法实施，则审计人员可能面临不能消除不利影响或将其降至可接受水平的情形。如果无法采取适当的防范措施，则注册会计师应当拒绝或终止所从事的特定专业服务，必要时应与客户解除合约关系，或向其工作单位辞职。

2. 产生不利影响因素

注册会计师对职业道德基本原则的遵循可能受到多种因素的不利影响。不利影响的性质和严重程度可能因注册会计师提供服务类型不同而不同。产生不利影响的因素包括自身利益、自我评价、过度推介、密切关系和外在压力。

（1）自身利益

如果经济利益或其他利益对注册会计师的职业判断或行为产生不当影响，将产生自身利益导致的不利影响。具体情形主要有：鉴证业务项目组成员在鉴证客户中拥有直接经济利益；会计师事务所的收入过分依赖某一客户；鉴证业务项目组成员与鉴证客户存在重要且密切的商业关系；会计师事务所担心可能失去某一重要客户；鉴证业务项目组成员正在与鉴证客户协商受雇于该客户；会计师事务所与客户就鉴证业务达成或有收费的协议；注册会计师在评价所在会计师事务所以往提供的专业服务时，发现了重大错误。

互动讨论

山西华昌制造有限公司准备委托山西光明会计师事务所审计2019年财务报表。

1）该事务所的收入大多数来源于该公司的审计收费。

2）审计项目组成员李华持有该公司的股份。

3）成员王伟与该公司存在重要且密切的商业关系。

4）该事务所与该公司达成或有收费的协议。

【讨论】以上四项是否会因自身利益对独立性产生不利影响？

（2）自我评价

如果注册会计师对其以前的判断或服务结果做出不恰当的评价，并将据此形成的判断作为当前服务的组成部分，将产生自我评价导致的不利影响。可能产生自我评价影响的具体情形有：会计师事务所在对客户提供财务系统的设计或操作服务后，又对系统的运行有效性出具鉴证报告；会计师事务所为客户编制原始数据，这些数据构成鉴证业务的对象；鉴证业务项目组成员担任或最近曾经担任客户的董事或高级管理人员；鉴证业务项目组成员目前或最近曾受雇于客户，并且所处的职位能够对鉴证对象施加重大影响；会计师事务所为鉴证客户提供直接影响鉴证对象信息的其他服务。

互动讨论

山西华昌制造有限公司准备委托山西光明会计师事务所审计2019年财务报表。

1）该事务所为该公司代编了2019年5月份的财务报表。

2）该事务所指导了该公司财务系统的使用，并对财务系统运行有效性出具了鉴证报告。

3）成员王伟2019年6月份进入该事务所之前，是该公司的一名财务人员。

4）李华是项目组成员，并且经验丰富，一直兼任该公司的财务顾问。

【讨论】以上四项是否会产生自我评价的不利影响？

（3）过度推介

如果注册会计师过度推介客户或所在会计师事务所的某种立场或意见，使其客观性受到伤害，将产生过度推介导致的不利影响。过度推介导致的不利影响的具体情形有：会计师事务所推介审计客户的股份；在审计客户与第三方发生诉讼或纠纷时，注册会计师担任该客户的辩护人。

互动讨论

山西华昌制造有限公司准备委托山西光明会计师事务所审计2019年财务报表。

1）该事务所在承接业务的过程中，不断地向其他客户介绍该公司股票，建议购买该公司股票。

2）该公司2020年2月份与西方科技有限公司发生经济纠纷，成员李华担任该公司的辩护人。

【讨论】以上两项是否会产生过度推介的不利影响？

（4）密切关系

如果注册会计师与客户或雇佣单位存在长期或密切的关系，而过于倾向他们的利益或认可他们的工作，将产生密切关系导致的不利影响。密切关系导致不利影响的情形主要包括：项目组成员的近亲属担任客户的董事或高级管理人员；项目组成员的近亲属是客户的员工，其所处职位能够对业务对象施加重大影响；客户的董事、高级管理人员或所处职位能够对业务对象施加重大影响的员工，最近曾担任会计师事务所的项目合伙人；注册会计师接受客户的礼品或款待；会计师事务所的合伙人或高级管理人员与鉴证客户存在长期业务关系。

互动讨论

山西光明会计师事务所接受委托审计山西华昌制造有限公司2019年财务报表。

1）刘明是项目组成员，他姐姐是该公司的出纳人员。

2）成员李华接受了该公司送的过年福利2 000元的美特好超市购物卡。

3）项目组成员王伟已经连续六年担任该公司审计项目组的项目经理。

【讨论】以上三项是否会产生密切关系的不利影响？

（5）外在压力

如果注册会计师受到实际的压力或感受到压力而无法客观行事，将产生外在压力导致的不利影响。外在压力导致不利影响的情形主要包括：会计师事务所受到客户解除业务关系的威胁；审计客户表示，如果会计师事务所不同意对某项交易的会计处理，则不再委托其承办拟议中的非鉴证业务；客户威胁将起诉会计师事务所；会计师事务所受到降低收费的影响而不恰当地缩小工作范围；由于客户员工对所讨论的事项更具有专长，注册会计师面临服从其判断的压力；会计师事务所合伙人告知注册会计师，除非同意审计客户不恰当的会计处理，否则将影响晋升。

互动讨论

山西光明会计师事务所接受委托审计山西华昌制造有限公司2019年财务报表。

1）成员李华目前正面临晋升为项目经理，在审计中发现该公司有一些不当的会计处理，但该公司表示，如果不同意这样处理，将告知该事务所影响李华的晋升。

2）该公司表示，如果出具对该公司不利的审计报告，将不再委托该事务所进行以后年度的审计业务。

3）该事务所连续几年承接该公司的财务报表审计业务，今年由于经济效益不好，与去年相比审计收费金额大幅降低，会计师事务所因此通过缩小审计范围来降低成本。

【讨论】以上三项是否会产生外在压力的不利影响?

3. 防范措施

防范措施是可以消除不利影响或将其降至可接受水平的行动或其他措施。应对不利影响的防范措施包括会计师事务所层面的防范措施和具体业务层面的防范措施。

（1）会计师事务所层面的防范措施

会计师事务所领导层应强调遵循职业道德基本原则及维护公众利益的重要性，同时应当制定相关的政策和程序实施项目质量控制、监督业务质量等。

（2）具体业务层面的防范措施

将有不利影响的人员调离项目组，或由项目组以外的注册会计师复核已执行的鉴证业务工作，在必要时提供建议；或请其他会计师事务所执行或重新执行部分业务，必要时可以轮换鉴证业务项目组合伙人或高级管理员工（项目经理）。

会计师事务所和注册会计师无法消除不利影响或将其降至可接受水平时，会计师事务所应终止业务约定或拒绝接受业务委托。

任务三　注册会计师的法律责任

微课：审计职业道德案例

一、注册会计师法律责任概述

注册会计师法律责任是指注册会计师由于其职业行为违反法律规定而应承担的法律后果。

在现代社会中，注册会计师被起诉控告的事件越来越多，注册会计师的法律责任也越来越大，其原因可能是多方面的：有的是被审计单位方面的原因（如财务报表中存在错误或舞弊、经营失败等），有的是注册会计师方面的原因，有的是双方的原因，还有的是审计报告使用者误解的原因（如使用者将被审计单位的经营失败指责为审计失败，即认为注册会计师没有尽责而发表错误的审计意见）。但是从理论层面上讲，注册会计师是否承担法律责任最终取决于注册会计师自身是否有过错。如果注册会计师执业时完全遵循职业道德规范和执业准则，而没有发现被审计单位财务报表中的错报，注册会计师就不应当承担责任，因为审计有其固有的局限性，不能期望注册会计师发现所有的错误与舞弊情况，即注册会计师只能提供合理保证而不是绝对保证。

二、注册会计师法律责任的认定

如果注册会计师在执业时存在违约、过失或欺诈行为导致审计失败，可能要承担相应的法律责任。

（1）违约

违约是指注册会计师未能履行合同条款规定的义务。当违约给他人造成损失时注册会计师应承担违约责任。例如，注册会计师未能在约定的时间内完成审计业务，或违反了为客户保密的规定。

（2）过失

过失是指在一定条件下注册会计师未能保持应有的职业谨慎。应有的职业谨慎是以其他合格的注册会计师在相同条件下可做到的谨慎为标准。通常，将过失按其程度不同，分为普通过失和重大过失。

1）普通过失又称为一般过失，是指注册会计师没有完全遵循执业准则的要求执业。例如，未对特定审计项目取得充分、适当的审计证据。

2）重大过失。重大过失是指注册会计师执业时根本没有遵循执业准则或没有按执业准则的基本要求执行审计。例如，审计不以《中国注册会计师执业准则》为标准。

（3）欺诈

欺诈又称为舞弊，是为了达到欺骗或坑害他人的目的，注册会计师明知委托单位的财务报表有重大错报，却加以虚伪的陈述，出具不恰当的审计报告。

三、注册会计师法律责任的类型

注册会计师的法律责任可分为民事责任、行政责任和刑事责任，这 3 种责任可单处，也可并处。

1. 民事责任

民事责任是指依法承担赔偿经济损失的法律责任，主要包括赔偿经济损失、支付违约金等。

2. 行政责任

对会计师事务所而言，追究行政责任包括警告、没收违法所得、罚款、暂停执业、吊销有关执业许可证、撤销会计师事务所等。

对注册会计师个人来说，追究行政责任包括警告、没收违法所得、罚款、暂停执业吊销有关执业许可证、吊销注册会计师证书等。

3. 刑事责任

刑事责任主要包括管制、拘留、判刑、剥夺政治权利和罚金、没收财产等。一般地，因违约和普通过失可能使注册会计师承担行政责任和民事责任，因重大过失和欺诈可能使注册会计师承担民事责任和刑事责任。

四、注册会计师防止发生执业过错的措施

注册会计师的职业性质决定了注册会计师行业极易遭受法律诉讼。注册会计师要避免法律诉讼，防止执业时过错的发生，可以采取以下措施。

（1）增强执业独立性

在实际工作中，注册会计师应始终如一地遵循独立原则，不能忽视独立性，接受可能错误的陈述，并帮助被审计单位掩饰舞弊。

（2）保持应有的职业谨慎

在注册会计师的审计过失中，最常见的是由于缺乏应有的职业谨慎而引起的。在执行审计业务的过程中，未严格遵守审计准则，不执行适当的审计程序，对有关被审计单位的问题未保持应有的职业谨慎，或为节省时间而缩小审计范围和简化审计程序，都会导致财务报表中的重大错报不被发现。因此，注册会计师在执业时应始终保持应有的职业谨慎。

（3）强化执业质量控制

许多审计中的差错是由于注册会计师失察或未能对助理人员或其他人员进行切实的监督而发生的。在实际工作中，审计工作一般都是由多个注册会计师及助理人员共同配合来完成的。如果他们的分工存在重叠和间隙，又缺乏严密的质量控制，就会发生过失。在审计过程中，会计师事务所和注册会计师应把好关，强化执业质量控制。

项 目 小 结

通过本项目学习，掌握注册会计师的执业准则，明确注册会计师的法律责任，对注册会计师的职业道德内容应重点关注。注册会计师法律责任类型主要有民事责任、行政责任和刑事责任，并要注意注册会计师避免法律诉讼的对策。

演练与提升

一、思考题

1. 什么是审计准则？
2. 简述我国注册会计师执业准则体系的内容。
3. 什么是注册会计师职业道德？
4. 简述影响职业道德的不利因素。
5. 注册会计师保密原则例外情形有哪些？
6. 什么是注册会计师的过失？
7. 如何理解和区分一般过失和重大过失？
8. 什么是注册会计师的欺诈？
9. 简述注册会计师法律责任的认定。
10. 注册会计师应采取哪些措施来防止执业过错的发生？

二、实训题

（一）单项选择题

1. 在注册会计师鉴证业务准则中，起统领作用的是（　　）。

A. 鉴证业务基本准则　　B. 审阅准则

C. 审计准则　　D. 鉴证业务准则指南

2.（　　）是整个执业准则体系的核心。

A. 审计准则　　B. 审阅准则

C. 其他鉴证业务准则　　D. 相关服务准则

3.（　　）是一种内心状态，使得注册会计师在提出结论时不受损害职业判断因素的影响，诚信行事，遵循客观与公正原则，保持职业怀疑态度。

A. 实质上独立　　B. 经济上独立　　C. 形式上独立　　D. 组织上独立

4.（　　）是一种外在表现，使得一个理性且掌握充分信息的第三方，在权衡所有相关事实和情况后，认为注册会计师没有损害诚信原则、客观和公正原则并保持了职业怀疑态度。

A. 实质上独立　　B. 经济上独立　　C. 形式上独立　　D. 组织上独立

5.（　　）指注册会计师遵守执业准则和职业道德规范的要求，勤勉尽责，认真、全面、及时地完成任务。

A. 独立性原则　　B. 应有的关注　　C. 保密原则　　D. 客观原则

6.（　　）是指注册会计师具有专业知识、技能和经验，能够经济、有效地完成客户委托的业务。

A. 专业胜任能力　　B. 应有的关注　　C. 保密原则　　D. 客观原则

7. 会计师事务所和注册会计师无法消除损害独立性因素的影响或将其降至可接受的低水平时，会计师事务所应当（　　）。

A. 不予理睬，照常承接业务

B. 不予理睬，继续按原计划进行审计

C. 出具无法表示审计意见的审计报告

D. 拒绝承接业务或解除业务约定

8. 会计师事务所由于违约给他人造成经济损失时，应予赔偿，这表明会计师事务所要承担（　　）。

A. 行政责任　　B. 刑事责任　　C. 民事责任　　D. 道德责任

9.（　　）是指为了达到欺骗或坑害他人的目的，注册会计师明知委托单位的财务报表有重大错报，却加以虚伪的陈述，出具不恰当的审计报告。

A. 一般过失　　B. 重大过失　　C. 欺诈　　D. 违约

10.（　　）是指注册会计师没有完全遵循执业准则的要求进行执业。

A. 一般过失　　B. 重大过失　　C. 欺诈　　D. 违约

（二）多项选择题

1. 注册会计师执业规范体系包括（　　）。

A. 注册会计师执业准则　　B. 注册会计师职业道德守则

C. 注册会计师执业准则应用指南　　D. 会计准则

2. 注册会计师执业准则包括（　　）。

A. 注册会计师业务准则　　B. 注册会计师职业道德守则

C. 注册会计师执业准则应用指南　　D. 会计师事务所质量控制准则

3. 注册会计师业务准则包括（　　）。

A. 审计准则　　B. 审阅准则

C. 其他鉴证业务准则　　D. 相关服务准则

4. 注册会计师的下列行为中，没有违反职业道德规范的是（　　）。

A. 在提供专业服务时，在特定领域利用专家协助其工作

B. 按服务成果的大小收取审计费用

C. 由会计师事务所统一接受委托

D. 若注册会计师与客户不独立时，则应回避

5. 对注册会计师遵循职业道德基本原则可能导致不利影响的情形有（　　）。

A. 自身利益　　B. 自我评价　　C. 过度推介　　D. 密切关系

6. 注册会计师职业道德基本原则包括（　　）。

A. 诚信与独立性

B. 客观与公正

C. 专业胜任能力与应有的关注

D. 保密与良好的职业行为

7.（　　）要求注册会计师通过教育、培训和执业实践获取和保持专业胜任能力。

A. 良好的职业行为　　B. 客观与公正

C. 专业胜任能力　　D. 应有的关注

8. 注册会计师应当对在执业过程中获知的客户信息保密，但也有例外。下列不属于泄密情形的是（　　）。

A. 法律法规允许披露，并且取得客户或雇用单位的授权

B. 法律法规要求披露，包括为法律诉讼出示文件或提供证据，以及向有关监管机构报告发现的违法行为

C. 接受、答复注册会计师协会或监管机构的质量检查、询问和调查

D. 另一客户提出查看的要求

9. 属于自身利益导致不利影响的情形有（　　）。

A. 审计项目组成员在审计客户中拥有直接经济利益

B. 审计项目组成员曾经在审计客户中担任财务经理

C. 会计师事务所与审计客户存在或有收费约定

D. 会计师事务所的收入大多数来源于对某一客户的审计

10. 会计师事务所可以采取以下哪些措施应对不利影响？（ ）

A. 领导层强调遵循职业道德基本原则的重要性

B. 制定相关的政策和程序实施项目质量控制，监督业务质量

C. 将有影响的人员调离审计项目组

D. 领导层强调维护社会公众利益的重要性

（三）判断题

1. 审计准则是注册会计师实施审计工作时应遵循的行为规范，但它不是衡量审计工作质量的标准。（ ）

2. 如果注册会计师拥有被审计单位的少量股份，不影响其独立性。（ ）

3. 注册会计师在执行审计业务时，既要遵循执业准则的要求，也要遵循职业道德守则的要求。（ ）

4. 会计师事务所在任何情况下不得对外泄露审计档案所涉及的商业秘密等内容。（ ）

5. 注册会计师若与被审计单位的某位员工具有近亲属关系，就不得执行该客户的审计业务。（ ）

6. 会计师事务所推介审计客户的股份属于自身利益导致的不利影响。（ ）

7. 审计项目经理已经连续 5 年对同一客户进行审计，可以将其调离项目组来消除不利影响。（ ）

8. 如果注册会计师未查出被审计单位财务报表中存在的错报，则注册会计师应当承担法律责任。（ ）

9. 注册会计师对存货执行了必要的审计程序，但还是未能发现存货的重大错报，这属于重大过失。（ ）

10. 在审计过程中，注册会计师可根据工作需要，就某些问题向有关专家进行专业咨询，以便更好地了解情况并收集适当的审计证据。（ ）

（四）案例分析题

1. 山西华昌商贸有限公司系山西光明会计师事务所的常年审计客户。2019 年 10 月双方就 2019 年的年报审计续签了审计业务约定书。会计师事务所准备派注册会计师李华参加该审计项目。但在审计前进行综合考虑，发现以下情形：

1）李华的岳父持有该公司 2 000 股股份。

2）李华与该公司财务经理毕业于同一所财经院校。

3）李华在 2019 年 6 月为该公司提供资产评估服务，且评估结果对财务报表具有重大影响。

4）李华已经连续担任该公司审计项目经理 6 年。

5）李华的朋友持有该公司 20 万元的债券。

6）李华与该公司基建处处长是战友，且该战友将公司职工集资建房的指标转让给李华，李华按照该公司职工的付款标准交付了集资款。

要求：针对上述事项 1）～6），分别指出是否对审计项目组的独立性构成威胁，并简要说明理由。

2. 2020 年 2 月 3 日，山西光明会计师事务所的注册会计师张名接到好朋友李杰的电话，说有一个亲戚开办的山西高科技公司 2019 年度的会计报表拟委托会计师事务所审计，正在寻找合适的会计师事务所。李杰希望张名能够承接对该公司的审计。张名听了认为一方面受朋友所托，另一方面也开拓了一个新客户，于是非常爽快地答应了，同时张名考虑该项业务的复杂性和特殊性，除按规定标准收取审计费外，另在业务约定中提出增加 2 万元赶工费。张名于 2020 年 2 月 6 日亲自带领审计小组到山西高科技公司实施审计，山西高科技公司属于私营公司，主营计算机软件开发，兼营计算机硬件、配件等，自开业 5 年来业务发展很好，但从没有接受过注册会计师审计。注册会计师张名是光明会计师事务所的出资人之一，业务专长是对工业企业，尤其是国有工业企业进行会计报表审计。

分析：

1）张名的专业胜任能力如何？

2）光明会计师事务所张名承接此项业务是否合适？为什么？

项目三 3

审计目标

【知识目标】

理解注册会计师审计总目标;

理解管理层认定和审计目标的概念;

掌握被审计单位管理层认定和审计具体目标之间的关系。

【技能目标】

根据具体业务，能够辨别哪些属于管理层认定;

能够根据管理层认定，确定具体的审计目标。

【素质目标】

培养学生根据自身特点制定目标，提升自身能力。

【引导案例】

云南某公司始创于1996年，注册资本1.5亿元，主要经营绿化工程设计及施工、绿化苗木种植及销售。

2007年12月21日，该公司在深交所中小板上市。董事长何某同时担任该公司的总经理，既是该公司的治理层又是管理层。2007～2010年先后由4家会计师事务所对该公司进行报表审计，但是对虚增资产、虚增收入等行为前两家事务所都未报出。在2010年的报表审计中该公司的财务造假终于水落石出。

思考

1）该公司董事长兼总经理何某对报表的责任是什么?

2）会计师事务所在报表审计中注册会计师的责任是什么?

3）注册会计师对报表审计最后要达到什么样的目标?

任务一　审计总目标

审计目标是指在一定的历史环境下，人们期望通过审计实践活动而达到的境地和最终结果。审计目标是注册会计师在审计前所确定的工作方向，其具体包括审计总目标和审计具体目标两个层次。

在财务报表审计中，确定审计目标之前应先明确财务报表责任的分工，即划分被审计单位管理层、治理层与注册会计师对财务报表应负的责任。明确划分责任，不仅有助于责任各方认真履行各自的职责，为财务报表及其审计报告的使用者提供有用的经济决策信息，还有利于保护相关各方的正当权益。

一、财务报表责任分工

微课：审计目标责任分工

1. 被审计单位管理层和治理层的责任

管理层是指对企业经营活动的执行负有管理责任的人员，主要通过编制财务报表反映受托责任的履行情况；而治理层要对财务报告过程承担监督责任。

在治理层的监督下，管理层作为会计工作的行为人，按照适用的会计准则和相关会计制度的规定来编制财务报表，并对财务报表负直接责任。

管理层对编制财务报表的责任具体包括如下内容。

1）选择适用的会计准则和相关会计制度。管理层应当根据会计主体的性质和财务报表的编制目的，选择适用的会计准则和相关的会计制度。就会计主体的性质而言，事业单位通常适合采用《事业单位会计制度》；而企业根据规模或行业性质不同，分别适合采用《企业会计准则》《企业会计制度》《小企业会计制度》《金融企业会计制度》等。

2）选择和运用恰当的会计政策。会计政策是指企业在会计确认、计量和报告中所采用的原则、基础和会计处理方法，管理层应根据企业的具体情况选择恰当的会计政策。

3）根据企业的具体情况，做出合理的会计估计。会计估计是指企业对其结果不确定的交易或事项，以最近可利用的信息为基础所做的判断。财务报表中涉及大量的会计估计，如固定资产预计使用年限和净残值、应收账款可收回金额、存货可变现净值及预计负债金额等。管理层有责任根据企业的实际情况对这些事项做出合理的会计估计。

4）管理层还应设计、实施和维护与财务报表编制相关的内部控制，以保证财务报表不存在由于舞弊或错误而导致的重大错报。

2. 注册会计师的责任

按照中国注册会计师审计准则的规定，对财务报表发表审计意见是注册会计师的责任。

注册会计师作为独立的第三方，对财务报表发表审计意见，有利于提高财务报表的可信赖程度。为履行这一职责，注册会计师应当遵守职业道德规范，按照审计准则的规定，计划和实施审计工作，获取充分、适当的审计证据，并根据获取的审计证据得出合理的审计结论，发表恰当的审计意见。注册会计师通过签署审计报告确认其责任。

互动讨论

李华是一家国有企业的财务总监，在三年任期结束后，企业聘请了一家会计师事务所对其在任期间的财务报表进行了审计，该会计师事务所经过审计，出具了标准审计报告；不久，司法机关接到举报，有人反映李华在任期内勾结财务主管与出纳，私设“小金库”，侵吞集体财产。为此，司法机关传讯了李华。李华以审计报告为依据，提出：“会计师事务所已对我在任期间的财务报表出具了标准审计报告，证明我没有经济问题，不信可以去问注册会计师。”

【讨论】李华是否能以会计师事务所出具的标准审计报告为依据证明自己没有经济问题？

财务报表审计不能减轻被审计单位管理层和治理层的责任。

财务报表的编制和财务报表审计是财务信息生成链条上的不同环节，两者各司其职。法律法规要求管理层和治理层对编制财务报表承担责任，有利于从源头上保证财务信息质量。同时，在某些方面注册会计师与管理层和治理层之间可能存在信息不对称。管理层和治理层作为内部人员，对企业的情况更为了解，更能做出适合企业特点的会计处理决策和判断，因此管理层和治理层理应对编制财务报表承担完全责任。尽管在审计中，注册会计师可能向管理层和治理层提出调整建议，甚至在不违反独立性的前提下为管理层编制财务报表提供协助，但管理层仍然对编制财务报表承担责任，并通过签署财务报表确认这一责任。

如果财务报表存在重大错报，而注册会计师通过审计没有发现，也不能因为财务报表已被审计这一事实而减轻管理层和治理层对财务报表的责任。注册会计师按照审计准则执行审计工作，只能对财务报表整体不存在重大错报进行合理保证，而非绝对保证。

二、财务报表审计总目标的演变

审计总目标对注册会计师的审计工作发挥导向作用，界定了注册会计师的责任范围，直接影响注册会计师计划和实施的审计程序。

财务报表审计的总目标随着审计的发展而变化，在不同的阶段其总目标也不相同。从审计内容的发展来看，注册会计师审计主要经历了详细审计、资产负债审计和财务报表审计 3 个阶段。在这 3 个阶段中，审计总目标不断发生深刻变化。

详细审计阶段（该阶段大致为 1844 年到 20 世纪初）的审计总目标是查错防弊。注册会计师通过逐笔审查被审计单位在一定时期内的会计记录，判定该单位有无技术错误和舞弊行为。

资产负债审计阶段（该阶段大致为 20 世纪初至 20 世纪 30～40 年代）的审计总目标是鉴证财务状况和偿债能力，同时，查错防弊目标仍然存在，但已退居第二位。在此阶段，注册会计师通过审查被审计单位在一定时期内资产负债表项目余额的可靠性、真实性，判断被审计单位的信用状况。也就是，审计的功能从防护性发展到公正性。

财务报表审计阶段（该阶段大致为20世纪30～40年代以后）的审计总目标是验证财务报表的公允性。在此阶段，审计目标不再局限于查错防弊和为社会提供鉴证，而是向管理领域深入和发展。注册会计师通过判定被审计单位一定时期内的会计报表是否公允地反映其财务状况、经营成果和现金流量，并在出具审计报告的同时，向被审计单位提出经营管理意见。

三、我国注册会计师审计的总目标

根据《中国注册会计师审计准则第 1101 号——财务报表审计的目标和一般原则》的规定，财务报表审计的目标是注册会计师通过执行审计工作，对财务报表的以下方面发表审计意见：一是财务报表是否按照适用的会计准则和相关会计制度的规定编制；二是财务报表是否在所有重大方面公允地反映被审计单位的财务状况、经营成果和现金流量。

简而言之，我国注册会计师审计的总目标就是注册会计师对被审计单位财务报表的合法性和公允性发表意见。财务报表审计属于鉴证业务，注册会计师对财务报表的合法性和公允性发表意见旨在提高财务报表的可信赖程度。

任务二 审计具体目标

审计具体目标是审计总目标的具体化，它应当根据审计总目标和被审计单位的认定来确定。

一、被审计单位管理层的认定

微课：审计具体方法

1. 认定的含义

认定是指管理层在财务报表中做出的明确或隐含的表达，注册会计师将其用于考虑可能发生的不同类型的潜在错报。通过考虑可能发生的不同类型的潜在错报，注册会计师运用认定评估风险，并据此设计审计程序以应对评估的风险。

当管理层声明财务报表已按照适用的财务报告编制基础编制，在所有重大方面做出公允的反映时，意味着管理层对财务报表各组成要素的确认、计量、列报及相关的披露做出了认定。管理层在财务报表上的认定有两种类型：一是明示性的认定；二是隐含性的认定。例如，管理层在资产负债表中列示“固定资产 8 000 000”，这就意味着做出下列明确的认定：一是记录的固定资产是客观存在的；二是固定资产以恰当的金额包括在财务报表中，与之相关的折旧、减值准备都已经恰当地反映。同时，管理层也做出下列隐含的认定：一是所有应当记录的固定资产都已经记录，没有遗漏；二是记录的固定资产都是被审计单位所拥有或控制的。

互动讨论

华昌公司 2019 年 12 月 31 日资产负债表中的存货为 500 000 元，意味着管理层做出以下认定：

1）记录的存货是真实存在的。

2）记录的存货的期末余额为 500 000 元是正确的，存货跌价准备的计提也是正确的。

3）所有应列报的存货都包括在财务报表中。

4）记录的存货全部由华昌公司拥有。

5）存货的使用不受任何限制，均由华昌公司控制。

【讨论】以上五项认定中哪些属于明确表达，哪些属于隐含表达？

对于管理层对财务报表各组成要素做出的认定，注册会计师的审计工作是要确定管理层的认定是否恰当。根据管理层对不同报表所做的认定，管理层认定可分为：关于所审计期间各类交易和事项及相关披露的认定、关于期末账户余额及相关披露的认定、与列报和披露相关的认定三大类。

2. 认定的分类

（1）关于所审计期间各类交易和事项及相关的披露认定

发生：记录的交易或事项是已经发生的，且与被审计单位有关。

完整性：所有应当记录的交易和事项均已记录。

准确性：与交易和事项有关的金额及其他数据已恰当地记录。

截止：交易和事项已记录于正确的会计期间。

分类：交易和事项已记录于恰当的账户。

列报：交易和事项已被恰当地汇总成分解且表达清楚，相关披露在适用的财务报表编制基础下是相关的、可理解的。

（2）关于期末账户余额及相关披露的认定

存在：记录的资产、负债和所有者权益是存在的。

权利和义务：记录的资产由被审计单位拥有或控制，记录的负债是被审计单位应当履行的偿还义务。

完整性：所有应当记录的资产、负债和所有者权益均已记录。

计价和分摊：资产、负债和所有者权益以恰当的金额包括在财务报表中，与之相关的计价或分摊调整已恰当地记录。

分类：资产、负债和所有者权益已记录于恰当的账户。

列报：资产、负债和所有者权益已被恰当地汇总或分解且表述清楚，相关披露在适用的财务报表编制基础下是相关的、可理解的。

（3）与列报和披露相关的认定

注册会计师可以按照上述分类运用认定，也可以按其他方式表达认定，但是应涵盖上述所有方面。

二、具体的审计目标

注册会计师了解了认定，就很容易确定每个项目的具体审计目标。通过考虑可能发生的不同类型的潜在错报，注册会计师运用认定评估风险，并据此设计审计程序以应对风险。

1. 与各类交易和事项相关的审计目标

（1）发生

由发生认定推导出的审计目标是确认已记录的交易是真实的。发生认定所要解决的是管理层是否把那些不曾发生的项目列入财务报表，主要防止财务报表要素的高估问题。例如，如果没有发生某销售业务，但账务处理中却记录了该项业务，则违反了该目标。

（2）完整性

由完整性认定推导出的审计目标是确认已发生的交易确实已经记录。发生和完整性两者强调的是相反的关注点。完整性目标主要是针对漏记交易，即防止低估的问题，正好和发生目标相反。例如，如果存在某项销售交易，但没有在销售明细账和总账处理中反映，则违反了该目标。

（3）准确性

由准确性认定推导出的审计目标是确认已记录的交易是按正确金额反映的。例如，在销售交易中，发生商品的数量或单价与账单上的数量或单价不符，或者是数量与单价的乘积或是销售多种商品时加总的金额出现错误，都属于违反该目标。准确性与发生、完整性存在区别。例如，若记录的交易是不应当记录的，则即使金额是正确无误的，仍属于发生认定错误；如果交易的发生确实存在，也按照交易应确认的时间确认入账，但金额计算是错误的，则属于准确性认定错误，但发生认定没有错误；若发生的交易漏记或没有及时入账，即使金额正确，仍属于完整性认定错误。

（4）截止

由截止认定推导出的审计目标是确认接近资产负债表日的交易记录于恰当的期间。例如，将本期应确认的收入推迟到下期确认，或将下期取得的收入提前到本期确认，均违反了截止目标。

（5）分类

由分类认定推导出的审计目标是确认被审计单位记录的交易经过适当的分类。例如，如果将出售原材料取得的收入计入主营业务收入，或是将盘盈的收入计入营业收入，则会导致交易分类的错误，违反了分类的目标。

（6）列报

由列报认定推导出的审计目标是确认被审计单位的交易和事项已被恰当地汇总或分解且表述清楚，相关披露在适用的财务报告编制基础下是相关的、可理解的。

互动讨论

注册会计师通常依据各类交易、账户余额和列报的相关认定确定审计目标，以下给出了采购交易的审计目标。

1）所记录的采购交易都附有相关的原始凭证，且与被审计单位有关。

2）所有应记录的采购交易均已记录。

3）与采购交易有关的金额及其他数据已恰当地记录。

4）采购交易已记录于恰当的账户。

5）采购交易已记录于正确的会计期间。

【讨论】请指出每一项审计目标对应的相关认定。

2. 与期末账户余额相关的审计目标

（1）存在

由存在认定推导出的审计目标是确认记录的金额确实存在。例如，如果不存在某种存货，但在存货的明细账和资产负债表中存货的期末余额都列入了这种存货，则违反了存在性目标。

（2）权利和义务

由权利和义务认定推导出的审计目标是确认资产归属于被审计单位的权利，负债属于被审计单位的义务。例如，将已确认销售业务但购货方还没有提走的存货列入被审计单位的存货中，违反了权利目标；将不属于被审计单位的债务记入账内，违反了义务目标。

（3）完整性

由完整性认定推导出的审计目标是确认已存在的金额均已记录。例如，存在应付某单位的货款，在应付账款明细账中没有列入该项内容，则违反了完整性目标。

（4）计价和分摊

计价和分摊认定是确认资产、负债和所有者权益以恰当的金额包括在财务报表中，与之相关的计价或分摊调整已恰当地记录。

（5）分类

资产、负债和所有者权益已记录于恰当的账户。

（6）列报

资产、负债和所有者权益已被恰当地汇总或分解且表述清楚，相关披露在适用的财务报告编制基础下是相关的、可理解的。

互动讨论

注册会计师通常依据各类交易、账户余额和列报的相关认定确定审计目标，以下给出了应付账款的审计目标。

1）所记录的应付账款是否都附有相关的原始凭证，是否是真实存在的。

2）所有应记录的应付账款是否均已记录（是否少计）。

3）与应付账款有关的金额是否恰当地记录。

4）应付账款是否需要由企业进行偿还。

【讨论】请指出每一项审计目标对应的相关认定。

通过上面介绍可知，认定是确定具体审计目标的基础。注册会计师通常将认定转化为能够通过审计程序予以实现的审计目标。针对财务报表每一项目所表现出的各项认定，注册会计师相应地确定一项或多项审计目标，然后通过执行一系列审计程序获取充分、适当的审计证据以实现审计目标。

项 目 小 结

在注册会计师财务报表审计中，审计目标包括财务报表审计总目标和与各类交易、账户余额、列报相关的具体审计目标两个层次。其中，财务报表审计的总目标要求注册会计师对被审计单位财务报表的合法性和公允性表示意见；认定是指被审计单位管理层对财务报表组成要素的确认、计量、列报做出明确或隐含的表达。认定与审计目标密切相关。具体审计目标是由被审计单位管理层的认定推导而来的，各类交易、账户余额、列报有不同的审计目标。

演练与提升

一、思考题

1. 简述管理层、治理层的责任及注册会计师的责任，并说明两者之间的关系。
2. 什么是审计目标？审计目标分为哪几个层次？
3. 简述注册会计师审计总目标。
4. 什么是管理层认定？与各类交易和事项、期末余额、列报相关的管理层认定分别有哪几类？
5. 具体审计目标与管理层认定之间的关系是怎样的？

二、能力提升

（一）单项选择题

1.（　　）的责任是按照适用的会计准则和相关会计制度的规定编制财务报表。

A. 管理层　　B. 治理层　　C. 注册会计师　　D. 内部审计部门

2.（　　）的责任是监督财务报告的编制和披露过程。

A. 管理层　　B. 治理层　　C. 注册会计师　　D. 内部审计部门

3.（ ）是指被审计单位管理层对财务报表各组成要素的确认、计量、列报与披露做出明确或隐含的表达。

A. 发生 B. 管理层责任

C. 治理层责任 D. 审计目标

4. 如果本期交易推到下期，或下期交易提到本期，则属于（ ）认定错误。

A. 发生 B. 完整性 C. 截止 D. 计价或分摊

5. 注册会计师在审查甲公司的销售业务时，发现甲公司销售给乙公司一批商品的销售收入记录了 100 万元，通过实质性程序确认，该笔销售实际取得的收入为 90 万元（甲公司将 10%的商业折扣也计入了销售收入）。那么，甲公司违反了营业收入的（ ）认定。

A. 发生 B. 完整性 C. 准确性 D. 计价和分摊

6. 下列选项中，被审计单位违反计价和分摊认定的是（ ）。

A. 将未发生的销售业务入账 B. 将未作为抵押的汽车披露

C. 未计提坏账准备 D. 将未发生的费用登记入账

7. 由（ ）认定推导出的审计目标是确认已记录的交易是否按正确的金额反映。

A. 发生 B. 分类 C. 完整性 D. 准确性

8. 如果不存在某顾客的应收账款，在应收账款明细表中却列入对该顾客的应收账款，则属于（ ）认定错误。

A. 存在 B. 完整性 C. 分类 D. 截止

9. 分类目标是由管理层关于（ ）认定推导得出的。

A. 存在 B. 完整性 C. 计价与分摊 D. 分类

10. 审计意见旨在提高被审计单位（ ）的可信赖程度。

A. 财务报表 B. 未来生存能力

C. 管理层经营效率 D. 管理层经营效果

（二）多项选择题

1. 管理层对编制财务报表的责任具体包括（ ）。

A. 选择适用的会计准则和相关会计制度

B. 选择和运用恰当的会计政策

C. 根据企业的具体情况，做出合理的会计估计

D. 设计、实施和维护与财务报表编制相关的内部控制

2. 与列报相关的认定通常包括（ ）。

A. 发生及权利和义务 B. 完整性

C. 分类和可理解性 D. 计价和分摊

3. 审计目标分为（ ）两个层次。

A. 审计总目标 B. 报表层次审计目标

C. 具体审计目标 D. 认定层次审计目标

4. 某公司 2019 年 12 月 31 日资产负债表流动资产项目中列示存货 1 000 000 元，则

明确的认定包括（　　）。

A. 记录的存货是存在的

B. 记录的存货的正确余额是 1 000 000 元

C. 所有应列报的存货都包括在财务报表中

D. 记录的存货全部由本公司所拥有且使用不受限制

5. 下列选项中，基于被审计单位管理层“计价或分摊”认定推论得出的有关存货具体审计目标有（　　）。

A. 期末所有存货存在　　　　B. 期末所有存货均已登记入账

C. 当期计提的存货跌价准备正确　　　　D. 存货的入账成本正确

6. 下列选项中，属于“完整性”认定的有（　　）。

A. 期末已按成本与可变现净值孰低的原则计提了存货跌价准备

B. 当期的全部销售交易均已登记入账

C. 资产负债表所列示的存货均存在

D. 资产负债表所列示的存货包括所有存货交易的结果

7. 与所审计期间账户期末余额相关的认定类别有（　　）。

A. 发生　　B. 完整性　　C. 权利和义务　　D. 计价和分摊

8. 注册会计师财务报表审计目标是对财务报表的（　　）发表的审计意见。

A. 合法性　　B. 公允性　　C. 重大错报风险　　D. 重要性水平

9. 一般来说，具体审计目标必须根据（　　）来确定。

A. 审计总体目标　　　　B. 被审计单位管理层认定

C. 审计准则　　　　D. 审计范围

10. 我国注册会计师总目标的演变经历了（　　）阶段。

A. 验证财务报表的公允性　　　　B. 查错防弊

C. 鉴证财务状况和偿债能力　　　　D. 验证企业的获利能力

（三）判断题

1. 注册会计师的责任是按照《中国注册会计师审计准则》的规定对财务报表发表审计意见。（　　）

2. 治理层是指对企业经营活动的执行负有管理责任的人员。（　　）

3. 现代审计的主要目标是查错防弊。（　　）

4. 注册会计师对财务报表审计，能够减轻被审计单位管理层和治理层的责任。（　　）

5. 被审计单位管理层认定只是对财务报表各组成要素的确认、计量、列报与披露做出的明确表达。（　　）

6. 发生认定可能存在的问题是漏记交易（低估）。（　　）

7. 完整性认定可能存在的问题是管理层把那些不曾发生的项目记入财务报表，它主要与财务报表组成要素的高估有关。（　　）

8. 若已入账的销售交易是对正确发出商品的记录，但金额计算错误，则属于准确性

认定错误，而发生认定没有错误。 （ ）

9. 由分类认定推导出的审计目标是确认接近资产负债表日的交易是否记录于恰当的期间。 （ ）

10. 由完整性认定推导出的审计目标是确认已记录的交易是否真实的，没有虚报。 （ ）

（四）案例分析题

1. DEF 公司是一家商品零售股份公司。注册会计师王力所在的 W 会计师事务所接受其审计委托业务后委派王力担任项目负责人。经过调查，王力确定存货项目为重点审计领域，同时决定根据财务报表认定来确定存货项目的具体审计目标。

要求：假定具体审计目标已经被王力选定（见表 3-1），王力应当确定的与具体审计目标最相关的财务报表认定是什么？（根据下面给出的 A～H 财务报表的认定项目，选择与具体审计项目相对应的认定项目按照其编号填入表 3-1 中，对每项财务报表的认定，可以选择一次、多次或不选。）

表 3-1 王力选定对 DEF 公司的具体审计目标

财务报表认定	具体审计目标
	公司对存货是否拥有所有权
	记录的存货数量是否包括公司所有的在库存货
	是否按成本与可变现净值孰低法调整期末存货的价值
	存货成本计算是否准确
	存货的计价基础是否已在财务报表附注中恰当地披露
	存货的主要类别是否已在财务报表附注中恰当地披露

财务报表的认定包括以下几项：A. 账户余额的完整性；B. 账户余额的存在；C. 账户余额的权利和义务；D. 账户余额的计价与分摊；E. 列报的准确性和计价；F. 分类是正确的；G. 交易的截止；H. 交易的准确性。

2. 注册会计师小李对华昌公司 2019 年度财务报表进行审计，发现该公司存在以下事项：

1）在销售明细账中有一笔销售 A 产品 500 万元的记录，但经核实没有该批产品的出库单及销售发票。

2）2019 年 12 月 26 日实际销售给乙公司 B 产品 1 000 万元，但在销售明细账和总账中未发现有此记录。

3）在销售明细账中，发出商品的数量与账单上的数量不符，查明是开账单时使用了错误的销售价格，比实际少计 300 万元。

4）2019 年 12 月 28 日实际销售给丙公司 A 产品 2 000 万元，在 2019 年的账簿记录中未发现，经查该笔收入的入账时间是 2019 年 1 月 5 日。

5）实际销售未使用完的原材料 10 万元，会计在记账时将其确认为主营业务收入。

6）接近资产负债表日前入库的 A 产品已计入库存商品明细账，但未进行相关的会计记录。

7）由 X 公司代管的甲材料可能并不存在。

8）Y 公司存放在华昌公司仓库的乙材料已计入华昌公司的存货项目。

9）经函证，发现应收账款明细账中的 500 万元是虚列的。

10）2019 年 12 月 29 日，销售了一批 A 产品已经发货，但由于不满足收入的确认条件，企业未确认收入，存货项目中也未包含该批存货。

要求：请逐项指出管理层违反了哪些认定。

审计方法

4 项目四

【知识目标】

掌握审阅法、核对法等基本审计方法的应用；

熟悉基本审计方法的运用；

理解审计抽样的含义和类型；

熟悉审计抽样的方法并掌握审计抽样风险的影响。

【技能目标】

学会使用各种审计基本方法查账；

能够识别在审计中面临的抽样风险。

【素质目标】

培养学生解决问题的逻辑思维；

培养学生的风险意识。

【引导案例】

审计机关接到群众举报，反映某物资流通的中央企业存在盲目投资，造成大量外借、外部投资的资金难以收回和私设“小金库”等严重违纪问题。

审计机关委托当地的会计师事务所对该公司进行审计，通过查阅有关会计账簿、凭证的记录是否清晰，所附原始凭证是否齐全，然后对财务部进行突击盘点及对在单位的银行存款账户进行函证等审计方法，最后确定该单位的确有私设“小金库”问题。

思考

1）什么是审计方法？

2）审计方法有哪些分类？

3）以上案例中运用了哪些具体的审计方法？

任务一　审计方法概述

审计方法是指注册会计师为了达到审计目标，完成审计任务，形成审计结论和意见所采取的各种措施、手段和技术的总称。审计工作从接受业务委托开始，直至形成审计意见、编制审计报告，都需要运用审计方法。审计人员为了实现审计目标，一直随着审计环境的变化调整审计方法。

一、审计方法演变

随着审计实践和审计理论的发展，审计经历了不同的发展阶段，审计方法也经历了由简单到复杂的演变，逐渐形成系统的方法体系。审计方法的演变大致可分为 3 个阶段，分别是账项基础审计阶段、制度基础审计阶段和风险导向审计阶段。

1. 账项基础审计阶段

审计发展的早期，由于企业组织结构简单、业务性质单一，审计人员的工作主要是为了满足财产所有者对会计核算进行独立检查的要求，促使受托责任人在授权经营过程中做出诚实、可靠的行为，于是出现了以资产负债表为重心的审计方法，称为详细审计。

详细审计又称为账项基础审计，该方法是指从相关会计原始凭证入手，追查记账凭证、账簿、会计报表等会计文件的形成和周转，验算其记账余额并核对账证、账账及账表之间的勾稽关系，以检查财务报表所反映的情况是否真实。整个审计过程中，约有四分之三的时间花费在合计和过账上。该阶段的审计目的主要是为了满足财产所有者对会计核算进行独立监督的要求，因此这时的审计工作旨在发现会计工作中的错误和舞弊。所以，账项基础审计适用于评价简单的受托经济责任。

当人类社会进入 20 世纪以后，这种方法的局限性越来越明显：第一，这种审计方式耗费了大量的人力和时间，不利于提高审计工作效率和效益；第二，即使采用有限的抽样技术，但由于对会计系统的了解不够，容易造成由于抽查原因而遗漏重大问题项目的事件；第三，由于以交易为基础的审计工作主要都是围绕交易进行的，因此不容易发现会计工作中的程序性错误，对于会计系统中的缺陷和不合理现象也很难发现，这样即使查出了技术性错误或舞弊情况，也不能溯源追本，堵塞漏洞，避免重犯。

2. 制度基础审计阶段

随着企业规模的日益扩大，经济活动和交易事项内容不断丰富、复杂，审计人员的审计工作量迅速增大，而需要的审计技术日益复杂，使得详细审计难以实施，企业对审计费用也难以承受。为适应这个变化，制度基础审计适时出现。

制度基础审计是以内部控制系统为基础的审计，它把内部控制和抽样审计结合起来，以此提高审计工作的效率和效果。因为在审计界认为，设计合理并且执行有效的内部控制可以保证财务报表的可靠性，防止重大错误和舞弊的发生。

该阶段报表的使用者不仅是财产所有者，还包括债权人等，审计的目的是验证报表是否公允地反映了企业的财务状况和经营成果。

随着审计环境的发展变化，制度基础审计的不足之处也突显出来，如审计资源不恰当地分配到低风险和高风险审计领域，造成低风险审计项目的审计过量和高风险审计领域的审计不足，从而使审计为达到一定的效果而使效率较差或审计达不到效果。

3. 风险导向审计阶段

近些年，世界范围内市场竞争的加剧，企业不稳定性进一步增强，社会对审计人员提出了更高要求，审计人员的社会责任也随之加大，这就需要审计人员更加关注对审计风险因素的评价。为了适应高风险的现代社会，提高审计质量，降低审计风险，更好地履行审计人员的职责，审计职业界开始在运用制度基础审计模式的基础上，逐步融入对风险因素的分析与评价方法，使制度基础审计模式得到了进一步发展，于是风险导向审计便应运而生。

风险导向审计是指从被审计单位的经营环境、财务状况及委托审计的动机等方面入手，利用审计风险模型规划审计工作，全面评估风险，力争将审计风险控制在可以接受的水平上。风险导向审计不再依赖对内部控制制度的检查与评价，而是始终保持一种合理的警觉去发现潜在的风险点，从而将风险评估贯穿于审计工作的全过程。

风险导向审计最显著的特点是它将客户置于一个大的经济环境中，运用立体观察的理论来判断影响因素，从企业所处的商业环境、条件到经营方式和管理机制等构成的内外部各个方面来分析评估审计风险水平。这一方法的另一特点是明确确认在为审计测试选择一个样本。企业开展业务的商业环境、对报表余额的真实性和公正性给予审计评价等都可能存在风险，并把这种意识贯穿到审计的全过程，从而在审计过程中把重点放在审计风险的评估上，并通过审计程序把审计风险降低到审计人员可以接受的水平。风险导向审计是我国目前财务报表审计中采用的主要模式。

二、审计的组织方法

对财务报表进行审计时，应将财务报表按一定的标准划分为更小的部分，以便于审计。按照对财务报表划分的标准不同，可分为报表项目法和业务循环法。

1. 报表项目法

报表项目法又称为账户法，是按财务报表项目来组织财务报表审计的方法。

报表项目法的优点是与多数被审计单位账户设置体系及财务报表格式相吻合，操作方便。报表项目法的缺点是将紧密联系的相关账户人为分割开进行审计，从而造成审计工作的脱节与重复。

2. 业务循环法

业务循环法是指将有密切联系的报表项目和涉及的交易、账户划分为同一业务循环，作为一个整体来组织财务报表审计的方法。

业务循环法的优点是将财务报表中的相关项目直接联系在一起，加深审计小组成员对被审计单位经济业务的理解，而且便于审计的合理分工，避免重复工作，能够提高审计的效率与效果。

通过考察交易被记录于各种记账凭证乃至汇总到总账和财务报表的方式，可以发现使用业务循环法具有逻辑合理性，图 4-1 列示了某些交易的会计处理过程。从图 4-1 中可以看出，业务循环法是将记录于不同记账凭证中的交易与这些交易所影响的总账余额合并起来考虑，以更有效地安排审计工作。

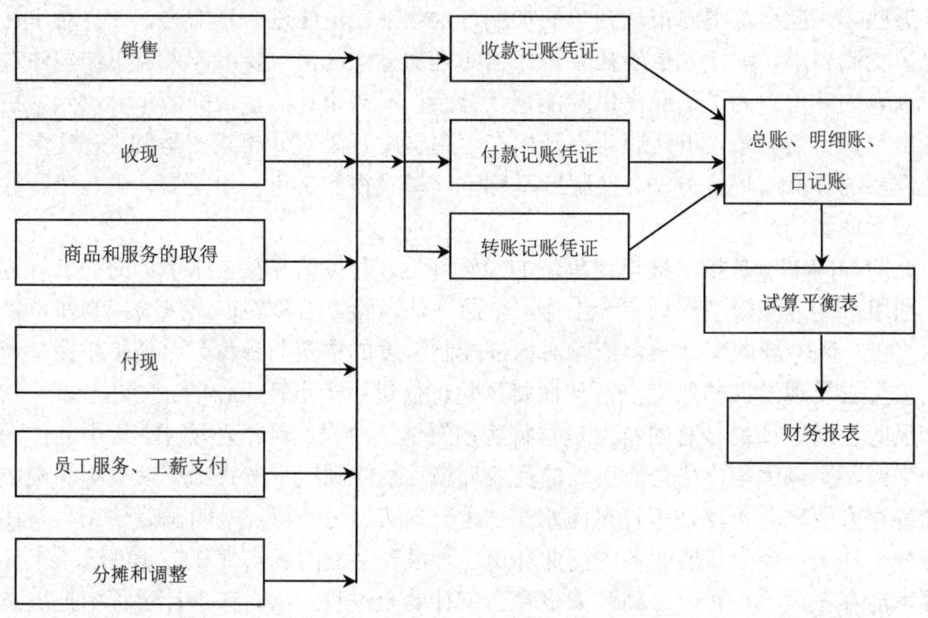

图 4-1　交易从记账凭证至财务报表的信息流程

由于各被审计单位的业务性质和规模不同，其业务循环的划分也有所不同。一般制造企业可将被审计单位全部的交易和账户按照相关程度划分 4 个业务循环，分别是销售与收款循环、采购与付款循环、存货与生产循环及投资与筹资循环。各循环业务之间存在紧密联系，它们之间的流转关系如图 4-2 所示。

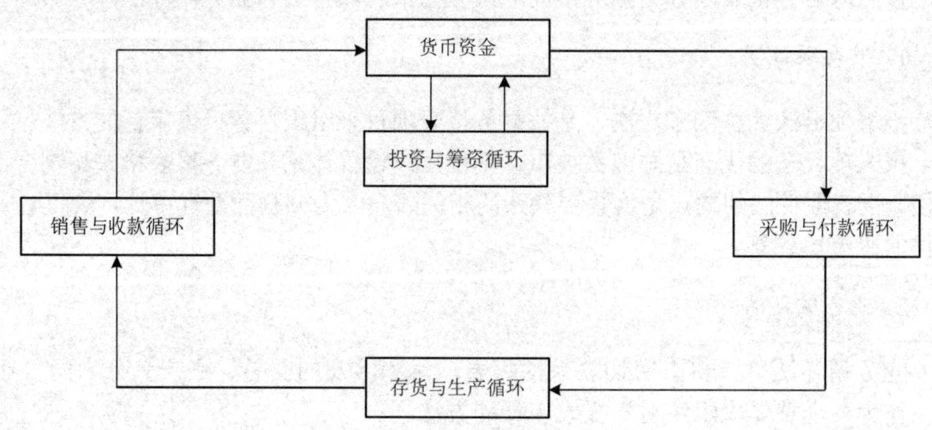

图 4-2　各循环业务之间的关系

业务循环法下，注册会计师在审计各个循环时，最有效的方法是在审计循环的各类交易及相关账户期末余额的基础上，合并形成对某类交易及其相关账户余额的保证水平。在注册会计师得出报表整体公允表达的结论之前，必须实现各类交易的审计目标和各个账户余额的审计目标。有关交易的审计目标和有关余额的审计目标尽管有所不同，但却是紧密联系的。

三、审计的检查方法

注册会计师为了获取充分、适当的审计证据，需要对被审计单位的记录或文件及实物资产进行审查。根据检查对象的形式不同，可以分为检查书面资料和检查有形资产。

1. 检查书面资料（检查记录或文件）

检查书面资料是指注册会计师对被审计单位内部或外部生成的，以纸质、电子或其他介质形式存在的记录和文件进行审查。

（1）按审查书面资料的顺序分类

按审查书面资料的顺序，可分为顺查法和逆查法。

微课：审计方法

1）顺查法。

顺查法是指按照会计核算的处理顺序，依次对证、账、表各个环节进行审查的方法。具体操作是：首先审查原始凭证是否真实正确、合理合法，并核对记账凭证；然后再以记账凭证核对账簿，审查账证是否一致，总分类账余额同所属明细分类账余额的合计是否一致；最后以账簿核对财务报表，审查调整结账事项与所编制的报表是否一致。

顺查法的优点是：审查全面、不易发生遗漏、方法简单、易于核对、结果精确；其缺点是：面面俱到、容易忽视重大问题、费时费力、工作量大。因此，顺查法主要适用于规模较小、业务量少、内部控制制度不健全的被审计单位，以及重要的审计事项和贪污舞弊的专案审计。

2）逆查法。

逆查法是指按照会计核算相反的处理顺序，依次对表、账、证各个环节进行审查的方法。具体操作是：根据注册会计师所掌握的线索，先从审阅、分析财务报表入手，然后根据分析中发现的问题，有重点地同有关总账、明细账核对，进而审查记账凭证，直至审查原始凭证。逆查法的优点是：便于抓住问题的实质，又可以节省人力和时间，提高工作效率；其缺点是：不能全面地审查问题，易有遗漏。由此，逆查法主要适用于规模大、业务量多、内部控制制度健全有效、会计核算质量高的单位。

综上所述，顺查法和逆查法各有利弊。为了扬长避短，更好地发挥审计作用，审计人员应根据实际情况，把两种方法结合起来加以运用。在小型企业采用顺查法进行查账时，也可针对重要事项采用逆查法加以检查。在大中型企业采用逆查法审查各类业务时，对于部分重要审计事项也可采用顺查法加以详细核对，以便充分发现问题，防止重大遗漏。

（2）按审查书面资料的数量分类

按审查书面资料的数量，可分为详查法和抽查法。

1）详查法。

详查法是对被审计单位审计期内被审计事项的所有凭证、账簿、报表进行详细审查的一种审计方法。详查法的特点是：对被审计期间的全部会计资料和其反映的经济活动进行全面、详细的审查，以查找其中的错弊为重要目标。

详查法的优点是：能全面查清被审计单位存在的问题，特别是对弄虚作假、营私舞弊等违反财经法纪行为，一般不易疏漏，能够保证审计质量；其缺点是：工作量太大、费时费力、审计成本高，故难以普遍采用。一般适用于规模较小的单位或有重大错弊或违法行为的单位。

2）抽查法。

抽查法是指在被审计单位被审查期内特定审计事项的全部会计资料中选取部分资料进行审查，根据审查结果推断全部资料有无错弊的一种审计方法。抽查法的特点是：根据被审查期内审计对象总体的具体情况、审计目的和要求选取具有代表性的样本，然后根据抽取样本的审查结果来推断总体的正确性，或推断其余未抽查部分有无错弊。

抽查法的优点是：高效率、低费用，节约时间和人力，能够收到事半功倍的效果；其缺点是：如果样本抽查不当，不能代表总体特征，就可能做出错误结论。这种方法仅适用于内部控制制度健全、会计基础较好的单位。

（3）按审查书面资料的技术分类

按审查书面资料的技术，可分为审阅法、核对法、复算法和分析法。本节主要讲述审阅法和核对法，复算法和分析法在审计程序中讲述。

1）审阅法。

审阅法是对被审查单位的有关书面资料进行详细阅读和审视的一种方法。审阅法侧重于审查书面资料及其所反映的经济业务的真实性、合法性。审阅法是最基本、最有效的审计方法，是任何审计都需要运用的技术。审阅的具体内容包括会计凭证的审阅、会计账簿的审阅和财务报表的审阅，而会计凭证的审阅又包括原始凭证的审阅和记账凭证的审阅。

原始凭证的审阅，其内容包括：原始凭证上反映的经济业务是否符合规定；原始凭证上记载的抬头、日期、数量、单价、金额等方面的字迹是否清晰，数字是否相符，有无涂改情况；审阅填发原始凭证的单位名称、地址和公章，审查凭证的各项手续是否完备。如有不符合规定的情况，则可能存在问题。

互动讨论

注册会计师李华在审查山西华昌商贸有限公司 2019 年度财务报表中该公司销售费用时注意到记账凭证后面所附原始凭证，所附原始凭证如图 4-3 所示。

1101192130 **北京增值税专用发票** No.58103941 1101192130 58103941

发票联

开票日期：2019 年 03 月 27 日

购买方	名称：山西华昌商贸有限公司 纳税人识别号：216545211222121316 地址、电话：太原市小店区经济开发区 102 号 开户行及账号：工商银行经济开发区支行					密码区	5-13/<5/47-5-50002+408-7*8- 8+5+>16>**89980+33434/*-8-9 53+411/99+231/385930-0-6859 54-1076-79-9*2—29*5/11087<
货物或应税劳务、服务名称	规格型号	单位	数量	单价	金额	税率	税额
*广告服务*广告费		次	1	259800.00	259800.00	6%	15588.00
合　计					¥259800.00		¥15588.00
价税合计（大写）	⊗贰拾柒万伍仟叁佰捌拾捌元整					（小写）¥275388.00	
销售方	名称：北京祥鸿文化传媒有限公司 纳税人识别号：911101471295719253 地址、电话：北京市丰台区乐安北里凤林路 59 号 010-58172052 开户行及账号：交通银行北京丰台支行 110001839582195012021					备注	北京祥鸿文化传媒有限公司 911101471295719253 发票专用章

收款人： 复核： 开票人： 销售方：（章）

第三联：发票联 购买方记账凭证

图 4-3 原始凭证

针对以上案例，作为审计人员，李华需要对上面的原始凭证进行审阅。

【讨论】

1）对上述原始凭证审阅时需要注意哪些内容？

2）审阅后李华发现该原始凭证有什么问题？

记账凭证的审阅，其内容包括：合规性审阅，审阅记账凭证是否附有合法的原始凭证；完整性审阅，记账凭证的审批传递手续是否符合规定程序，有无制单、复核、记账和主管人员的签章；正确性审阅，记账凭证上载明的所附原始凭证张数是否与原始凭证的张数一致，记账凭证的记录是否符合会计制度的规定，会计分录的编制及金额是否正确，是否正确计入总账、明细账，业务摘要是否与原始凭证记载的经济活动内容相一致。

互动讨论

注册会计师李华在对山西华昌制造有限公司 2019 年度财务报表审计时，注意到如图 4-4 的记账凭证。

记账凭证

记______字0004　　制单日期：2019.01.28　　审核日期：　　附单据数：______

摘要	科目名称	借方金额	贷方金额
购入货物，尚未入库	库存商品	10000000	
购入货物，尚未入库	应交税费/应交增值税/进项税额	1300000	
购入货物，尚未入库	银行存款		11300000
票号 日期　数量 单价	合 计	11300000	11300000
备注	项目　个人　业务员　部门　客户		

记账　　审核　　出纳　　制单　牛艳

图 4-4　记账凭证

针对以上案例，作为审计人员，李华需要对上面的记账凭证进行审阅（凭证为电子凭证）。

【讨论】

1）对上述记账凭证审阅时，需要注意哪些内容？

2）审阅后李华发现该公司这张记账凭证有什么问题？

账簿的审阅，其内容包括：审阅账簿启用手续、使用记录和交接记录是否齐全和完整；期初和期末余额的结转、承前页、转下页、月结和年结是否符合规定；账簿的各项记录是否规范和完备，如业务摘要、对应科目是否齐全，有无涂改痕迹，是否按规定的方法更正记账错误；账簿记录的内容是否真实、正确。目前，大多数企业都使用会计软件进行账务处理，账簿大多数都是系统根据记账凭证自动生成的，所以对账簿的审阅在实际工作中应用较少。

财务报表的审阅，其内容包括：审阅财务报表的编制是否符合《企业会计准则》及国家有关财务会计制度规定；审阅财务报表项目是否完整，各项目的对应关系和勾稽关系是否正确，相关数据是否一致；审阅财务报表附注是否对应予以揭示的重大问题做了充分的披露。

除此以外，对计划、合同和其他有关经济资料也应审阅，以便掌握情况、发现问题。

2）核对法。

核对法是指对将审计单位书面资料之间的有关数据，按照其内在联系进行相互对照检查，以验证其是否相符的一种审计方法。核对法侧重审查各种相关资料的一致性，其主要内容包括证证核对、账证核对、账账核对、账实核对、账表核对及表表核对。

证证核对主要包括原始凭证与原始凭证的核对，原始凭证与记账凭证的核对。例如，原始凭证上记载的数量、单价、金额及其合计数是否与相关原始凭证及记账凭证一致。

账证核对主要包括会计账簿与记账凭证或原始凭证的核对。例如，日记账或明细账的记录是否与相应的原始凭证或记账凭证的记录一致。

账账核对主要包括各会计账簿之间的核对。例如，总账的账户记录是否与所属明细账的账户记录合计数相符；总账各账户的借方发生额和余额合计与贷方发生额和余额合计是否相等。

账实核对是指将实物盘存记录与本期有关账目的记录进行核对，检查其是否相符。例如，将库存商品的盘点记录表与库存商品各明细账余额进行核对，检查是否相符。

账表核对是指将会计账簿与财务报表进行核对。例如，将总账各账户的发生额和余额合计与财务报表上相应项目的金额核对，检查是否相等。

表表核对是指将各相互联系的财务报表进行核对，检查是否相符。主要包括财务报表上各有关项目的数字计算是否正确，各报表之间的有关数字是否一致。如果涉及前期的数字，则要核对是否与前期财务报表上的有关数字相符。

在实务中，审阅法和核对法的侧重点虽然不同，但经常结合在一起使用。

2. 检查有形资产

检查有形资产是指审计人员对资产实物进行审查。检查有形资产的方法适用于存货和现金，也适用于有价证券、应收票据和固定资产等。

检查有形资产的方法就是盘存法，主要是为了确定被审计单位的有形资产是否真实存在，并且与账面记录相符。因此，在使用盘存法时还会用到调节法，以证实账面反映数与实有数是否一致。

（1）盘存法

盘存法是指对被审计单位各项财产物资进行实地盘点来证实账面反映的财物是否确实存在的一种审计技术。盘存法主要适用于各种实物及货币资产的检查，如库存现金、存货、固定资产及有价证券等有形资产的检查。该方法可以为有形资产的存在性提供可靠的审计证据，但无法验证实物资产的所有权和计价情况。

盘存法按照方式不同，分为直接盘存和监督盘存两种形式。

直接盘存是指注册会计师亲自到现场盘点实物，并要求被审计单位有关人员协同执行，以证实书面资料与有关的财产物资是否相符的方法。这种方法在实际中应用较少，常用于盘点数量较小但容易出现舞弊行为的贵重财产物资，如贵重文物、珠宝、贵重材料等。

监督盘存又称为监盘，是指注册会计师现场监督被审计单位各种实物资产及现金、有价证券等的盘点，并进行适当的抽查。一般而言，实物资产的盘点是被审计单位管理当局的责任，应由被审计单位进行计划、组织和实施，注册会计师只进行现场监督并适当抽查复点。注册会计师抽点部分如发现差异，除应督促被审计单位更正外，还应扩大抽查范围，如发现差错过大，则应要求被审计单位重新盘点。在盘存法的具体实施过程中，大多数都采用监督盘存，除非是特别贵重或存在问题较多的实物，才进行直接盘存。

（2）调节法

调节法是指在审查某个项目时，由于被审计单位结账日数据和审计日数据不一致，通过对有关数据进行增减调节，用来证实结账日数据账实是否一致的审计方法。这是一种取得实物证据的方法。调节法常用于以下两方面。

1）对未达账项的调节。

通过编制银行存款余额调节表，对被审计单位与开户银行双方发生的未达账项进行增减调节，以验证银行存款账户的余额是否正确。

2）对财产物资的调节。

当财产物资的盘存日同书面资料结账日不同时，结合实物盘存，将盘存日期与结账日期之间新发生的收支数，用来对盘存日有关财产物资的盘存数进行增减调节，以验证或推算结账日有关财产物资的应结存数。其计算公式为

结账日数量＝盘存日盘点数量＋结账日至盘存日发出数量－结账日至盘存日收入数量

【例 4-1】 甲企业 2019 年 12 月 31 日账面结存 A 材料 2 800 千克，经审阅和核对无差错。注册会计师于 2020 年 1 月 15 日对 A 材料进行了监盘，2020 年 1 月 1 日到 1 月 15 日期间收入 2 050 千克，发出 2 000 千克。1 月 1 日期初余额及收发数额均经审阅、核对和复算无误。1 月 15 日监督盘存数为 2 850 千克，则调节过程是怎样的？

【解析】 A 材料结账日结存数＝2 850＋2 000－2 050＝2 800（千克）

经过调节计算，证实 A 材料结账日实存数与结账日账面结存数是一致的。

任务二 审 计 程 序

审计程序是指注册会计师在审计过程中的某个时间，对将要获取的某类审计证据如何进行收集的详细指令。本任务所讲的审计程序是审计实施过程中所使用的具体审计程序，实质上也就是对审计方法的具体应用。

在对审计方法具体应用过程中，一般可以分为基本审计程序和辅助审计程序两大类。在审计过程中，注册会计师可以根据具体情形和需要单独运用一种审计程序，也可以综合运用多种审计程序。

一、基本审计程序

基本审计程序是在审计时必须采用的，能用来直接收集重要审计证据的方法。基本审计程序包括检查、盘存法、重新计算、重新执行及函证等，盘存法在任务一中已详述，此任务不再赘述。

1. 检查

检查是指注册会计师对被审计单位内部或外部生成的，以纸质、电子或其他介质形式存在的记录和文件进行审查，或对资产进行实物审查。具体的检查方法见前文。

检查记录或文件的目的是对财务报表所包含或应包含的信息进行验证。例如，被审计单位通常对每一笔销售交易都保留一份顾客订单、一张发货单和一份销售发票副本。这些凭证对于注册会计师验证被审计单位记录的销售交易的正确性是有用的证据。

检查有形资产可为其存在性提供可靠的审计证据，但不一定能够为权利和义务或计价认定提供可靠的审计证据。检查存货项目前，可先对客户实施的存货盘点进行观察。

2. 重新计算

重新计算法又称为复算法，是指对被审计单位书面资料的有关数据进行计算，以验证原计算结果是否正确的一种方法。该方法一般应用于实质性程序中。重新计算通常包括计算销售发票和存货的总金额、加总日记账和明细账、检查折旧费用和预付费用的计算、检查应纳税额的计算等。

3. 重新执行

重新执行是指注册会计师以人工方式或使用计算机辅助审计技术，重新独立执行作为被审计单位内部控制组成部分的程序或控制。重新执行职能用于控制测试中。例如，注册会计师利用被审计单位的银行存款日记账和银行对账单，重新编制银行存款余额调节表，并与被审计单位编制的银行存款余额调节表进行比较。

4. 函证

微课：审计程序

函证是指注册会计师直接从第三方（被询证者）获取书面答复以作为审计证据的过程，书面答复可以采用纸质、电子或其他介质等形式。函证根据是否需要必须给予答复，可分为积极式函证和消极式函证。

积极式函证要求收函单位对询问的事项无论与事实是否相符必须给予回函答复。积极式函证适用于内部控制差、会计核算质量差、金额大、疑点多等情况。

消极式函证要求收函单位对询问的事项有异议时，才在限定的时间内给予复函。消极式函证一般适用于内部控制好、会计核算质量高、金额小、疑点少等情况。消极式函证不如积极式函证可靠性高。

二、辅助审计程序

辅助审计程序是指为收集重要审计证据提供线索，或是为收集重要审计证据之外的补充审计证据而采用的审计程序。辅助审计程序包括观察、询问及分析程序等。

1. 观察

观察是指注册会计师查看相关人员正在从事的活动或实施的程序。这种方法适用面广、灵活性强、易发现疑问，但通常只能获得一些片面的感性资料，不足以独立形成审计判断，需要和其他方法结合使用。

2. 询问

询问是指注册会计师以书面或口头方式，向被审计单位内部或外部的知情人员获取财务信息和非财务信息，并对答复进行评价的过程。该方法作为其他审计程序的补充，广泛应用于整个审计过程。

知情人员对询问的答复可能为注册会计师提供尚未获悉的信息或佐证证据，也可能提供与已获悉信息存在重大差异的信息，注册会计师应当根据询问结果考虑修改审计程序或实施追加的审计程序。询问本身不足以发现认定层次存在的重大错报，也不足以测试内部控制运行的有效性，注册会计师还应当实施其他审计程序以获取充分、适当的审计证据。

3. 分析程序

分析程序是指注册会计师通过分析不同财务数据之间以及财务数据与非财务数据之间的内在关系，对财务信息做出评价。分析程序还包括在必要时对识别出的、与其他相关信息不一致或预期值差异重大的波动或关系进行调查。

分析程序常用的方法有趋势分析法、比率分析法和比较分析法等。

（1）趋势分析法

趋势分析法是通过对比两期或连续数期的财务数据和非财务数据，确定其增减变动方向、数额和幅度，以掌握有关数据变动的趋势和发现异常的变动。例如，对多个会计期间收入数据进行分析，看其是否有异常变动。

当被审计单位处于经营环境稳定状态时，趋势分析法最适用。当被审计单位业务经营环境变化较大或会计政策变更较大时，趋势分析法就不再适用。

（2）比率分析法

比率分析法主要是结合其他有关信息，将同一报表内部或不同报表之间的相关项目联系起来，通过计算比率，反映数据之间的关系，用以评价被审计单位的财务信息。例如，对应收账款周转率的分析，可以反映赊销收入与应收账款平均余额之间的关系，若这一比率小可能说明企业应收账款回收的速度放慢，发生坏账的可能性增加，也可能说明本期赊销收入与期末应收账款余额存在错报。

当财务报表项目之间的关系稳定并可直接预测时，比率分析法最为适用。

（3）比较分析法

比较分析法是通过对被审计单位某一具体项目与既定标准进行比较，寻找差异、发现问题，以获取审计证据的一种技术方法。例如，将企业利润的目标数与企业的实际数比较，如果实际数接近目标数，则说明企业存在虚增利润的可能。

分析程序运用于整个审计过程中。首先，可以应用于风险评估阶段，可以帮助注册会计师发现财务报表中的异常变化，或者预期发生而未发生的变化，识别存在潜在重大错报风险的领域；其次，分析程序还可以应用于实质性程序阶段，可以减少细节测试的工作量，节约审计成本，降低审计风险，使审计工作更有效率和效果；最后，分析程序在审计结束或临近结束时对财务报表进行的总体复核中也会应用，主要是确定财务报表整体是否与其对被审计单位的了解一致。但需要注意的是，分析程序由于需要计算金额、比率或趋势，以评价财务信息，不适用于内部控制的了解与测试程序。

任务三　审计抽样方法

审计抽样是指审计人员对某类交易或账户余额中低于百分之百的项目实施审计程序，使所有抽样单元都有被选取的机会，然后根据抽取样本测试的结果推断总体特征的方法。其中，抽样单元是指构成总体的个体项目。总体是指注册会计师从中选取样本并据此得出结论的整套数据。

一、审计抽样的特征

审计抽样应当具备 3 个基本特征：①对某类交易或账户余额中低于百分之百的项目实施审计程序；②所有抽样单元都有被选取的机会；③审计测试的目的是为了评价该账户余额或交易类型的某一特征。

注册会计师获取审计证据时可能使用 3 种目的的审计程序，即风险评估、控制测试和实质性程序。注册会计师拟实施的审计程序将对运用审计抽样产生重要影响。有些审计程序可以使用审计抽样，有些审计程序则不宜使用审计抽样。

风险评估程序是指为了解被审计单位及其环境而实施的程序。在了解被审计单位及其环境时通常不涉及审计抽样。

控制测试是指用于评价内部控制在防止或发现并纠正认定层次重大错报方面的运行有效性的审计程序。在实施控制测试时可能会涉及审计抽样。当控制的运行留下轨迹时，注册会计师可以考虑使用审计抽样实施控制测试。对于未留下运行轨迹的控制，注册会计师通常实施询问、观察等审计程序，以获取有关控制运行有效性的审计证据，此时不涉及审计抽样。

实质性程序是指用于发现认定层次重大错报的审计程序，包括对各类交易、账户余额和披露的细节测试以及实质性分析程序。细节测试是对各类交易、账户余额和披露的具体细节进行测试，其目的在于直接识别财务、报表认定是否存在错报。在实施细节测试时，注册会计师可以使用审计抽样获取审计证据，以验证有关财务报表金额的一项或多项认定（如应收账款的存在性），或对某些金额做出独立估计（如陈旧存货的价值）。而在实施实质性分析程序时，注册会计师不宜使用审计抽样。

二、审计抽样的类型

1. 按抽样决策的依据分类

按抽样决策的依据不同，可分为统计抽样和非统计抽样。

（1）统计抽样

统计抽样是指随机选取样本且运用概率论方法评价样本结果的方法。统计抽样能够客观地计量抽样风险，并通过调整样本规模精确地控制风险，另外统计抽样还有助于注册会计师高效地选取样本，计量所获取证据的充分性，以及定量评价样本结果，但统计抽样需要发生额外的一些成本。

（2）非统计抽样

非统计抽样是指根据个人经验、专业判断来抽取样本并评价样本结果的方法，即不满足统计抽样以外的所有抽样。非统计抽样简单、方便，如果设计得当，也能提供与统计抽样同样有效的结果，但非统计抽样无法精确测定抽样风险。

2. 按抽样所测试的总体特征分类

按抽样所测试的总体特征不同，可分为属性抽样和变量抽样。

（1）属性抽样

属性抽样是一种用来对总体中某一事件发生率得出结论的统计抽样方法。属性抽样在审计中最常见的用途是测试某一设定控制的偏差率，以支持注册会计师评估控制的有效性。因此，属性抽样一般应用于控制测试中，得出的结论与总体发生率有关。控制测试是指用于评价内部控制在防止或发现并纠正错报的运行有效性的审计程序。

（2）变量抽样

变量抽样是一种用来对总体金额得出结论的统计抽样方法。变量抽样在审计中主要应用于细节测试，以确定记录金额是否合理，得出的结论与总体金额有关。实质性程序是指发现各类交易或账户重大错报的审计程序，包含对各类交易或账户余额的细节测试和实质性分析程序。

三、抽样风险与非抽样风险

在使用审计抽样时，同样面临着审计风险，按照是否与抽样相关可分为抽样风险和非抽样风险。

1. 抽样风险

微课：审计抽样方法

抽样风险是指注册会计师根据样本得出的结论，不同于如果对整个总体实施与样本相同的审计程序得出结论的可能性。可以这样理解，当抽取 100%样本时，样本就能完全代表总体，抽样风险为 0，这实际上就不是抽样了，而是全查。因此，可以看出只要使用审计抽样，抽样风险就总会存在，其与样本规模和抽样方法相关。

注册会计师在实施控制测试和细节测试时，都有可能面临抽样风险。

（1）控制测试中的抽样风险

1）信赖过度风险。

信赖过度风险是指推断的控制有效性高于其实际有效性的风险。如果注册会计师评估的控制有效性高于其实际有效性，认为被审计单位内部控制发现或纠正错报的可能性比较小，则注册会计师可能不适当地减少从实质性程序中获取的证据，从而影响审计的效果。

2）信赖不足风险。

信赖不足风险是指推断的控制有效性低于其实际有效性的风险。如果注册会计师评估的控制有效性低于实际有效性，认为被审计单位内部控制发现或纠正错报的可能性比较大，则注册会计师可能增加不必要的实质性程序。在这种情况下，审计效率有可能降低。

（2）细节测试中的抽样风险

1）误拒风险。

误拒风险是指注册会计师推断某一重大错报存在而实际上不存在的可能性。如果账面金额不存在重大错报而注册会计师认为其存在重大错报，注册会计师会扩大细节测试的范围并考虑获取其他审计证据，最终注册会计师会得出恰当的结论。在这种情况下，审计效率有可能降低。

2）误受风险。

误受风险是指注册会计师推断某一重大错报不存在而实际上存在的可能性。如果账面金额实际上存在重大错报，而注册会计师认为其不存在重大错报，注册会计师通常会停止对该账面金额继续进行测试，并根据样本结果得出账面金额无重大错报的结论，容易导致注册会计师发表不恰当的审计意见，则会影响审计效果。

2. 非抽样风险

非抽样风险是指由于任何与抽样风险无关的原因而导致注册会计师得出错误结论的可能性。

在审计过程中，可能导致非抽样风险的原因有很多，但主要是由人为原因造成的。

互动讨论

注册会计师在审计过程中出现以下问题，是否会导致非抽样风险？

1）注册会计师未能适当地评价审计中发现的审计证据，得出了错误的结论。

2）由于注册会计师的原因，未能发现样本中的错误，得出了错误的结论。

3）注册会计师实施了不恰当的审计程序以至未能达到特定目标，导致得出错误的结论。

非抽样风险对审计工作的效率和效果都有一定的影响，注册会计师可以采取适当的质量控制政策和程序，对审计工作进行适当的指导、监督和复核，将非抽样风险降低至可接受水平。

四、审计抽样的基本步骤

1. 设计样本

在设计样本时，注册会计师首先应考虑实现的具体目标，并根据目标和总体的特点确定能够最好地实现该目标的审计程序组合，以及如何在实施审计程序时运用审计抽样。

（1）确定测试目标

审计抽样必须紧紧围绕审计测试的目标展开，因此确定测试目标是样本设计阶段的第一项工作。一般而言，控制测试是为了获取关于某项控制运行是否有效的证据，而细节测试的目的是确定某类交易或账户余额的金额是否正确，获取与存在的错报有关的证据。

（2）定义总体与抽样单元

在实施抽样之前，注册会计师必须仔细定义总体，确定抽样总体的范围。总体可以包括构成某类交易或账户余额的所有项目，也可以只包括某类交易或账户余额中的部分项目。但是注册会计师应当确保总体的适当性和完整性。也就是说，注册会计师所定义的总体应适合于特定的审计目标及应能获取有关总体完整性的审计证据。

抽样单元是指构成总体的个体项目。在定义抽样单元时，注册会计师应使其与审计测试目标保持一致。注册会计师在定义总体时通常都指明了适当的抽样单元。如果总体项目存在重大的变异性，注册会计师可以考虑将总体分层。分层是指将总体划分为多个子总体的过程，每个子总体由一组具有相同特征（通常为货币金额）的抽样单元组成。注册会计师应当仔细界定子总体，以使每一个抽样单元只能属于一个层。

（3）定义误差构成条件

注册会计师必须事先准确定义构成误差的条件，否则在执行审计程序时就没有识别误差的标准。在控制测试中，误差是指控制偏差，注册会计师要仔细定义所要测试的控制及可能出现偏差的情况；在细节测试中，误差是指错报，注册会计师要确定哪些情况构成错报。

（4）确定审计程序

注册会计师必须确定能够最好地实现测试目标的审计程序组合。例如，如果注册会计师的审计目标是通过测试某一阶段的适当授权来证实交易的有效性，审计程序就是检查特定人员已在某文件上签字以示授权的书面证据。注册会计师预计样本中每一张该文件上都有适当的签名。

2. 选取样本

对样本进行设计后，就应当通过一定的手段选取样本。在选取样本之前必须首先确定样本规模。

（1）确定样本规模

样本规模是指从总体中选取样本项目的数量。在审计抽样中，如果样本规模过小，就不能反映审计对象总体的特征，注册会计师就无法获取充分的审计证据，其审计结论的可靠性就会大打折扣，甚至可能得出错误的审计结论。因此，注册会计师应当确定足够的样本规模，以将抽样风险降至可接受的低水平。相反，如果样本规模过大，则会增加审计工作量，造成不必要的时间和人力上的浪费，加大了审计成本，降低了审计效率，就会失去审计抽样的意义。

（2）选取样本

不管使用统计抽样或非统计抽样，在选取样本项目时，注册会计师都应当使总体中的每个抽样单元都有被选取的机会。在统计抽样中，注册会计师选取样本项目时每个抽样单元被选取的概率是已知的。在非统计抽样中，注册会计师根据判断选取样本项目。由于抽样的目的是为注册会计师得出有关总体结论提供合理的依据。因此，注册会计师通过选择具有总体典型特征的样本项目，从而选出有代表性的样本以避免偏向是很重要的。

选取样本的基本方法有随机选样、系统选样和随意选样。

1）随机选样。

随机选样是指注册会计师对审计对象总体所有项目，使用随机数表或计算机辅助审计技术选取样本的方法。随机选样要以总体中的每一项目都有不同的编号为前提，注册会计师可以使用计算机生成的随机数，如电子表格程序、随机数码生成程序、通用审计软件程序等计算机程序产生的随机数，也可以使用随机数表获得所需的随机数。

随机选样不仅使总体中每个抽样单元被选取的概率相等，而且使相同数量的抽样单元组成的每种组合被选取的概率相等。

2）系统选样。

系统选样又称为等距选样，是指按照相同的间隔从审计对象总体中等距离地选取样本的方法。采用系统选样，首先要计算选样间距确定选样起点，然后根据间距顺序地选取样本。使用系统选样的前提是总体必须随机排列。

选样间距的计算公式为

$$选样间距=总体规模\div样本规模$$

系统选样方法的主要优点是使用方便，比其他选样方法更节省时间，并可用于无限总体。此外，使用这种方法时，对总体中的项目不需要编号，注册会计师只要简单数出每一个间距即可。但是，使用系统选样方法要求总体必须是随机排列的，否则容易发生较大的偏差，造成非随机的、不具代表性的样本。如果测试项目的特征在总体内的分布具有某种规律性，则选择样本的代表性就可能较差。

3）随意选样。

随意选样是指不考虑金额大小、资料取得的难易程度及个人偏好等因素，以随意的方式选取样本。随意选样的缺点在于很难完全无偏见地选取样本，因此带有很大的主观性，使样本失去代表性。注册会计师使用该方法在选取样本时要避免任何有意识的偏向或可预见性，从而试图保证总体中的所有项目都有被选中的机会。

上述3种基本方法均可选出代表性样本。但随机选样和系统选样属于随机基础选样方法，即对总体的所有项目按随机规则选取样本，因而可以在统计抽样中使用，当然也可以在非统计抽样中使用。随意选样虽然也可以选出代表性样本，但它属于非随机基础选样方法，因而不能在统计抽样中使用，只能在非统计抽样中使用。

（3）对样本实施审计程序

注册会计师应当针对选取的每个项目，实施适合具体目的的审计程序。对选取的样本项目实施审计程序旨在发现并记录样本中存在的误差。

3. 评价样本结果

注册会计师需要对样本的审计结果进行分析，根据样本的误差来推断总体误差，从而得出审计结论。

（1）推断总体误差

注册会计师应当根据样本的误差来推断总体误差。当实施控制测试时，注册会计师应当根据样本中发现的偏差率推断总体偏差率，并考虑这一结果对特定审计目标及审计的其他方面的影响；当实施细节测试时，注册会计师应当根据样本中发现的错报金额推断总体错报金额，并考虑这一结果对特定审计目标及审计的其他方面的影响。

（2）考虑抽样风险

推断的总体误差是注册会计师对总体错报做出的最佳估计。当推断的错报总额接近或超过可容忍错报时，总体中的实际错报很可能超过了可容忍错报。因此，注册会计师在分析样本误差，得出结论时，应适当考虑抽样风险。

（3）分析样本误差

注册会计师应当调查识别出所有偏差或错报的性质和原因，并评价其对审计程序的目的和审计的其他方面可能产生的影响。无论是统计抽样还是非统计抽样，对样本结果的定性评估和定量评估一样重要。即使样本的统计评价结果在可以接受的范围内，注册会计师也应对样本中的所有误差（包括控制测试中的控制偏差和细节测试中的金额错报）进行定性分析。

（4）形成审计结论

在推断总体误差、考虑抽样风险、分析样本误差后，注册会计师就需要运用职业判断得出总体结论。在控制测试中，注册会计师应当将总体偏差率与可容忍偏差率进行比较，以评价样本结果。在细节测试中，注册会计师需要依据被审计单位已更正的错报对推断的总体错报额进行调整后，将其与该类交易或账户余额的可容忍错报相比较，以评价样本结果。

项 目 小 结

审计方法是适应不断发展的经济环境要求而逐步发展和完善的，其发展大致经历了3个阶段，即账项基础审计、制度基础审计和风险导向审计。不同的受托经济责任与不同的审计技术和方法是紧密相连的，审计技术和方法的发展是为了适应不断发展的对受托经济责任的评价。

审计的方法从不同的角度进行分析，可以分为不同的类型。审计的组织方法分别有报表项目法和业务循环法。业务循环法是我国目前主要采用的方法。审计的检查方法有检查书面资料和检查有形资产。检查书面资料按检查资料的顺序不同，可分为顺查法和逆查法；按检查资料的数量不同，可分为详查法和抽查法；按技术手段不同，分为审阅法、核对法、复算法和分析法。在审计实施过程中所使用的审计具体方法，即审计程序主要有检查、观察、函证、询问、重新计算、重新执行及分析程序。

审计抽样是指注册会计师对某类交易或账户余额中低于百分之百的项目实施审计程序，使所有抽样单元都有被选取的机会。注册会计师在控制测试和实质性程序中使用抽样方法，要分为3个阶段进行：第一阶段是设计样本阶段；第二阶段是选取样本阶段；第三阶段是评价样本结果阶段，将样本结果推断至总体，形成对总体的结论。

演练与提升

一、思考题

1. 简述审计方法发展的 3 个阶段。
2. 简述顺查法和逆查法的优缺点。
3. 审计具体程序包括哪些内容？

二、实训题

（一）单项选择题

1. 用于验证实物资产存在性的最有效的审计程序是（　　）。
   A. 检查书面文件　　B. 检查有形资产
   C. 询问　　D. 函证
2. 审计分为详细审计和抽样审计，这种分类依据的标准是（　　）。
   A. 审计对象　　B. 审计主体
   C. 审计内容　　D. 审计证据的检查范围
3. 按照账务处理程序相反的方向进行检查的方法称为（　　）。
   A. 复算法　　B. 核对法　　C. 逆查法　　D. 顺查法
4. 对审计效率和效果都产生影响的是（　　）。
   A. 信赖过度风险　　B. 信赖不足风险
   C. 误受风险　　D. 非抽样风险
5. 只能用作控制测试的审计程序的是（　　）。
   A. 重新计算　　B. 重新执行
   C. 检查　　D. 观察
6.（　　）是指推断的控制有效性高于其实际有效性的风险。
   A. 信赖过度风险　　B. 信赖不足风险
   C. 误受风险　　D. 误拒风险
7. 用来对某一事件发生率得出结论的统计抽样方法是（　　）。
   A. 属性抽样　　B. 统计抽样
   C. 变量抽样　　D. 非统计风险
8. 报表项目法是按照（　　）来组织财务报表审计的方法。
   A. 财务报表项目　　B. 业务循环
   C. 内部控制　　D. 业务流程
9. 下列情况适用于抽查法的有（　　）。
   A. 被审计单位规模较小
   B. 被审计单位存在严重的违纪行为

C. 被审计单位业务单一

D. 被审计单位规模较大，内部控制较好

10. 对应收账款函证过程中，由于依据样本结果推断总体特征而导致注册会计师审计效率低下的抽样风险是（　　）。

A. 信赖过度风险　　B. 信赖不足风险

C. 误受风险　　D. 误拒风险

（二）多项选择题

1. 随着审计环境的变化，审计的方法也进行着相应的调整，审计方法经历了（　　）。

A. 账项基础审计　　B. 风险导向审计

C. 制度基础审计　　D. 报表项目审计

2. 函证的方式有（　　）。

A. 积极方式　　B. 顺查　　C. 消极方式　　D. 逆查

3. 控制测试中的风险包括（　　）。

A. 信赖过度风险　　B. 信赖不足风险

C. 误受风险　　D. 误拒风险

4. 实质性程序中的风险包括（　　）。

A. 信赖过度风险　　B. 信赖不足风险

C. 误受风险　　D. 误拒风险

5. 一般会导致审计人员执行额外的审计程序、降低审计效率的风险是（　　）。

A. 信赖过度风险　　B. 信赖不足风险

C. 误受风险　　D. 误拒风险

6. 属于审计抽样基本特征的是（　　）。

A. 对某类交易或账户余额中低于百分之百的项目实施审计程序

B. 所有抽样单元都有被选取的机会

C. 一定存在抽样风险

D. 审计测试的目的是为了评价该账户余额或交易类型的某一特征

7. 下列属于运用分析程序的是（　　）。

A. 比较本年各月主营业务收入

B. 计算分析流动资产率和资产负债率

C. 将本年的主营业务实际数与预算数进行比较

D. 重新计算固定资产折旧的计提

8. 核对法是指对凭证、账簿和报表等书面资料之间的有关数据进行相互对照检查，借以查明（　　）之间是否相符。

A. 证证　　B. 账证　　C. 账账　　D. 账表

9. 财产物资审计的方法主要包括（　　）。

A. 盘点法　　B. 调节法　　C. 观察法　　D. 询问法

10. 逆查法适合于下列（　　）特点的被审计单位。

A. 规模较大　　　　　　　　　B. 业务管理较好
C. 业务量较多　　　　　　　　D. 管理较混乱

（三）判断题

1. 某项存货，审计人员只要亲临现场监盘过，就可以认为该项存货是归属于被审计单位的存货。（　）

2. 逆查法适用于业务规模较小、凭证较少、存在问题不多的被审计单位。（　）

3. 消极式函证比积极式函证的可靠性高。（　）

4. 在被审计单位存在重大贪污盗窃和严重违反财经纪律的行为时，应当采用详查法。（　）

5. 抽查法节约人力、物力和时间，因而无论被审计单位的具体情况如何，注册会计师在审计中均应使用抽查法。（　）

6. 注册会计师在运用抽样技术进行审计时，同样面临着审计风险，按其与抽样是否相关，分为抽样风险和非抽样风险。（　）

7. 误拒风险使审计无法达到预期的效果。（　）

8. 按审计抽样所测试的总体特征的不同，可将审计抽样划分为属性抽样和变量抽样。（　）

9. 有些审计程序可以使用审计抽样，有些审计程序则不宜使用审计抽样。（　）

10. 通过询问可以从客户那里获得大量的证据，且可以作为结论性的证据。（　）

（四）案例分析题

1. 调节法的应用。

某机械厂生产甲产品，材料一次投入，逐步消耗，每投入 100 千克 A 材料可以生产出甲产品 100 千克。

2019 年 12 月 31 日，该企业对在产品和产成品进行了盘点，盘点结果为：在产品结存 2 100 千克，加工程度 50%；产成品结存 4 800 千克；期末在产品和产成品账面记录与盘点数一致。

2020 年 2 月 2 日，审计人员委托对该企业进行财务审计。当日，对在产品和产成品进行了盘点，盘点结果为：在产品盘存 2 000 千克，加工程度 50%；产成品盘存 5 000 千克。

其他有关资料如下：2013 年 1 月 1 日至 2 月 2 日，领料单记录生产领用 A 材料 5 000 千克；产成品交库单记录甲产品入库数为 4 000 千克；产品发货单记录甲产品出库数为 4 500 千克。

要求：运用调节法验证 2019 年 12 月 31 日有关会计资料的准确性。

2. 审计方法综合运用。

山西光明会计师事务所接受委托对山西华昌制造有限公司 2019 年度的财务报表进

行审计。注册会计师李华是审计项目组负责人，现决定对人工成本执行实质性分析程序。

注册会计师李华从华昌制造有限公司人力资源部取得了2019年和2018年度的员工清单，检查员工人数，并未发现变化。注册会计师又阅读了2019年度1月份华昌制造有限公司调整员工薪酬的董事会决议，这次调整使得员工薪酬平均增加10%。李华检查了2019年度薪酬支付记录，并与相应的凭证进行核对，证实华昌制造有限公司已经执行了调整薪酬的决议。华昌制造有限公司2018年与2019年的人工成本分别为3 000 000元与3 580 000元，进行比较分析后发现增长幅度为19.33%。

要求：

1）本案例中，具体说明注册会计师李华运用了哪些审计方法？

2）你认为该公司的人工成本是否存在问题？为什么？

3）结合审计目标知识，如果认为本案例中的人工成本存在问题，则该问题与什么认定相关？并说明理由。

项目五 5

审计证据与审计工作底稿

【知识目标】

掌握审计证据的含义、分类、特征；

理解审计工作底稿的定义、作用；

掌握审计证据可靠性的判断原则；

熟悉审计工作底稿的要素及如何去复核；

掌握审计工作底稿的管理。

【技能目标】

能够运用审计工作底稿的相关知识，设计和编制审计工作底稿。

【素质目标】

强化解决问题的职业核心能力，并通过职业态度等行为规范，促进健全职业人格的塑造。

【引导案例】

2020年1月5日，审计助理王莉经注册会计师李华的安排，前去山西华昌制造有限公司验证存货的账面余额。在盘点前，王莉在走廊过道上听几个工人在议论，得知存货中可能存在不少无法出售的变质产品。对此，王莉对存货进行实地监盘，并比较库存量与最近销量。监盘结果表明，存货数量合理，收发较为有序。由于该产品技术含量较高，王莉无法鉴别存货中是否有变质产品，于是她不得不询问该公司的存货部高级主管。高级主管的答复是，该产品绝无质量问题。

王莉在盘点工作结束后，开始编制工作底稿。在备注中，王莉将听说有变质产品的事填入其中，并建议在下阶段的存货审计程序中应特别注意是否存在变质产品。李华在复核工作底稿时，再一次向王莉详细了解存货盘点情况，特别是有关变质产品的情况。对此，还特别对当时议论此事的工人来进行询问。但这些工人矢口否认了此事。于是，李华与存货部高级主管商讨后，得出结论，认为“存货价值公允且均可出售”。复核工作底稿后，李华在备注栏后填写了“变质产品问题经核实尚无证据，但下次审计时应加以考虑”。由于华昌制造有限公司总经理抱怨李华前几次出具了保留意见的审计报告，使得他们贷款遇到了不少麻烦。审计结束后，注册会计师李华对该年的财务报表出具了无保留意见的审计报告。

两个月后，华昌制造有限公司资金周转不灵，主要是存货中存在大量变质产品无法出售，致使到期的银行贷款无法偿还。银行拟向会计师事务所索赔，认为注册会计师在审核存货时，具有重大过失。债权人在法庭上出示了李华的工作底稿，认为注册会计师明知存货高估，但迫于总经理的压力，没有揭示财务报表中存在的问题，因此应该承担银行的贷款损失。

思考

1)引述工人在走廊过道上关于变质产品的议论是否可以作为审计证据？是否应列入审计工作底稿中？

2）注册会计师李华是否获得了充分、适当的审计证据，以支持“存货价值公允且均可出售”？

3)审计底稿的作用是什么？对于银行的指控，这些工作底稿能否作为支持或不利于注册会计师的抗辩立场？

任务一　审 计 证 据

要实现审计目标，必须收集和评价审计证据。因为审计证据是注册会计师得出审计结论、支撑审计意见的基础。注册会计师应当获取充分、适当的审计证据，以得出合理的审计结论，作为形成审计意见的基础。

一、审计证据的含义

审计证据是指审计人员得出审计结论、形成审计意见时使用的所有信息，包括构成财务报表基础的会计记录中含有的信息和其他信息。

1. 会计记录中含有的信息

依据会计记录编制财务报表是被审计单位管理层的责任，注册会计师应当测试会计记录以获取审计证据。财务报表依据的会计记录一般包括记账凭证、总账和明细账、未在记账凭证中反映的对财务报表的其他调整，以及支持成本分配、计算、调节和披露的手工计算表和电子数据表。会计记录取决于相关交易的性质，它既包括被审计单位内部生成的手工或电子形式的凭证，也包括从与被审计单位进行交易的其他企业收到的凭证。上述会计记录是编制财务报表的基础，构成注册会计师执行财务报表审计业务所需获取的审计证据的重要部分。

2. 可用作审计证据的其他信息

当会计记录中含有的信息本身并不足以提供充分的审计证据作为对财务报表发表审计意见的基础时，注册会计师还应当获取用作审计证据的其他信息。可用作审计证据的其他信息包括注册会计师从被审计单位内部或外部获取的会计记录以外的信息，如被审计单位会议记录、内部控制手册、询证函的回函、分析师的报告、与竞争者的比较数据等；通过询问、观察和检查等审计程序获取的信息，如通过检查存货获取存货存在性的证据等自身编制或获取的可以通过合理推断得出结论的信息，如注册会计师编制的各种计算表、分析表等。

财务报表依据的会计记录中包含的信息和其他信息共同构成了审计证据，两者缺一不可。如果没有前者，则审计工作将无法进行；如果没有后者，则可能无法识别重大错报风险。因此，只有将两者结合在一起，才能将审计风险降至可接受的水平，为注册会计师发表审计意见提供合理基础。

互动讨论

1）销售发运单和发票、顾客对账单及顾客的汇款通知单；

2）附有验货单的订购单、购货发票和对账单；

3）考勤卡和其他工时记录、工薪单、个别支付记录和人事档案；

4）支票存根、电子转移支付记录、银行存款单和银行对账单；

5）合同记录，如租赁合同和分期付款销售协议；

6）询证函回函；

7）银行存款余额调节表；

8）董事会会议纪要。

【讨论】

1）以上8项内容哪些可以作为审计证据？

2）如果可以作为审计证据，是属于会计记录中含有的信息，还是可用作审计证据的其他信息？

二、审计证据的基本特征

注册会计师应保持职业怀疑态度，运用职业判断，评价审计证据的充分性和适当性。

1. 充分性

审计证据的充分性是针对审计证据数量的衡量，主要与注册会计师确定的样本量有关。例如，对某个审计项目实施某一选定的审计程序，从200个样本中获得的证据要比从100个样本中获得的证据更充分。

注册会计师需要获取审计证据数量的多少，需要考虑以下几个方面的因素。

（1）对重大错报风险评估的影响

评估的重大错报风险越高，需要的审计证据可能越多；反之，需要的审计证据就越少。具体来说，在可接受的审计风险水平一定的情况下，重大错报风险越大，注册会计师就应实施越多的测试工作，将检查风险降至可接受水平，以将审计风险控制在可接受的低水平范围内。

（2）审计证据的质量

审计证据的质量越高，则需要的审计证据可能就越少。例如，从外部获取的审计证据要比从被审计单位内部获取的审计证据更可靠，即审计证据质量比较高，获取的外部审计证据可能就比内部审计证据少一点。

（3）审计项目的重要程度

对于重要的审计项目，注册会计师需要获取足够的审计证据以支持其审计结论或审计意见。例如，如果是发现舞弊的审计项目，就需要获取较多的审计证据。

（4）审计经验

如果注册会计师拥有丰富的审计经验，则可以从较少的审计证据中判断被审计单位可能存在的情况，从而得出结论。相对来说，就可以减少对审计证据数量的依赖程度。

（5）成本效益原则

审计工作应遵循成本效益原则，注册会计师的目标在于以尽可能低的总成本，收集到适当充分的审计证据，以支持审计意见。但不能以获取审计证据困难和成本较高为由，减少不可替代的审计程序。

然而，需要注意的是，注册会计师仅靠获取更多的审计证据可能无法弥补其质量上的缺陷。

2. 适当性

微课：审计证据

审计证据的适当性是对审计证据质量的衡量，即审计证据在支持各类交易、账户余额、列报的相关认定或发现其中存在错报方面具有相关性和可靠性。相关性和可靠性是审计证据适当性的核心内容，只有相关且可靠的审计证据才是高质量的。

（1）相关性

审计证据的相关性是指用作审计证据的信息与审计程序的目标和所考虑的相关认定之间的逻辑联系。例如，注册会计师在审计过程中怀疑被审计单位发出存货，却没有给顾客开具发票，需要确认销售是否完整。注册会计师应当从发货单选取样本，追查与每张发货单相应的销售发票副本，以确定是否每张发货单均已开具发票。如果注册会计师从销售发票副本中选取样本，并追查至与每张发票相应的发货单，由此所获得的证据与完整性目标就不相关。

审计证据是否相关必须结合具体的审计目标及认定来考虑。在确定审计证据的相关性时，注册会计师应当注意以下情形：

1）特定的审计程序可能只为某些认定提供相关的审计证据，而与其他认定无关。例如，检查期后应收账款收回的记录和文件，可以提供有关存在和计价的审计证据，但不一定与期末截止是否适当相关。

2）针对同一项认定，可以从不同来源获取审计证据或获取不同性质的审计证据。例如，注册会计师可以分析应收账款的账龄和应收账款的期后收款情况，以获取与坏账准备计价有关的审计证据。

3）只与特定认定相关的审计证据并不能替代与其他认定相关的审计证据。例如，有关存货实物存在的审计证据并不能替代与存货计价相关的审计证据。

（2）可靠性

审计证据的可靠性是指审计证据的可信赖度。例如，注册会计师亲自检查存货所获得的证据，就比被审计单位管理层提供给注册会计师的存货数据更可靠。

审计证据的可靠性受其来源和性质的影响，并取决于获取审计证据的具体环境。注册会计师在判断审计证据的可靠性时，通常会考虑下列几项原则：

1）从外部独立来源获取的审计证据比从其他来源获取的审计证据更可靠。

从外部独立来源获取的审计证据未经被审计单位有关职员之手，从而减少了伪造、更改凭证或业务记录的可能性，因而其证明力最强。此类证据，如银行询证函回函、应收账款询证函回函、保险公司等机构出具的证明等。相反，从其他来源获取的审计证据，由于证据提供者与被审计单位存在经济或行政关系等原因，其可靠性应受到质疑。此类证据，包括被审计单位内部的会计记录、会议记录等。

2）内部控制有效时内部生成的审计证据，比内部控制薄弱时内部生成的审计证据更可靠。

如果被审计单位有着健全的内部控制且在日常管理中得到一贯的执行，会计记录的可信赖程度将会增加。如果被审计单位的内部控制薄弱，甚至不存在任何内部控制，被审计单位内部凭证记录的可靠性就大为降低。例如，如果与销售业务相关的内部控制有效，注册会计师就能从销售发票和发货单中取得比内部控制不健全时更加可靠的审计证据。

3）直接获取的审计证据比间接获取或推论得出的审计证据更可靠。

例如，注册会计师观察某项内部控制的运行得到的证据比询问被审计单位某项内部控制的运行得到的证据更可靠。间接获取的证据有被涂改及伪造的可能性，降低了可信赖程度。推论得出的审计证据，其主观性较强，人为因素较多，可信赖程度也受到影响。

4）以文件、记录形式（无论是纸质、电子或其他介质）存在的审计证据比口头形式的审计证据更可靠。

例如，会议的同步书面记录比对讨论事项事后的口头表述更可靠。口头证据本身并不足以证明事实的真相，仅仅提供了一些重要线索，为进一步调查确认所用。

5）从原件获取的审计证据比从传真件或复印件获取的审计证据更可靠。

注册会计师可审查原件是否有被涂改或伪造的迹象，排除伪证，提高证据的可信赖程度。传真件或复印件容易是篡改或伪造的结果，可靠性较低。

6）相互印证的审计证据更可靠。

例如，注册会计师在对应收账款进行账龄分析后，可以向应收账款负责人询问逾期应收账款收回的可能性。如果该负责人的意见与注册会计师自行估计的坏账损失基本一致，则这一口头证据就可成为证实注册会计师对有关坏账损失判断的重要证据。但在一般情况下，口头证据往往需要得到其他相应证据的支持。

7）越及时获取的审计证据越可靠。

某一事项发生后及时获取了与该事项有关的审计证据，减少了造假、伪造的机会，因此获取的审计证据也就越可靠

注册会计师在按照上述原则评价审计证据的可靠性时，还应当注意可能出现的重要例外情况。例如，审计证据虽然是从独立的外部来源获得，但如果该证据是由不知情者或不具备资格者提供，审计证据也可能是不可靠的。同样，如果注册会计师不具备评价证据的专业能力，那么即使是直接获取的证据，也可能不可靠。

互动讨论

下列几组不同类型的审计证据的可靠性存在一定的差异。

1）银行询证函与银行对账单。

2）注册会计师通过自行计算折旧额所取得的证据与被审计单位的累计折旧明细表的数据。

3）收料单与购货发票。

4）律师询证函回函与注册会计师和律师交谈取得的证据。

5）内部控制良好时形成的领料单与内部控制较差时形成的领料单。

6）销售发票与产品出库单。

7）薪酬费用发放表与薪酬费用分配表。

【讨论】比较上述每组证据中哪个审计证据更可靠。

3. 充分性和适当性之间的关系

充分性和适当性是审计证据的两个重要特征，两者缺一不可，只有充分且适当的审计证据才是有证明力的。注册会计师需要获取的审计证据的数量也受审计证据质量的影响。审计证据质量越高，需要的审计证据数量可能越少。也就是说，审计证据的适当性会影响审计证据的充分性。例如，被审计单位内部控制健全时生成的审计证据更可靠，注册会计师只需获取适量的审计证据，就可以为发表审计意见提供合理的基础。

需要注意的是，尽管审计证据的充分性与适当性相关，但如果审计证据的质量存在缺陷，那么注册会计师仅靠获取更多的审计证据可能无法弥补其质量上的缺陷。例如，注册会计师应当获取与销售收入完整性相关的证据，实际获取的却是有关销售收入真实性的证据，审计证据与完整性目标不相关，即使获取的证据再多，也证明不了收入的完整性。同样地，如果注册会计师获取的证据不可靠，那么证据数量再多也难以起到证明的作用。

三、审计证据的分类

审计证据按外在形式可以分为实物证据、书面证据、口头证据和环境证据 4 类。

1. 实物证据

实物证据是审计人员通过实际观察或盘点取得的，用于确定某些实物资产是否确实存在的审计证据。例如，审计人员通过对库存现金、有价证券的监盘，对存货、固定资产的盘点及观察等获得的各类盘点表。值得注意的是，实物证据是一种较为可靠的审计证据，但是一般只能证明实物资产的存在性，不能完全证明其质量及所有权等。

2. 书面证据

书面证据是审计人员获取的各种以书面记录为形式的证据。书面证据是审计证据的主要组成部分，是审计人员获取的基本证据，既有外部的，也有内部的。例如，被审计单位的各种凭证、账簿等会计资料，各种会议记录和文件，各种合同及信函等。书面证据是审计的基本证据，也是数量最多的审计证据，其可靠性主要取决于两个因素：审计证据本身是否被涂改或伪造和书面证据的来源。

书面证据按其来源分为外部证据、内部证据和亲历证据。

（1）外部证据

外部证据是由被审计单位以外的单位或人士所提供的证据，其证明力较强。外部证据具体可以分为以下两种情形。

1）由被审计单位以外的单位或人士出具的，并由注册会计师直接获得的审计证据，如应收账款函证的回函。

2）由被审计单位以外的单位或人士出具的，但为被审计单位所持有并提交给注册会计师的审计证据，如银行对账单。

（2）内部证据

内部证据是被审计单位内部机构或职员编制和提供的审计证据。它包括原始凭证、记账凭证、账簿记录，各种试算表和汇总表，管理当局声明书，重要计划，合同等。内部证据可以分为以下两种情形。

1）由被审计单位产生，但获得外部确认或认可的证据，如销售发票、付款支票。

2）仅在被审计单位内部流转的证据，如出库单、入库单。

（3）亲历证据

亲历证据是注册会计师通过观察或亲自在被审计单位执行某些活动而取得的证据，如监盘存货形成的监盘表、各种计算表、分析表。

3. 口头证据

口头证据是与审计事项有关的人员对审计人员的询问给出答复所形成的审计证据。口头证据本身不足以证明事情的真相，但往往能够帮助审计人员发掘一些重要线索。例如，审计人员询问财务负责人对收回逾期账款可能性的意见，询问结果如果与调查情况出入较大，则应进行进一步的详细检查。

4. 环境证据

环境证据是对被审计单位产生影响的各种环境事实。环境证据主要包括行业和宏观经济的运行情况、被审计单位的内部控制情况、被审计单位管理人员的素质、被审计单位的管理条件和管理水平等。环境证据不属于基本证据，但它有助于审计人员了解被审计单位及其环境。被审计单位的环境对财务报表的可靠程度会产生很大影响。

互动讨论

审计助理王莉对山西华昌制造有限公司进行审计时，获取了以下审计证据。

1）对该公司的库存现金、银行存款日记账进行检查并进行记录。

2）对该公司的库存现金进行监盘。

3）与该公司的出纳、会计主管进行交谈，了解该公司的货币资金管理制度。

4）获取了该公司银行存款对账单，并核对了银行存款余额调节表。

【讨论】

1）对所获取的以上审计证据，审计助理分别使用了什么审计程序？

2）获取的审计证据分别属于什么类型的审计证据？

任务二　审计工作底稿

微课：审计工作底稿

一、审计工作底稿的含义

审计工作底稿是指注册会计师对制定的审计计划、实施的审计程序、获取的相关审计证据及得出的审计结论作出的记录。审计工作底稿是审计证据的载体，是注册会计师在审计过程中形成的审计工作记录和获取的资料，具有法律效力。它形成于审计过程，也反映整个审计过程。

二、审计工作底稿的作用

审计工作底稿在计划和执行审计工作中发挥着关键作用，主要体现在以下几个方面。

（1）提供充分、适当的记录，作为审计报告的基础

审计工作底稿包含总体审计策略、具体审计计划、分析表、重大事项概要等资料及对被审计单位文件记录的摘要、复印件等。有助于项目组计划和执行审计工作，同时能够保留对未来审计工作持续产生重大影响的事项的记录。审计工作底稿全面完整地记录了整个审计工作的实际执行情况，并形成编制审计报告的基础。

（2）提供证据，证明注册会计师已按照审计准则和相关法律法规的规定计划执行了审计工作

审计工作底稿便于会计师事务所及负责督导的项目组成员按照相关规定，实施质量控制复核与检查；同时，在会计师事务所因执业质量而涉及诉讼或有关监管机构进行执业质量检查时，审计工作底稿能够提供证据，证明会计师事务所是否按照《中国注册会计师审计准则》的规定执行了审计工作。

三、审计工作底稿的要素

通常，审计工作底稿包括下列全部或部分要素。

1. 审计工作底稿的标题

每张审计工作底稿应当包括被审计单位的名称、审计项目的名称，以及资产负债表日或审计工作底稿覆盖的会计期间（如果与交易相关）。

2. 审计过程记录

在记录审计过程时，应当特别注意以下几个重点方面：具体项目或事项的识别特征；重大事项及相关重大职业判断；针对重大事项如何处理不一致的情况。

3. 审计结论

审计工作的每一部分都应包含与已实施审计程序的结果及其是否实现既定审计目标相关的结论，还应包括审计程序识别出的例外情况和重大事项如何得到解决的结论。

注册会计师恰当地记录审计结论非常重要。

4. 审计标识及其说明

审计标识被用于与已实施审计程序相关的工作底稿。每张工作底稿都应包含对已实施程序的性质和范围所作的解释，以支持每一个标识的含义。审计工作底稿中可使用各种审计标识，但应说明其含义，并保持前后一致。在实务中，注册会计师也可以依据实际情况运用更多的审计标识。以下是注册会计师在审计工作底稿中列明的标识举例。

1）∧：纵加核对。

2）<：横加核对。

3）B：与上年结转数核对一致。

4）T：与原始凭证核对一致。

5）G：与总账核对一致。

6）S：与明细账核对一致。

7）T/B：与试算平衡表核对一致。

8）C：已发询证函。

9）C\：已收回询证函。

5. 索引号及编号

通常，审计工作底稿需要注明索引号及编号，相关审计工作底稿之间需要保持清晰的勾稽关系。为了汇总及便于交叉索引和复核，每个会计师事务所都会制定特定的审计工作底稿归档流程。每张表或记录都有一个索引号，如 A1、D6 等，以说明其在审计工作底稿中的放置位置。在实务中，注册会计师可以按照所记录的审计工作的内容层次进行编号。

6. 编制者姓名和复核者姓名及执行日期

为了明确责任，在各自完成与特定审计工作底稿相关的任务之后，编制者和复核者都应在审计工作底稿上签名并注明编制日期和复核日期。

在实务中，如果若干页的审计工作底稿记录同一性质的具体审计程序或事项，并且编制在同一个索引号中，此时可以仅在审计工作底稿的第一页上记录审计工作的执行人员和复核人员并注明日期。

7. 其他应说明的事项

其他应说明的事项是指注册会计师根据其专业判断，认为应当在审计工作底稿中予以记录的其他相关事项。

四、审计工作底稿的编制

1. 审计工作底稿的编制要求

编制审计工作底稿的总体要求是应当使未曾接触该项审计工作的有经验的专业人

士清楚地了解一些情况。例如，按照审计准则和相关法律法规的规定实施的审计程序的性质、时间安排和范围；实施审计程序的结果和获取的审计证据；审计中遇到的重大事项和得出的结论，以及在得出结论时作出的重大职业判断等。

2. 审计工作底稿的存在形式

审计工作底稿可以以纸质、电子或其他介质形式存在。为便于会计师事务所内部进行质量控制和外部执业质量检查或调查，以电子或其他介质形式存在的审计工作底稿，应与其他纸质形式的审计工作底稿一并归档，并应通过打印等方式，转换成纸质形式的审计工作底稿。

3. 审计工作底稿的格式

在确定审计工作底稿的格式、要素和范围时，注册会计师需要考虑的因素很多。比如，被审计单位的规模和复杂程度、拟实施审计程序的性质、识别出的重大错报风险等。不同的企业、不同的会计师事务所设计的审计工作底稿的格式是不一样的。

在实务中，一般根据审计过程及执行的审计程序不同设置不同样式的审计工作底稿。以某会计师事务所为例，审计工作底稿按照审计过程进行了总分类，分为初步业务活动类、风险评估程序类、进一步审计程序类（包括控制测试程序与实质性程序）、特定项目类及备查类审计工作底稿。其中，实质性程序类工作底稿一般包括程序表（表 5-1）、审定表（表 5-2）、明细表（表 5-3）及检查表（表 5-4）等。

表 5-1　应交税费审计程序表

被审计单位：山西华昌制造有限公司　　编制：李晓梦　　日期：2020-02-18　　索引号：FH
报表截止日：2019 年 12 月 31 日　　复核：李华　　日期：2020-02-20　　项目：应交税费审计程序

审计目标：

1	资产负债表中的应交税费真实存在	存在/发生
2	所有应当记录的应交税费均已记录	完整性
3	记录的应交税费是被审计单位应当履行的现时义务	权利和义务
4	应交税费以恰当的金额包括在财务报表中，与之相关的计价调整已恰当记录	计价和分摊
5	应交税费已按照企业会计准则的规定在财务报表中作出恰当列报和披露	列报和披露

	项目	财务报表的认定				
		存在/发生	完整性	权利和义务	计价和分摊	列报和披露
	评估的重大错报风险水平		√		√	
	控制测试结果是否支持风险评估结论		√			
	需从实质性程序获取的保证程度					

续表

计划实施的实质性程序		索引号	执行人	存在/发生	完整性	权利和义务	计价和分摊	列报和披露
1	获取或编制应交税费明细表：（1）复核加计是否正确，并与报表数、总账数和明细账合计数核对是否相符；（2）注意印花税、耕地占用税以及其他不需要预计应缴数的税金有无误记入应交税费项目；（3）分析存在借方余额的项目，查明原因，判断是否由被审计单位预缴税款引起	FH-003					√	
2	核对期初未交税金与税务机关受理的纳税申报资料是否一致，检查缓期纳税及延期纳税事项是否经过有权税务机关批准			√	√			
3	取得税务部门汇算清缴或其他确认文件、有关政府部门的专项检查报告、税务代理机构专业报告、被审计单位纳税申报资料等，分析其有效性，并与上述明细表及账面数据进行核对。对于超过法定交纳期限的税费，取得主管税务机关的批准文件				√	√	√	
⋮	⋮	⋮						
18	确定应交税费是否已按照企业会计准则的规定在财务报表中作出恰当列报和披露							√

表 5-2　应交税费审定表

被审计单位：山西华昌制造有限公司　　编制：李晓梦　　日期：2020-02-18　　索引号：FH-002

报表截止日：2019 年 12 月 31 日　　复核：李华　　日期：2020-02-20　　项目：应交税费审定表　　单位：元

科目编码	项目名称	借/贷	期末未审数		账项调整		重分类调整		期末审定数		索引号	上期末审定数		本期未审数与上期审定数的比较		本期审定数与上期审定数的比较	
					借方	贷方	借方	贷方						变动额	变动率	变动额	变动率
2221	应交税费	贷	51424.95						51424.95			2605948.11		-2554523.16	-98.03%	-2554523.16	-76.98%
合计			51424.95	T/B					51424.95	T/B		2605948.11	T/B	-2554523.16	-98.03%	-2554523.16	-76.98%
			∧						∧			∧					
	报表数:		51424.95						51424.95			2605948.11					
	差异数:																

审计标识说明：	
B：与上年数核对一致；G：与总分类账核对一致；T/B：与试算平衡表核对一致。	S：与明细账核对一致；∧：纵加核对；<：横加核对；D：与明细表核对一致。

表 5-3 应交税费明细表

被审计单位：山西华昌制造有限公司　编制：李晓梦　日期：2020-02-18　索引号：FH-003
报表截止日：2019 年 12 月 31 日　复核：李华　日期：2020-02-20　项目：应交税费明细表　单位：元

项目名称	借贷方向	未审期初数	期初调整数	审定期初数	审定贷方发生额	审定借方发生额	未审期末数	期末调整数	审定期末数	索引号
应交增值税	贷	484223.30		484223.30		484223.30				
应交企业所得税	贷	2057368.01		2057368.01		2057368.01				
应交城市维护建设税	贷	33895.63		33895.63		33895.63				
应交车船税	贷				1440.00	1440.00				
应交个人所得税	贷	6250.00		6250.00	368287.48	323412.53	51124.95		51124.95	
教育费附加	贷	14526.70		14526.70		14526.70				
残疾人就业保障金	贷				91789.16	91789.16				
应交印花税	贷				312.00	12.00	300.00		300.00	
地方教育费附加	贷	9684.47		9684.47		9684.47				
合计		2605948.11		2605948.11	461828.64	2467771.70	51424.95		51424.95	
				∧		∧	∧		∧	

审计说明：经审计，余额可以确认。

表 5-4 应交税费检查表

被审计单位：山西华昌制造有限公司　编制：李晓梦　日期：2020-02-18　索引号：FH-023
报表截止日：2019 年 12 月 31 日　复核：李华　日期：2020-02-20　项目：应交税费检查情况表　单位：元

日期	凭证种类	凭证编号	业务内容	明细科目	对方科目	金额		核对内容								备注
						借方	贷方	1	2	3	4	5	6	7	8	
2019-1-15 11:18	记账凭证	12	缴纳 2018 年绩效代扣个人所得税	应交个人所得税	银行存款	188303.37		√	√	√	√					
2019-1-16 11:09	记账凭证	13	代扣 2018 年员工绩效个人所得税	应交个人所得税	应付职工薪酬		188303.37	√	√	√	√					
2019-2-12 15:54	记账凭证	12	代扣领导班子成员 2018 年薪酬个人所得税	应交个人所得税	应付职工薪酬；管理费用		77542.00	√	√	√	√					
2019-2-14 16:05	记账凭证	16	缴纳1月代扣个人所得税	应交个人所得税	银行存款	94462.09		√	√	√	√					

续表

日期	凭证种类	凭证编号	业务内容	明细科目	对方科目	金额		核对内容								备注
						借方	贷方	1	2	3	4	5	6	7	8	
2019-5-23 10:53	记账凭证	29	冲减计提 2018 年企业所得税	应交企业所得税	利润分配；以前年度损益调整	2057368.01		√	√	√	√					
2019-12-14 10:35	记账凭证	6	付 2019 年第四季度残疾人就业保障金	残疾人就业保障金	银行存款；应交税费	22947.29		√	√	√	√					
2019-12-14 10:35	记账凭证	6	付 2019 年第四季度残疾人就业保障金	残疾人就业保障金	应交税费；管理费用		22947.29	√	√	√	√					
2019-12-29 10:25	记账凭证	36	代扣 2019 年员工绩效个人所得税	应交个人所得税	管理费用；应付职工薪酬		50729.43	√	√	√	√					

核对内容说明：1. 原始凭证是否齐全；2. 记账凭证与原始凭证是否相符；3. 账务处理是否正确；4. 是否记录于恰当的会计期间；5. ……

抽样说明：经抽取部分凭证进行审计，未发现异常情况。

五、审计工作底稿的复核

为了确保项目组执行审计业务的质量，减少人为的判断失误，使审计结论更加客观公正，降低审计风险，必须对审计工作底稿进行复核。复核人在复核工作底稿时应做出必要的复核记录，书面表示复核意见并签名。审计工作底稿的复核采取三级复核制度，即由项目负责人、部门负责人和审计机构的负责人或专门的复核机构或复核人员对审计工作底稿进行逐级复核的两种复核制度，如图 5-1 所示。实际上，审计工作底稿的复核是执业经验丰富的人员对执业经验较少的人员执行审计工作的监督和指导。

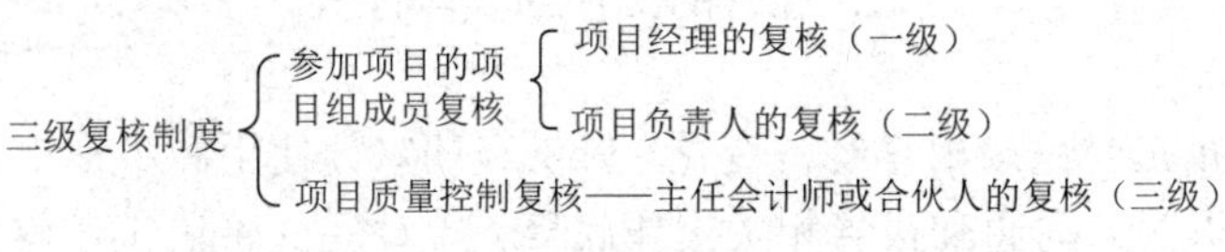

图 5-1　审计工作底稿的三级复核制度

1. 项目组内部复核

项目组内经验较多的人员对经验较少人员形成的审计工作底稿进行复核。项目组成员复核可以分为两级。

（1）项目经理的复核

项目经理是指具体负责执行某项审计业务并在审计报告上签字的注册会计师。项目经理复核的范围是全部工作底稿，是审计工作底稿的第一级复核。一般来说，项目经理对其他人员的审计工作底稿进行复核，这一级复核一般在现场实施，通常比较详细。

（2）项目负责人的复核

项目负责人是指会计师事务所中负责某项审计业务，并代表会计师事务所在审计报告上签字的主任会计师或合伙人。项目负责人应当在审计过程中的适当阶段及时实施复核，复核的范围是审计过程中的重大事项，以使其在出具审计报告前能得到满意的解决。项目负责人复核是审计工作底稿的第二级复核，也属于较高级别的复核。

2. 项目质量控制复核

项目质量控制复核是指对重大的审计项目（如对上市公司的财务报表进行审计），由会计师事务所委派未参加该业务的有经验的主任会计师或合伙人实施项目质量控制复核。其主要工作是在出具审计报告前，对项目组作出的重大判断和对准备审计报告时得出的审计结论进行复核。

六、审计工作底稿的管理

1. 审计工作底稿的所有权

审计工作底稿的所有权属于会计师事务所。未经会计师事务所批准，不得随意借阅、取出或处理。

2. 审计档案的分类

审计工作底稿经过整理归档就成为审计档案。审计档案按照使用期限的长短和作用的大小，可分为永久性档案和当期档案两类。

（1）永久性档案

永久性档案是指那些记录内容相对稳定，具有长期使用价值，并对以后审计工作具有重要影响和直接作用的审计档案。通常可分为三类，即审计项目管理、被审计单位背景资料、法律事项资料。具体而言，包括审计业务约定书原件，各期审计档案清单，被审计单位的组织结构，有关设立、经营的文件的复印件等。

（2）当期档案

当期档案是指那些记录内容经常变化，只供当期审计使用和下期审计参考的审计档案。通常可分为五类：沟通和报告相关工作底稿、审计完成阶段工作底稿、审计计划阶段工作底稿、特定项目审计程序表、进一步审计程序工作底稿。具体而言，包括审计报告和经审计的财务报表、重大事项概要、总体审计策略和具体审计计划、关联方、有关控制测试工作底稿、有关实质性测试工作底稿等。

审计档案组成如表 5-5 所示。

表 5-5　审计档案组成

档案名称	分类	内容
永久性档案清单	审计项目管理	被审计单位地址、主要联系人、职位、电话； 参与项目的其他注册会计师或专家的姓名和地址； 审计业务约定书原件； 各期审计档案清单

续表

档案名称	分类	内容
永久性档案清单	被审计单位背景资料	组织结构； 各投资方简介； 管理层和财务人员（名单、职责）； 董事会成员清单； 历史发展资料； 业务介绍； 员工福利政策等
	法律事项资料	有关设立、经营的文件的复印件； 验资报告； 历次董事会会议纪要； 影响财务报表的重要合同、协议等文件的复印件； 有关土地、建筑物、厂房和设备等资产文件的复印件等
当期档案清单	沟通和报告相关工作底稿	审计报告和经审计的财务报表； 与主审注册会计师的沟通和报告； 与治理层的沟通和报告； 与管理层的沟通和报告； 管理建议书等
	审计完成阶段工作底稿	审计工作完成核对表； 管理层声明书原件； 重要事项概要； 错报汇总； 总结会议纪要等
	审计计划阶段工作底稿	总体审计策略和具体审计计划； 对内部审计职能的评价； 对专家的评价； 被审计单位提交资料清单； 预备会会议纪要等
	特定项目审计程序表	舞弊； 持续经营； 对法律法规的考虑等
	进一步审计程序工作底稿（可以按会计科目、某类交易或列报划分）	进一步审计程序表； 有关控制测试工作底稿； 有关实质性测试工作底稿（包括实质性分析程序和细节测试）

3. 审计工作底稿的归档

审计工作底稿归档的期限为审计工作报告日后 60 天内。如果注册会计师未能完成审计业务，审计工作底稿的归档期限为审计业务中止后的60天内。

如果针对客户的同一财务信息执行不同的委托业务，出具两个或多个不同的报告，会计师事务所应当将其视为不同的业务，根据会计师事务所内部制定的政策和程序，在规定的归档期限内分别将审计工作底稿归整为最终审计档案。

4. 审计工作底稿归档后的变动

在完成最终审计档案的归整工作后，注册会计师不应在规定的保存期限届满前删除或废弃任何性质的审计工作底稿。

在完成最终审计档案的归整工作后，如果发现有必要修改现有审计工作底稿或增加新的审计工作底稿，无论修改或增加的性质如何，注册会计师均应当记录增加或修改的理由及相关编制人及复核人的姓名和日期。

5. 审计工作底稿的保存

会计师事务所应当自审计报告日起，对审计工作底稿至少保存 10 年。如果注册会计师未能完成审计业务，会计师事务所应当自审计业务中止日起，对审计工作底稿至少保存 10 年。值得注意的是，对于连续审计的情况，当期归整的永久性档案可能包括以前年度获得的资料（有可能是 10 年以前）。这些资料虽然是在以前年度获取，但由于其作为本期档案的一部分，并作为支持审计结论的基础。因此，注册会计师对于这些对当期有效的档案，应视为当期取得并至少保存 10 年。

项 目 小 结

本项目主要阐述了审计证据和审计工作底稿。审计证据是指注册会计师为了得出审计结论、形成审计意见而使用的所有信息，包括财务报表依据的会计记录中含有的信息和其他信息。按照审计证据的外形特征，可以把审计证据分为实物证据、书面证据、口头证据和环境证据 4 类，这是审计证据的基本分类。收集的审计证据必须具有充分性和适当性两大特征。审计证据的充分性是对审计证据数量的衡量，主要与注册会计师确定的样本量有关。审计证据的适当性是对审计证据质量的衡量，即审计证据在支持各类交易、账户余额、列报的相关认定或发现其中存在错报方向具有相关性和可靠性。相关性是指审计证据应当与审计目标相关联。可靠性是指审计证据能如实地反映客观事实。充分性和适当性是审计证据的两个重要特征，两者缺一不可，只有充分且适当的审计证据才是有证明力的。

审计工作底稿是指注册会计师对制定的审计计划、实施的审计程序、获取的相关审计证据，以及得出的审计结论所做的记录。审计工作底稿是审计证据的载体，是注册会计师做出审计结论和提出审计意见的直接依据。审计工作底稿经过分类、汇集归档后，就形成了审计档案。审计档案是会计师事务所进行审计工作的重要历史资料，应当妥善地保管。

演练与提升

一、思考题

1. 什么是审计证据？如何对审计证据进行分类？

2. 简述审计证据的基本特征。
3. 什么是审计工作底稿？编制审计工作底稿的目的是什么？
4. 简述审计工作底稿的基本要素。
5. 简述审计工作底稿的归档期限和保存期限。
6. 审计工作底稿归档后发生变动应如何处理？

二、实训题

（一）单项选择题

1. 审计人员形成审计结论、发表审计意见的直接依据是指（　　）。
A. 审计证据　B. 审计计划　C. 审计过程　D. 审计工作底稿
2. 审计证据的（　　）是对审计质量的衡量。
A. 可靠性　B. 适当性　C. 充分性　D. 相关性
3. 审计证据的相关性是指审计证据应当与（　　）相关。
A. 审计内容　B. 审计目标　C. 审计范围　D. 审计程序
4. 下列证据中，不属于外部证据的是（　　）。
A. 银行对账单　B. 应收账款函证回函
C. 保险单　D. 管理当局说明书
5. 注册会计师通过各种渠道获得的以书面形式表现的审计证据是（　　）。
A. 实物证据　B. 口头证据　C. 书面证据　D. 环境证据
6. 注册会计师需要获取的审计证据的数量与错报风险的评估水平是（　　）。
A. 正向关系　B. 反向关系　C. 比例关系　D. 没有关系
7. 审计工作底稿的所有权应该属于（　　）。
A. 委托单位　B. 被审计单位
C. 编制审计工作底稿的注册会计师　D. 签订业务约定书的会计师事务所
8. 当期审计工作底稿应该保留（　　）年以上。
A. 3　B. 5　C. 10　D. 15
9. 为证实被审计单位所记录的资产是否均由公司拥有或控制，注册会计师采用（　　）程序能够获取充分、适当的审计证据。
A. 检查有形资产　B. 检查文件或记录
C. 重新执行　D. 询问
10. 注册会计师在审计中收集到的审计证据中，证明力度最弱的是（　　）。
A. 注册会计师向债权人的函证回函　B. 注册会计师监盘存货的盘点表
C. 银行对账单　D. 产品出库单
11. 以下有关审计工作底稿的存在形式，表述正确的是（　　）。
A. 只能以纸质形式存在
B. 只能以纸质或电子形式存在
C. 可以以纸质、电子或其他介质形式存在

D. 一份审计工作底稿只能以同一种形式存在

（二）多项选择题

1. 书面证据按其来源不同，可分为（　　）。
   A. 基本证据　B. 亲历证据　C. 内部证据　D. 外部证据
2. 审计证据的适当性是指（　　）。
   A. 足够性　B. 充分性　C. 相关性　D. 可靠性
3. 按照审计证据的外形特征，可分为（　　）。
   A. 实物证据　B. 口头证据　C. 书面证据　D. 环境证据
4. 下列证据中，属于书面证据的有（　　）。
   A. 董事会记录　B. 与审计有关的合同
   C. 往来函件　D. 会计资料
5. 审计证据的基本特征是（　　）。
   A. 客观性　B. 充分性　C. 适当性　D. 公允性
6. 下列关于审计证据的充分性和适当性的说法中，正确的是（　　）。
   A. 审计证据的充分性是对审计证据数量的衡量
   B. 审计证据的适当性是对审计证据质量的衡量
   C. 错报风险越大，需要的审计证据可能越少；审计证据质量越高，需要的审计证据可能越多
   D. 注册会计师可以依靠获取更多的审计证据来弥补其质量上的缺陷
7. 环境证据包括被审计单位的（　　）。
   A. 内部控制状况　B. 管理人员素质
   C. 管理条件　D. 管理水平
8. 下列各项中，符合审计工作底稿三级复核制度要求的是（　　）。
   A. 项目经理对助理人员编制的审计工作底稿进行详细复核
   B. 项目负责人对重要的会计账项审计、重要审计程序的执行及审计调整事项进行复核
   C. 合伙人对审计过程中的重大会计问题、重点审计领域及重要审计工作底稿进行复核
   D. 审计助理人员对其他审计审计助理人员的复核
9. 注册会计师在判断审计证据的充分性时应当考虑的因素有（　　）。
   A. 评估的重大错报风险　B. 具体审计项目的重要程度
   C. 注册会计师的经验　D. 审计证据的质量
10. 下列审计档案属于永久性档案的是（　　）。
   A. 审计业务约定书原件　B. 各期审计档案清单
   C. 有关控制测试工作底稿　D. 审计报告

（三）判断题

1. 充分性和适当性是审计证据的两个基本特征，彼此之间相互影响。 （ ）

2. 审计证据要满足充分性，因此审计证据的数量越多越好。 （ ）

3. 如果审计证据不可靠，则审计证据再多也起不到证明作用。 （ ）

4. 审计证据相关性的强弱是指审计证据直接还是间接与审计目标相联系。（ ）

5. 一般来说，审计风险越大，所需的审计证据数量就越少；反之，所需的审计证据就越多。 （ ）

6. 如果注册会计师无法获得充分、适当的审计证据，就应该视情况发表否定意见或无法表示意见的审计报告。 （ ）

7. 只有注册会计师在执行审计程序时获得的重要资料，才能作为审计证据；注册会计师在审计过程之外获得的资料，不能作为审计证据。 （ ）

8. 审计工作底稿归档的期限为审计工作报告日后 60 天内。 （ ）

9. 审计工作底稿是注册会计师形成审计结论、发表审计意见的直接依据。（ ）

10. 注册会计师考虑成本效益原则，由于成本较高，可以减少不可替代审计程序的执行。 （ ）

（四）案例分析题

1. 注册会计师王林在对某客户审计的过程中，收集到下列 5 组证据。

1）销货发票与购货发票。

2）领料单与材料成本计算表。

3）审计人员收回的应收账款函证回函与询问客户应收账款负责人的记录。

4）被审计单位管理层声明书与律师声明书。

5）存货盘点表与存货监盘表。

要求：请分别说明每组证据中的哪项审计证据更可靠？为什么？

2. 注册会计师李华对山西华昌制造有限公司的 2019 年度财务报表审计时，发现该公司可能存在下列导致错报的情况。

1）已经列入存货的委托甲公司代销的商品可能不存在。

2）期末存货的盘点可能存在较大差错。

3）当年对应收账款所计提的坏账准备可能不正确。

4）可能存在未入账的应付账款。

5）某商品赊销时，可能未做销售记录。

要求：结合前面项目所学的认定、具体审计目标、审计方法及本项目所学的审计证据的相关内容，针对上述情况分别指出对应的管理层认定、具体审计目标、所使用的审计方法及获取的审计证据类型。

3. 注册会计师 A 是山西光明会计师事务所的业务质量控制负责人，目前正在对本所近期审计项目进行业务检查。在检查过程中，注册会计师 A 注意到以下情况。

1）在甲公司 2019 年度财务报表审计项目组中，注册会计师 B 负责对索引号为 D3

层次的全部 30 张应收账款函证回函工作底稿进行复核，在完成复核工作后，B 只在应收账款函证核对表及其中一张回函工作底稿上签名，未在其余 29 张工作底稿上签名。

2）在乙公司 2019 年度财务报表的审计工作底稿中，项目组成员 C 针对同一事项先后编制了两张结论相互矛盾的工作底稿。其中一张工作底稿上特别注明乙公司根据审计结论进行调整后矛盾已经解决。

根据对事务所所有项目审计工作底稿的检查，发现了普遍性问题，注册会计师 A 建议在本事务所原有规定的基础上增加以下与审计工作底稿相关的规定，以完善本事务所的业务质量控制制度。

① 如果审计客户采用计算机处理业务，应直接获取以电子信息形式存在的资料。为便于复核，应将相关信息打印，形成纸质工作底稿，以代替原电子形式的工作底稿。

② 对于直接从审计客户获取的有关合同、章程等重要文件的原件，凡需要形成审计作底稿的，执行业务的审计小组成员必须亲自复印，并将复印件与原件核对。

③ 在审计工作中，如果注册会计师向客户管理层出具了内部控制存在重大缺陷的管理建议书，应作为重要的审计工作底稿归档，保存期限不得少于 5 年。

要求：请根据审计准则中与审计工作底稿相关的规定，指出注册会计师 B 和项目组成员 C 的做法是否符合规定，并指出注册会计师 A 提出的 3 条建议是否存在问题，并简要说明理由。

6 项目六

审计重要性与审计风险

【知识目标】

了解审计重要性的含义及其影响因素；

掌握如何确定重要性水平；

掌握审计风险的含义、特征及成因；

熟悉审计重要性与审计风险的关系；

掌握重要性水平的应用；

掌握审计风险模型的应用。

【技能目标】

能够根据企业的实际情况确定重要性水平并运用重要性水平进行判断错报是否属于重大错报；

在审计中能够采取必要的审计程序将审计风险降低至可接受水平。

【素质目标】

培养学生解决问题的逻辑思维；

培养学生的风险意识。

【引导案例】

甲会计师事务所的注册会计师对A公司2019年度财务报表审计后发表了无保留意见。

半年后，A公司因无法按时偿还巨额债务而宣告破产。股东与债权人集体上诉，状告审计A公司的甲会计师事务所。其诉讼理由是A公司的2019年的财务报表中存在严重错报，而注册会计师发表了无保留意见，从而误导了报表使用者。

甲会计师事务所对此提出了抗辩，认为审计中发现的被审计单位A公司财务报表中存在的重大错报都已要求A公司调整，并且A公司也接受了调整建议，未调整的错报是不重要的，且在审计报告中使用了“在所有重大方面公允反映了A公司2019年12月31日的财务状况以及2019年度的经营成果和现金流量”这一表述。

法院判决：甲会计师事务所承担赔偿责任。A公司财务报表中存在将2020年的销售收入提前记入2019年的财务报表中，造成2019年虚增收入10万元、高估资产3万元以及低估负债20万元的错报。对于销售额与资产近千万元的A公司来说，这些错报从金额上来看并不重要，但是导致A公司的盈利能力保持持续增长的状态，偿债能力的指标恰巧达到了银行贷款门槛。因此，这些错报会误导报表使用者，对于报表使用者来说是重大事项。

思考

1）为什么A公司的财务报表存在错报而注册会计师发表的是无保留意见审计报告？

2）如何判断错报是否重大？在本例中法院判决时是从什么角度判断A公司的错报是重大的呢？

3）什么是审计风险？本例中注册会计师是否面临审计风险？

任务一　审计重要性

审计重要性是审计学的一个基本概念。审计重要性概念贯穿于整个审计过程。在审计开始时，就必须对重大错报的规模和性质作出一个判断，包括确定财务报表整体的重要性和特定交易类别、账户余额和披露的重要性水平。当错报金额高于整体重要性水平时，很可能被合理预期将对使用者根据财务报表作出的经济决策产生影响。

一、审计重要性的含义

微课：审计重要性

审计重要性是指根据具体环境做出的被审计单位财务报表错报的严重程度。具体可以理解为：如果合理预期错报（包括漏报）单独或汇总起来可能影响财务报表使用者依据财务报表做出的经济决策，则通常认为错报是重大的。在理解“重要性”概念时还应注意以下内容。

1. 需要考虑报表使用者整体共同的需求

判断一项错报重要与否，应视其对财务报表使用者依据财务报表做出经济决策的影响程度而定。如果财务报表中的某项错报足以改变或影响财务报表使用者的相关决策，则该项错报就是重要的。且判断某事项对财务报表使用者是否重大，是在考虑财务报表使用者整体共同的财务信息需求的基础上做出的，不考虑错报对个别财务报表使用者可能产生的影响。

2. 重要性的确定离不开具体环境

不同的被审计单位面临不同的环境，不同的报表使用者有着不同的信息需求，因此注册会计师确定的重要性水平也不相同。某一金额的错报对某被审计单位的财务报表来说是重要的，而对另一个被审计单位的财务报表来说可能不重要。例如，错报10万元对一个小公司来说可能是重要的，而对另一个大公司来说则可能不重要。

3. 重要性受数量或性质两方面的影响

（1）数量方面

数量方面是指错报的金额。一般而言，金额大的错报比金额小的错报更重要；小额错报如果经常发生，其对财务报表的累计影响可能重大。

（2）性质方面

性质方面是指错报的性质。在有些情况下，某些错报从数量上看金额较小，并不重大，但从性质上考虑，则可能是重要的。

对于某些财务报表附注披露的错报，难以从数量上判断是否重要，应从性质上考虑其是否重要。例如在确定错报的影响时，考虑该错报是否属于转亏为盈的情况；是否属于管理层舞弊造成的；是否属于违法或违约行为将会引起重大的损失等造成的。

互动讨论

山西华昌制造有限公司为大型的制造企业，2019 年度利润表中净利润为 200 万元，经审计发现，该公司通过伪造销售合同，虚开发票行为虚增收入，进而影响（虚增）净利润 100 万元；同时，通过变更存货计价方法少结转营业成本，从而影响（虚增）净利润 113 万元。

【讨论】以上案例中错报是否为重大错报，为什么？

二、重要性水平的确定

在计划审计工作时，注册会计师应当确定一个合理的重要性水平，以发现金额上的重大错报。注册会计师在确定计划的重要性水平时，需要从以下几个层次确定。

1. 财务报表整体的重要性

财务报表审计的目标是注册会计师通过执行审计工作对财务报表发表审计意见，因此注册会计师应当考虑财务报表整体的重要性。只有这样，才能得出财务报表是否公允反映的结论。

财务报表整体重要性是指财务报表存在多大金额的错报时，可能影响财务报表使用者的经济决策，注册会计师就不能认为财务报表是公允的、合法的。

注册会计师确定财务报表重要性水平时，需要运用职业判断，首先需要选择一个恰当的基准，再确定一个适当的百分比，将二者相乘，即可得出重要性水平金额。当出现多个标准计算的结果时，从注册会计师所面临的审计风险考虑，应选择最低的计算结果作为财务报表重要性水平。

（1）基准的选择

适当的基准取决于被审计单位的具体情况，包括各类报告收益（如税前利润、营业收入、毛利和费用总额）、总资产，以及所有者权益或净资产。

在通常情况下，对于以营利为目的的企业，利润可能是大多数财务报表使用者最为关注的财务指标。因此，注册会计师可能考虑选取经常性业务的税前利润作为基准。如果经常性业务的税前利润不稳定，则选用其他基准可能更加合适，如毛利或营业收入。

但在某些情况下，例如企业处于微利或微亏状态时，采用经常性业务的税前利润为基准确定重要性，可能影响审计的效率和效果。注册会计师可以考虑采用过去 3～5 年经常性业务的平均税前利润作为基准，或者采用财务报表使用者关注的其他财务指标作为基准，如营业收入、总资产等。

注册会计师为被审计单位选择的基准在各年度中通常会保持稳定，但并非必须保持一贯不变。注册会计师可以根据经济形势、行业状况和被审计单位具体情况的变化对采用的基准作出调整。

（2）百分比的选择

为选定的基准确定百分比需要运用职业判断。百分比和选定的基准之间存在一定的联系，如经常性业务的税前利润对应的百分比通常比营业收入对应的百分比要高。例如，对于以营利为目的的制造行业实体，注册会计师可能认为经常性业务的税前利润的 5%是适当的；而对于非营利组织，注册会计师可能认为总收入或费用总额的 1%是适当的。百分比无论是高一些还是低一些，只要符合具体情况，都是适当的。

注册会计师在确定重要性水平时，不需要考虑与具体项目计量相关的固有不确定性。例如，财务报表含有高度不确定性的大额估计，注册会计师并不会因此而确定一个比不含有该估计的财务报表的重要性更高或更低的重要性水平。注册会计师确定重要性水平时还需要考虑谨慎性原则，如果同一时期通过不同的基准及百分比确定了不同的重要性水平，注册会计师应当选取最低者作为整个财务报表的重要性水平。

2. 特定类别的交易、账户余额或披露的重要性

财务报表是由各类交易、账户余额、披露所组成的。在某些情况下，特定类别的交易、账户余额或披露发生的错报金额虽然低于财务报表整体的重要性，但仍可能影响财务报表使用者依据财务报表做出的经济决策。因此，需要为特定类别的交易、账户余额或披露确定重要性水平。

通常，特定类别的交易、账户余额或披露重要性水平的确定是以财务报表层次重要性水平的初步评估为基础，同时考虑该类别交易、账户余额、披露性质及错报的可能性，以及其与财务报表整体重要性水平的关系。

3. 实际执行的重要性

实际执行的重要性水平是指注册会计师在实际执行审计业务时确定的一个或多个低于计划财务报表整体重要性水平的金额。旨在将未更正和未发现错报的汇总数超过财务报表整体的重要性的可能性降至适当的低水平。如果存在特定类别的交易、账户余额或披露的重要性时，还应确定特定类别的交易、账户余额或披露实际执行的重要性。

通常，实际执行的重要性水平确定为计划的财务报表整体重要性（或特定类别的交易、账户余额或披露的重要性）的 50%～70%。

在确定一个或多个金额作为实际执行的重要性时，注册会计师无须通过将财务报表整体的重要性平均分配或按比例分配至各个报表项目的方法来确定，而是根据对报表项目的风险评估结果来进行确定。例如，根据以前期间的审计经验和本期审计计划阶段的风险评估结果，注册会计师认为可以以财务报表整体重要性的 75%作为大多数报表项目的实际执行的重要性；与营业收入项目相关的内部控制存在控制缺陷，而且以前年度审计中存在审计调整，因此考虑以财务报表整体重要性的 50%作为营业收入项目的实际执行的重要性，从而有针对性地对高风险领域执行更多的审计工作。

确定实际执行的重要性水平的目的是将财务报表中未更正和未发现错报的汇总数超过财务报表重要性的可能性降低到适当的低水平。因此，实际执行重要性对审计证据数量有直接的影响，注册会计师应当合理确定实际执行重要性水平，做到在保证审计效

果的前提下，合理地降低审计成本，提高审计效率。

三、重要性的应用

1. 应用阶段

审计重要性的应用贯穿于整个审计过程。

（1）审计计划阶段

在计划审计工作时，注册会计师应当考虑导致财务报表发生重大错报的原因，并应当在了解被审计单位及其环境的基础上，确定一个可接受的重要性水平，即首先为财务报表层次确定重要性水平，以发现在金额上的重大错报。同时，注册会计师还应当评估各类交易、账户余额及列报认定层次的重要性，以便确定进一步审计程序的性质、时间和范围，将审计风险降至可接受的低水平。

（2）审计实施阶段

在审计实施阶段，随着审计过程的推进，注册会计师应当及时评价计划阶段确定的重要性水平是否仍然合理，并根据具体环境的变化或在审计执行过程中进一步获取的信息，修正计划的重要性水平，进而修改进一步审计程序的性质、时间和范围。例如，随着审计证据的累积，注册会计师可能认为初始选用的重要性基准并不恰当，需要选用其他的基准来计算重要性水平。在确定审计程序后，如果注册会计师决定接受更低的重要性水平，审计风险将增加。

（3）审计终结阶段

要使用整体重要性水平和特定类别的交易类别、账户余额和披露的重要性来评价已识别的错报对财务报表的影响和对审计报告中审计意见的影响，以及已实施的审计程序是否充分。具体如何应用详见“评价错报的影响”部分。

2. 评价错报的影响

（1）错报

1）错报的定义。

错报是指某一财务报表项目的金额、分类、列报或披露，与按照适用的财务报告编制基础应当列示的金额、分类、列报或披露之间存在的差异；或根据注册会计师的判断，为使财务报表在所有重大方面实现公允反映，需要对金额、分类、列报或披露作出必要调整。错报可能是由于错误或舞弊导致的。

2）错报的分类。

按错报是否由注册会计师直接发现，可分为已识别的具体错报和推断错报。

① 已识别的具体错报。

已识别的具体错报是指注册会计师在审计过程中发现的，能够具体识别的错报。已识别的具体错报又进一步可分为事实错报和判断错报。

事实错报是指由于被审计单位收集或处理数据的错误、对事实的忽略或误解，或故意舞弊所形成的错报。例如，注册会计师在审计测试中发现购入存货的实际价值为

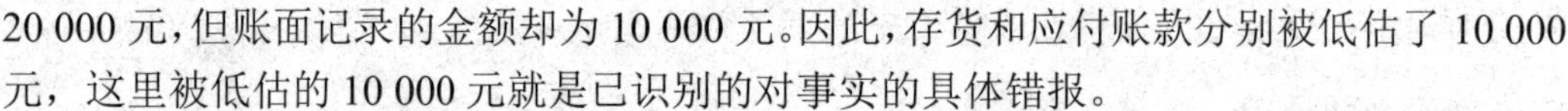

20 000 元，但账面记录的金额却为 10 000 元。因此，存货和应付账款分别被低估了 10 000 元，这里被低估的 10 000 元就是已识别的对事实的具体错报。

判断错报是指管理层对会计估计做出不合理的判断或不恰当的选择和运用了会计政策所产生的错报。这类错报产生于两种情况：一是管理层和注册会计师对会计估计值的判断差异，如由于包含在财务报表中的管理层作出的估计值超出了注册会计师确定的一个合理范围，导致出现判断差异；二是管理层和注册会计师对选择和运用会计政策的判断差异，由于注册会计师认为管理层选用会计政策不当造成错报，管理层却认为选用会计政策适当，导致出现判断差异。

② 推断错报。

推断错报是可能错报，是注册会计师对不能明确、具体识别的错报的最佳估计数。推断错报产生于两方面：一是运用抽样审计方法，测试样本后估计出的总体错报减去在测试中发现的已经识别错报后的差额，如应收账款年末余额为 2 000 万元，注册会计师抽查 10%样本发现金额有 100 万元的高估，高估部分为账面金额的 20%，据此注册会计师推断总体的错报金额为 400 万元（即 2 000 万×20%），那么上述 100 万元就是已识别的具体错报，其余 300 万元就是推断误差；二是通过实质性分析程序估计出的推断错报，如注册会计师根据客户的预算资料及行业趋势等要素，对客户年度销售费用独立作出估计，并与客户账面金额比较，发现两者间有 50%的差异。考虑到估计的精确性有限，注册会计师根据经验认为 10%的差异通常是可接受的，而剩余 40%的差异需要有合理解释并取得佐证性证据。假定注册会计师对其中 10%的差异无法得到合理解释或不能取得佐证，则该部分差异金额即为推断误差。

互动讨论

注册会计师在审计山西华昌制造有限公司应收账款账户时，采用审计抽样方法。应收账款年末余额为 1 000 万元，抽取年末账户余额为 500 万元的明细账户进行审计。发现有以下错误：

1）实际销售商品应确认应收账款 51 万元，但账面记录为 5.10 万元，应收账款被低估了 45.90 万元。

2）年末计提坏账损失，可能发生坏账损失率为 1%，管理层确定的坏账损失率为 5%，则坏账损失高估 40 万元，相应的应收账款低估 40 万元。

3）注册会计师通过分析计算，应收账款的总体错报金额为 171.80 万元。

【讨论】

1）注册会计师发现低估 45.90 万元的错报属于哪种类型错报，为什么？

2）注册会计师发现低估 40 万元的错报属于什么错报，为什么？

3）注册会计师最终分析得出应收账款的总体错报金额是 171.80 万元，其中具体已识别错报是多少？推断错报是多少？

（2）评价尚未更正错报的影响

在审计过程中，注册会计师应当及时将审计过程汇总累计的所有错报与适当的管理层进行沟通并要求管理层更正这些错报。尚未更正错报是指被审计单位管理层未予更正的错报或未完全更正的错报。

对于尚未更正的错报数，注册会计师应当考虑审计重要性进行评价。

1）当汇总错报数远远低于重要性水平时的处理。

当汇总错报数远远低于重要性水平时，不至于影响财务报表使用者的决策，因而注册会计师认为该金额是不重要的。

2）当汇总错报数接近重要性水平时的处理。

如果已识别但尚未更正的汇总错报数接近重要性水平，注册会计师应当考虑该汇总错报数连同尚未发现的错报是否可能超过重要性水平，并考虑通过实施追加的审计程序，或要求管理层调整财务报表降低审计风险。

3）当汇总错报数超过重要性水平时的处理。

当汇总错报数超过重要性水平时，为降低审计风险，注册会计师应当考虑采取以下措施：扩大实质性测试范围，以进一步确认汇总数是否重要；提请管理层调整财务报表，以使汇总数低于重要性水平；考虑出具适当意见的审计报告。

任务二　审 计 风 险

审计风险是指当被审计单位的财务报表存在重大错报，而注册会计师审计后发表不恰当审计意见的可能性。

注册会计师只能提供合理保证的审计意见，意味着审计风险始终存在，即审计风险与合理保证之和应等于百分之百。

一、审计风险要素

微课：审计风险

审计风险取决于重大错报风险和检查风险。

1. 重大错报风险

重大错报风险是指财务报表在审计前存在重大错报的可能性。这一风险是企业的风险，不受注册会计师所控制。也就是说，与被审计单位的风险相关，且独立存在于财务报表的审计中。

在设计审计程序以确定财务报表整体是否存在重大错报时，注册会计师应当从财务报表层次和各类交易、账户余额和披露认定层次两方面考虑重大错报风险。

（1）财务报表层次的重大错报风险

财务报表层次的重大错报风险与财务报表整体存在广泛联系。该类风险难以界定于某类交易、账户余额和披露的具体认定，可能影响多项认定。因此，该类风险增大了任何数目的不同认定发生重大错报的可能性。此类风险对注册会计师考虑由舞弊引起的风险特别相关。

财务报表层次的重大风险产生的原因有很多方面，通常与控制环境相关，如治理层形同虚设、管理层缺乏诚信、企业所在行业处于衰退期、经济萧条等原因；也可能与其他因素有关，尤其是与舞弊引起的风险特别相关。

（2）各类交易、账户余额、披露认定层次的重大错报风险

各类交易、账户余额、披露认定层次的重大错报风险，与特定的某类交易、账户余额、列报的认定相关。例如，被审计单位的主要客户存在经营失败的风险，这一事项表明被审计单位应收账款的计价认定可能存在重大错报风险。

各类交易、账户余额和披露认定层次的重大错报风险可以进一步分为固有风险和控制风险。

1）固有风险。

固有风险是指假设不存在相关的内部控制，某一认定发生重大错报的可能性，无论该错报单独考虑，还是连同其他错报构成重大错报。

某些类别的交易、账户余额、列报及其认定，固有风险较高。例如，复杂的计算比简单的计算更可能出错；受重大计量不确定性影响的会计估计发生错报的可能性较大。产生经营风险的外部因素也可能影响固有风险，例如，技术进步可能导致某项产品陈旧，进而导致存货易于发生高估错报（计价认定）。这些因素还包括维持经营的流动性资金匮乏、被审计单位处于夕阳行业等。

2）控制风险。

控制风险是指某项认定发生了重大错报，无论该错报单独考虑，还是连同其他错报构成重大错报，而该错报没有被企业的内部控制及时防止、发现和纠正的可能性。控制风险取决于与财务报表编制有关的内部控制设计和运行的有效性。由于控制的固有局限性，某种程序的控制风险始终存在。

需要特别说明的是，由于固有风险和控制风险不可分割地交织在一起，有时无法单独进行评估，本书通常不再单独提到固有风险和控制风险，而只是将这两者合并为“重大错报风险”。

2. 检查风险

检查风险是指某一认定存在错报，该错报单独或连同其他错报是重大的，但注册会计师未能发现这种错报的可能性。检查风险取决于审计程序设计的合理性和执行的有效性。由于注册会计师通常并不对所有的交易、账户余额和列报进行检查，以及其他原因，检查风险不可能降低为零。其他原因包括注册会计师可能选择了不恰当的审计程序、审计过程执行不当，或者错误地解读了审计结论。这些因素可以通过适当计划、在项目组成员之间进行恰当的职责分配、保持职业怀疑态度，以及监督、指导和复核助理人员所执行的审计工作得以解决。

二、审计风险模型

检查风险与重大错报风险的反向关系用数学模型表示为

$$审计风险=重大错报风险\times检查风险$$

这个模型就是审计风险模型。

1. 审计风险模型的应用

（1）计划阶段的运用

在计划阶段，运用审计风险模型确定可接受的检查风险水平。审计风险模型可以演变为

可接受的检查风险=可接受的审计风险÷评估的重大错报风险

在既定的可接受的审计风险水平下，首先评估认定层次重大错报风险，然后利用上述审计风险模型来确定可接受的检查风险水平，并据以设计和实施进一步审计程序，确定需要的审计证据数量，以将检查风险控制在可接受的水平。

（2）终结阶段的运用

在完成审计阶段，运用审计风险模型评估实际审计风险水平，并将实际审计风险水平与可接受的审计风险水平相比较，若前者高于后者，就需要重新考虑所实施的审计程序是否恰当，可能需要追加审计程序或建议被审计单位调整财务报表，以降低审计风险至可接受水平。

2. 审计风险要素的关系

在既定的审计风险水平下，可接受的检查风险水平与认定层次重大错报风险的评估结果呈反向关系。评估的重大错报风险越高，可接受的检查风险越低；评估的重大错报风险越低，可接受的检查风险越高。

假设针对某一认定，注册会计师将可接受的审计风险水平设定为 5%，注册会计师实施风险评估程序后将重大错报风险评估为 20%，则根据这一模型，可接受的检查风险为 25%。当然，实务中注册会计师不一定用绝对数量表达这些风险水平，而选用“高”“中”“低”等文字描述。

注册会计师应当合理设计审计程序的性质、时间和范围，并有效执行审计程序，以控制检查风险。上例中，注册会计师根据确定的可接受检查风险（25%），设计审计程序的性质、时间和范围。审计计划在很大程度上围绕确定审计程序的性质、时间和范围而展开。

三、审计重要性与审计风险的关系

审计重要性与审计风险之间存在反向关系。审计重要性水平越高，审计风险越低；审计重要性水平越低，审计风险越高。这里所说的审计重要性水平高低指的是金额的大小。通常，4 000 元的审计重要性水平比 2 000 元的审计重要性水平高。在理解两者之间的关系时，必须注意审计重要性水平是注册会计师从财务报表使用者的角度进行判断的结果。如果审计重要性水平是 4 000 元，则意味着低于 4 000 元的错报不会影响财务报表使用者的决策，此时注册会计师需要通过执行有关审计程序合理保证能发现高于 4 000 元的错报。如果审计重要性水平是 2 000 元，则金额在 2 000 元以上的错报就会影响财务报表使用者的决策，此时注册会计师需要通过执行有关审计程序合理保证能发现金额在 2 000 元以上的错报。显然，审计重要性水平为 2 000 元时审计不出这样的重大错报的可能性即审计风险，要比审计重要性水平为 4 000 元时的审计风险高。审计风

险越高，越要求注册会计师收集更多更有效的审计证据，以将审计风险降至可接受的低水平。因此，审计重要性和审计证据之间也是反向变动关系。

值得注意的是，注册会计师不能通过不合理的人为调高审计重要性水平而降低审计风险。因为审计重要性是依据审计重要性概念中所述的判断标准确定的，而不是由主观期望的审计风险水平决定的。

审计重要性与审计风险存在上述反向关系，而且这种关系对注册会计师将要执行的审计程序的性质、时间和范围有直接影响。因此，注册会计师应当综合考虑各种因素，合理确定审计重要性水平。

互动讨论

根据审计重要性与审计风险的关系，同时结合审计证据项目中所学内容。

【讨论】

1）审计风险与审计证据有什么关系？

2）审计重要性与审计风险有什么关系？

项 目 小 结

在计划审计工作时，必须运用风险导向审计的方法，考虑审计重要性和审计风险的问题。只有将重点放在重大的、高风险的项目上，才能在符合职业标准要求的情况下，以最低的成本高效完成审计任务。审计意见要求注册会计师对财务报表在所有重大方面是否公允地反映被审计单位的财务状况、经营成果和现金流量发表意见，注册会计师不可能对所有细小的金额做出保证，审计重要性原则必不可少。

审计风险取决于重大错报风险和检查风险。其中，重大错报风险是指财务报表在审计前存在重大错报的可能性；检查风险是指某一认定存在错报，该错报单独或连同其他错报是重大的，但注册会计师未能发现这种错报的可能性。

演练与提升

一、思考题

1. 如何理解审计重要性？
2. 如何确定审计重要性水平？应考虑哪些因素？
3. 简述审计风险模型及其应用。
4. 简述审计风险与审计重要性的关系。

二、实训题

（一）单项选择题

1. 在审计风险要素中，（　　）是客观存在的，注册会计师无能为力。

A. 审计风险　　B. 检查风险
C. 重大错报风险　　D. 被审计单位的经营风险

2. 审计重要性与审计风险之间（　　）。

A. 呈反向关系　　B. 呈正向关系
C. 没有关系　　D. 根据具体情况确定

3. 如果某一审计项目的审计风险为 5%，重大错报风险为 25%，则检查风险为（　　）。

A. 75%　　B. 16.67%　　C. 35%　　D. 20%

4. 在确定财务报表层次重要性水平时，常用的判断基础不包括（　　）。

A. 资产总额　　B. 净资产　　C. 营业收入　　D. 营业费用

5. （　　）是指被审计单位的财务报表存在重大错报，而注册会计师审计后发表不恰当审计意见的可能性。

A. 审计风险　　B. 重大错报风险
C. 检查风险　　D. 审计重要性

6. 下列提法中，不正确的是（　　）。

A. 审计重要性与审计风险之间呈反向关系
B. 账户或交易错漏报的可能性越高，其重大错报风险的水平就越高
C. 对越重要的账户或交易，相应的重要水平应越低，以便提高效果
D. 对越重要的账户或交易，相应的重要水平应越低，以便提高效率

7. （　　）是指某一认定存在重大错报，但注册会计师没有发现这种错报的可能性。

A. 审计风险　　B. 检查风险
C. 重大错报风险　　D. 被审计单位的经营风险

8. 不同的注册会计师在确定同一被审计单位同一时期的重要性时，得出的结果可能不同，这体现了注册会计师在确定重要性时需要运用（　　）。

A. 分析程序　　B. 实际执行的重要性
C. 职业判断　　D. 独立性

9. （　　）是指注册会计师在审计过程中发现的、能够具体识别的错报。

A. 已识别错报　　B. 推断错报　　C. 重分类差异　　D. 会计核算差异

10. 理解和运用审计重要性要站在（　　）的视角去判断。

A. 被审计单位管理层　　B. 注册会计师
C. 财务报表使用者　　D. 被审计单位全体员工

（二）多项选择题

1. 注册会计师在确定审计重要性时，应从错报的（　　）两个方面考虑。

A. 行业状况　　B. 数量　　C. 性质　　D. 内部控制状况

2. 注册会计师应当考虑两个层次的重大错报风险，即（　　）。

A. 财务报表层次　　B. 账簿层次　　C. 凭证层次　　D. 认定层次

3. 在审计过程中，注册会计师可能在以下几方面运用重要性水平，即（　　）。

A. 签订审计业务约定书时

B. 在审计计划阶段确定审计程序的性质、时间和范围

C. 在审计实施阶段，根据审计程序的实施过程对重要性水平进行修改

D. 在审计终结阶段，评价错报的影响

4. 注册会计师可以控制的风险有（　　）。

A. 审计风险　　B. 检查风险

C. 重大错报风险　　D. 控制风险

5. 下列说法中，正确的有（　　）。

A. 审计重要性水平越高，审计风险越低

B. 审计重要性水平越低，审计风险越低

C. 审计重要性水平越低，应当获取的审计证据越多

D. 审计重要性水平越高，需选取的样本量越大

6. 审计风险构成要素包括（　　）。

A. 财务报表层次的重大错报风险　　B. 固有风险

C. 控制风险　　D. 检查风险

7. 关于审计风险的下列说法中，正确的有（　　）。

A. 财务报表实际上存在重大错报、漏报，注册会计师发表了无保留意见的可能性

B. 财务报表实际上存在非重大错报、漏报，注册会计师发表了无保留意见的可能性

C. 注册会计师已发现被审计单位的重大错报，却签发了无保留意见的审计报告的可能性

D. 注册会计师遵守了审计准则，但却提出了错误的审计意见的可能性

8. 对于收益不稳定的被审计单位或非营利组织来说，选择（　　）作为判断审计重要性水平的基准就不合适。

A. 税前利润　　B. 费用总额　　C. 总收入　　D. 税后净利润

9. 下列指标可以用做确定财务报表层次重要性水平基准的有（　　）。

A. 总资产　　B. 总负债　　C. 销售收入　　D. 净利润

10. 注册会计师不能改变实际水平的有（　　）。

A. 审计重要性　　B. 重大错报风险

C. 检查风险　　D. 合理保证

（三）判断题

1. 理解和运用审计重要性需要站在被审计单位管理层的视角去判断。（　）

2. 注册会计师可以通过调高审计重要性来降低审计风险，因为审计重要性是注册会计师执业判断的结果。（　）

3. 为了将财务报表中未更正和未发现错报的汇总数超过财务报表整体的重要性的可能性降低到适当的低水平，实际执行的审计重要性应高于财务报表整体的重要性。（　）

4. 如果财务报表中的某项错报足以影响财务报表作出的经济决策，则该项错报就是重大的。（　）

5. 审计重要性是客观存在的，因此，注册会计师不应运用职业判断来确定重要性水平。（　）

6. 注册会计师对审计重要性水平估计得越高，所需收集的审计证据的数量就越少。（　）

7. 在审计风险既定的情况下，重大错报风险水平决定着注册会计师可接受的检查风险水平。（　）

8. 审计重要性在计划阶段初步确定后，就不应再变动，以保证审计工作的稳定。（　）

9. 注册会计师发表无保留意见就意味着被审计单位的财务报表没有错报。（　）

10. 审计风险与合理保证之和等于 100%。如果注册会计师将审计风险降低到可接受水平，则对财务报表不存在重大错报获取了合理保证。（　）

（四）案例分析题

1. 评估错报。

资料：2020 年 2 月 5 日，注册会计师在对某制造公司的存货抽查审计中发现一笔购入存货为 260 000 元，但账面金额为 240 000 元；该公司存货 2019 年年末余额为 10 000 万元，抽查发现有 1 000 万元的高估，高估部分为账面金额的 30%，据此推断总体的错报为 3 000 万元。

要求：计算存货的具体错报和推断错报金额。

2. 确定审计重要性。

资料：审计人员接受委托对某食品有限公司 2019 年财务报表进行审计。

该公司会计报表显示，2019 年全年实现利润 800 万元，资产总额 4 000 万元。审计人员在审查和阅读该公司会计报表时，发现下列问题：①该公司 8 月份虚报冒领工资 5 000 元，被会计人员占为己有；②11 月 15 日收到业务咨询费 3 万元，列入“小金库”；③资产负债表中的存货低估 30 万元，原因尚待查明。

上述问题尚未调整。

要求：

1）利润的计算基准为 5%，总资产的计算基准为 0.5%，根据上述资料，初步确定重要性水平。

2）对上述事项从财务报表总体层面做出重要性的初步判断，并简要说明理由。

3. 审计模型的应用。

检查风险、重大错报风险的五种情形如表 6-1 所示。

表 6-1　检查风险、重大错报风险的五种情形

风险	情形一	情形二	情形三	情形四	情形五
可接受的检查风险	1%	1%	6%	6%	6%
重大错报风险	60%	100%	30%	50%	100%
审计风险					

要求：

1）根据上述资料，计算每种情况下的审计风险。

2）哪种情况需要注册会计师获取最多的审计证据？为什么？

4. 审计重要性的运用。

山西明达审计事务所对山西华昌制造有限公司 2019 年财务报表进行审计，在审计过程中进行如下记录：资产总额为 100 000 万元；所有者权益总额为 45 000 万元；营业收入为 150 000 万元；净利润为 14 000 万元。

该企业资产总额不稳定，成本费用的波动也比较大，但企业的收入基本稳定。根据以往经验，以资产总额、所有者权益总额、营业收入和净利润作为基准，百分比分别为 0.5%、1%、0.5%和 5%。

要求：

1）代注册会计师确定华昌制造有限公司财务报表层次重要性水平，并写出计算过程及原因。

2）简述注册会计师如何评价尚未更正错报数的影响。

3）经审计，该企业财务报表的错报数为 600 万元，是否为重大错报？如果是重大错报，注册会计师应该如何考虑？

项目七 审计过程

【知识目标】

掌握注册会计师审计过程；
熟悉审计业务约定书；
了解风险评估程序；
理解控制测试和实质性程序的概念；
掌握控制测试，了解内部控制的区别；
熟悉控制测试和实质性程序的主要工作内容。

【技能目标】

学会运用审计业务约定书的相关知识，签订审计业务约定书；
能够运用审计计划相关知识，设计和编制审计计划；
能够根据企业的实际情况分析确定所运用的审计程序。

【素质目标】

培养学生解决问题的逻辑思维。

【引导案例】

注册会计师张凡是山西光明会计师事务所的出资人之一，业务专长是对工业企业（尤其是国有工业企业）进行会计报表审计。2020 年 2 月 3 日，张凡接到好朋友李杰的电话，说有一个亲戚开办的华东高科技公司 2019 年度的会计报表拟委托会计师事务所审计，正在寻找合适的会计师事务所。李杰希望张凡能够承接对该公司的审计，张凡爽快地答应了，并于 2020 年 2 月 6 日亲自带领审计小组到华东高科技公司实施审计。华东高科技公司属于私营公司，主营计算机软件开发，兼营计算机硬件、配件等，自开办 5 年来业务发展很好，但从没有接受过注册会计师审计。

思考

1）山西光明会计师事务所在承接审计任务时需要做哪些方面的工作？
2）山西光明会计师事务所是否能承接此项审计业务？

审计过程是指审计工作从开始到结束的整个过程。从内容上说，审计过程是指确定了审计具体目标之后，注册会计师就可以围绕这些目标来收集财务报表和相关会计资料，然后利用专业手段整理和分析这些资料，最终以此为依据得出对被审计单位管理层认定的结论；从程序上说，审计过程是指注册会计师所采取的系统性的工作程序，具体包括接受业务委托、计划审计工作、识别和评估重大错报风险（风险评估）、应对重大错报风险（风险应对）、编制审计报告5个阶段。

任务一　接受业务委托

会计师事务所应当按照执业准则的规定，谨慎决策是否接受或保持某客户关系和具体审计业务。因此，在本期审计程序开始时，注册会计师首先需要开展初步业务活动，以评价是否能够接受新业务或继续保持现有业务。如果决定承接该项业务时，那就需要签订审计业务约定书，以避免双方对审计业务的理解产生分歧。

一、初步业务活动

1. 初步业务活动的目的

开展初步业务活动主要实现以下3个目的。

1）具备执行业务所需的独立性和能力。

2）不存在因管理层诚信问题而可能影响注册会计师保持该项业务意愿的事项。

3）与被审计单位之间不存在对业务约定条款的误解。

2. 初步业务活动的内容

（1）针对保持客户关系和具体审计业务实施相应的质量控制程序

1）首次接受审计委托（业务承接）。

在首次接受审计委托时，对于被审计单位的情况不是很清楚，所以需要做的准备工作比较多。首先，需要与被审计单位管理层进行面谈并进行沟通，了解审计的目标、范围、用途等内容，并就与审计有关的事项进行协商；其次，需要初步了解被审计单位及其环境；最后，需要在征得被审计单位书面同意后，与前任注册会计师沟通，了解变更注册会计师的原因及其他情况，并对沟通结果进行评价。

2）连续审计（业务保持）。

在连续审计的情况下，对被审计单位以前存在的事项已经有所了解，但是还需要与被审计单位管理层进行沟通，以了解审计的目标、范围、用途等。同时，可以查阅以前年度审计工作底稿，重点关注存在问题的事项是否已得到解决等；初步了解被审计单位及其环境发生重大变化的情形。

（2）评价遵守相关职业道德要求的情况

评价遵守相关职业道德要求的情况也是一项非常重要的初步业务活动。质量控制准则含有包括独立性在内的有关职业道德要求，注册会计师应当按照其规定执行。虽然保持客户关系及具体审计业务和评价职业道德的工作贯穿审计业务的全过程，但是这两项活动需要安排在其他审计工作之前，以确保注册会计师已具备执行业务所需要的独立性和专业胜任能力，且不存在因管理层诚信问题而影响注册会计师保持该项业务的意愿等情况。

（3）就审计业务约定条款达成一致意见

一旦决定接受业务委托，注册会计师应当与客户就审计约定条款达成一致意见。对于连续审计，注册会计师应当根据具体情况确定是否需要修改业务约定条款，以及是否需要提醒客户注意现有的业务约定书。

二、审计业务约定书

在作出接受或保持客户关系及具体审计业务的决策后，在审计业务开始前，注册会计师应当按照审计准则的规定，与被审计单位就审计业务约定条款达成一致意见，签订或修改审计业务约定书。

1. 审计业务约定书的含义及作用

（1）含义

审计业务约定书是指会计师事务所与被审计单位签订的，用于记录和确认审计业务的委托与受托关系、审计的目标和范围、双方责任，以及审计报告格式等事项的书面协议。审计业务约定书具有委托合同的性质，一经有关签约主体签字或盖章，即对各签约主体产生法律约束力。任何一方如需修改或补充审计业务约定书，均应以适当的方式获得对方的确认。

（2）作用

审计业务约定书可以明确签约双方的责任和义务，促使双方遵守约定的事项，进而保护签约双方的利益。一般来说，审计业务约定书的作用主要体现在以下方面。

1）可增进会计师事务所和被审计单位之间的了解，使被审计单位了解自身的会计责任和注册会计师的审计责任，避免产生误解。

2）可作为被审计单位鉴定审计业务完成情况，以及会计师事务所检查被审计单位履行约定义务情况的依据。

3）出现法律诉讼时，可作为确定签约各方应负责任的重要依据。

2. 审计业务约定书的基本内容

审计业务约定书的内容很多，其具体条款和格式会因被审计单位的不同而存在差异。一般来说，审计业务约定书应包括以下几项主要内容。

1）财务报表审计的目标与范围。

2）注册会计师的责任。

3）管理层的责任。

4）指出用于编制财务报表所适用的财务报告编制基础。

5）提及注册会计师拟出具的审计报告的预期形式和内容，以及对在特定情况下出具的审计报告可能不同于预期形式和内容的说明。

3. 审计业务约定书的特殊考虑

（1）考虑特定需要

如果情况需要，注册会计师还应当考虑在审计业务约定书中列明审计工作的范围、对审计业务结果的其他沟通形式、收费的计算基础和收费安排等有关的事项。

（2）组成部分的审计

如果母公司的注册会计师同时也是组成部分注册会计师，需要与组成部分有关的事项，决定是否向组成部分单独致送审计业务约定书。

（3）连续审计

对于连续审计，注册会计师应当根据具体情况评估是否需要对审计业务约定条款作出修改，以及是否需要提醒被审计单位注意现有的条款。

（4）审计业务约定条款的变更

在完成审计业务前，如果被审计单位或委托人要求将审计业务变更为保证程度较低的业务，注册会计师应当确定是否存在合理理由予以变更。如果没有合理的理由，注册会计师不应同意变更业务。以下是审计业务约定书的基本格式和条款。

审计业务约定书

甲方：ABC 股份有限公司

乙方：××会计师事务所

兹由甲方委托乙方对 2019 年度财务报表进行审计，经双方协商，达成以下约定：

一、业务范围与审计目标

1. 乙方接受甲方委托，对甲方按照企业会计准则和《××会计制度》编制的 2019 年 12 月 31 日的资产负债表，2019 年度的利润表、股东权益变动表和现金流量表及财务报表附注（以下统称“财务报表”）进行审计。

2. 乙方通过执行审计工作，对财务报表的下列方面发表审计意见：①财务报表是否按照企业会计准则和《××会计制度》的规定编制；②财务报表是否在所有重大方面公允地反映甲方的财务状况、经营成果和现金流量。

二、甲方的责任与义务

（一）甲方的责任

1. 根据《中华人民共和国会计法》及《企业财务会计报告条例》，甲方及甲方负责人有责任保证会计资料的真实性和完整性。因此，甲方管理层有责任妥善保存和提供会计记录（包括但不限于会计凭证、会计账簿及其他会计资料），这些记录必须真实、完整地反映甲方的财务状况、经营成果和现金流量。

2. 按照企业会计准则和《××会计制度》的规定编制财务报表是甲方管理层的责任，这种责任包括：①设计、实施和维护与财务报表编制相关的内部控制，以使财务报表不存在由于舞弊或错误而导致的重大错报；②选择和运用恰当的会计政策；③做出合理的会计估计。

（二）甲方的义务

1. 及时为乙方的审计工作提供其所要求的全部会计资料和其他有关资料（在 2020 年×月×日之前提供审计所需的全部资料），并保证所提供资料的真实性和完整性。

2. 确保乙方不受限制地接触任何与审计有关的记录、文件和所需的其他信息。

3. 甲方管理层对其做出的与审计有关的声明予以书面确认。

4. 为乙方派出的有关工作人员提供必要的工作条件和协助，主要事项将由乙方于外勤工作开始前提供清单。

5. 按本约定书的约定及时足额支付审计费用及乙方人员在审计期间的交通、食宿和其他相关费用。

三、乙方的责任和义务

（一）乙方的责任

1. 乙方的责任是在实施审计工作的基础上对甲方财务报表发表审计意见。乙方按照中国注册会计师审计准则（以下简称“审计准则”）的规定进行审计。审计准则要求注册会计师遵守职业道德规范，计划和实施审计工作，以对财务报表是否不存在重大错报获取合理保证。

2. 审计工作涉及实施审计程序，以获取有关财务报表金额和披露的审计证据。选择的审计程序取决于乙方的判断，包括对由于舞弊或错误导致的财务报表重大错报风险的评估。在进行风险评估时，乙方考虑与财务报表编制相关的内部控制，以设计恰当的审计程序，但目的并非对内部控制的有效性发表意见。审计工作还包括评价管理层选用会计政策的恰当性和做出会计估计的合理性，以及评价财务报表的总体列报。

3. 乙方需要合理计划和实施审计工作，以使乙方能够获取充分、适当的审计证据，为甲方财务报表是否不存在重大错报获取合理保证。

4. 乙方有责任在审计报告中指明所发现的甲方在重大方面没有遵循企业会计准则和《××会计制度》编制财务报表且未按乙方的建议进行调整的事项。

5. 由于测试的性质和审计的其他固有限制，以及内部控制的固有局限性，不可避免地存在某些重大错报在审计后可能仍然未被乙方发现的风险。

6. 在审计过程中，乙方若发现甲方内部控制存在乙方认为的重要缺陷，应向甲方提交管理建议书。但乙方在管理建议书中提出的各种事项，并不代表已全面说明所有可能存在的缺陷或已提出所有可行的改善建议。甲方在实施乙方提出的改善建议前应全面评估其影响。未经乙方书面许可，甲方不得向任何第三方提供乙方出具的管理建议书。

7. 乙方的审计不能减轻甲方及甲方管理层的责任。

（二）乙方的义务

1. 按照约定时间完成审计工作，出具审计报告。乙方应于 2020 年×月×日前出具审计报告。

2. 除下列情况外，乙方应当对执行业务过程中知悉的甲方信息予以保密：①取得甲方的授权；②根据法律法规的规定，为法律诉讼准备文件或提供证据，以及向监管机构报告发现的违反法规行为；③接受行业协会和监管机构依法进行的质量检查；④监管机构对乙方进行行政处罚（包括监管机构处罚前的调查、听证）及乙方对此提起行政复议。

四、审计收费

1. 本次审计服务的收费是以乙方各级别工作人员在本次工作中所耗费的时间为基础计算的。乙方预计本次审计服务的费用总额为人民币××万元。

2. 甲方应于本约定书签署之日起×日内支付×%的审计费用，剩余款项于审计报告草稿完成日结清。

3. 如果由于无法预见的原因，致使乙方从事本约定书所涉及的审计服务实际时间较本约定书签订时预计的时间有明显的增加或减少时，甲、乙双方应通过协商，相应调整本约定书第四条第 1 款下所述的审计费用。

4. 如果由于无法预见的原因，致使乙方人员抵达甲方的工作现场后，本约定书所涉及的审计服务不再进行，甲方不得要求退还预付的审计费用；如上述情况发生于乙方人员完成现场审计工作，并离开甲方的工作现场之后，甲方应另行向乙方支付人民币××元的补偿费，该补偿费应于甲方收到乙方的收款通知之日起×日内支付。

5. 与本次审计有关的其他费用（包括交通费、食宿费等）由甲方承担。

五、审计报告和审计报告的使用

1. 乙方按照《中国注册会计师审计准则第 1501 号——审计报告》和《中国注册会计师审计准则第 1502 号——非标准审计报告》规定的格式和类型出具审计报告。

2. 乙方向甲方致送审计报告一式××份。

3. 甲方在提交或对外公布审计报告时，不得修改乙方出具的审计报告及其后附的已审计财务报表。当甲方认为有必要修改会计数据、报表附注和所作的说明时，应当事先通知乙方，乙方将考虑有关的修改对审计报告的影响。必要时，将重新出具审计报告。

六、本约定书的有效期间

本约定书自签署之日起生效，并在双方履行完毕本约定书约定的所有义务后终止。但其中第三、四、五、八、九、十项并不因本约定书终止而失效。

七、约定事项的变更

如果出现不可预见的情况，影响审计工作如期完成，或需要提前出具审计报告时，甲、乙双方均可要求变更约定事项，但应及时通知对方，并由双方协商解决。

八、终止条款

1. 如果根据乙方的职业道德及其他有关专业职责、适用的法律法规或其他任何法定的要求，乙方认为已不适宜继续为甲方提供本约定书约定的审计服务时，乙方可以采取向甲方提出合理通知的方式终止履行本约定书。

2. 在终止业务约定的情况下，乙方有权就其于本约定书终止之日前对约定的审计服务项目所做的工作收取合理的审计费用。

九、违约责任

甲、乙双方按照《中华人民共和国合同法》的规定承担违约责任。

十、适用法律和争议解决

本约定书的所有方面均应适用中华人民共和国法律进行解释并受其约束。本约定书履行地为乙方出具审计报告所在地，因本约定书所引起的或与本约定书有关的任何纠纷或争议(包括关于本约定书条款的存在、效力或终止，或无效之后果)，双方选择第__种解决方式：

1. 向有管辖权的人民法院提起诉讼。

2. 提交××仲裁委员会仲裁。

十一、双方对其他有关事项的约定

本约定书一式两份，甲、乙方各执一份，具有同等法律效力。

甲方：ABC 股份有限公司（盖章）	乙方：××会计师事务所（盖章）
授权代表：	授权代表：
（签名并签章）	（签名并签章）
2019 年×月×日	2019 年×月×日

任务二　计划审计工作

计划审计工作对于注册会计师顺利完成审计工作和控制审计风险具有非常重要的意义。合理的审计计划有助于注册会计师关注重点审计领域，及时发现和解决潜在问题，恰当地组织和管理审计工作，以使审计工作更加有效。同时，充分的审计计划还可以帮助注册会计师对项目组成员进行恰当分工和指导监督，并复核其工作，有助于协调其他注册会计师和专家的工作。

注册会计师在执行具体的审计程序之前，应当根据具体情况制定科学、合理的工作计划，以使审计业务通过有效的方式得到执行。需要指出的是，计划审计工作不是审计业务的一个孤立阶段，而是一个持续的、不断修正的过程，贯穿于整个审计过程的始终。

一般来说，计划审计工作主要包括：在本期审计业务开始时开展的初步业务活动；制定审计计划等。初步业务活动已经在任务一介绍，本任务主要介绍审计计划。

审计计划分为总体审计策略和具体审计计划两个层次。注册会计师应当针对总体审计策略中所识别的不同事项，制定具体审计计划，并考虑通过有效利用审计资源以实现审计目标。

一、总体审计策略

总体审计策略用以确定审计范围、时间、安排和方向，并指导制定具体审计计划。

1. 制定总体审计策略需要考虑的因素

在制定总体审计策略时，注册会计师应当考虑以下主要事项，这些事项会影响具体审计计划。

（1）审计范围

注册会计师应当确定开展审计业务所采用的会计准则和相关会计制度、特定行业的报告要求（如某些行业的监管部门要求提交报告的要求）、被审计单位组成部分的分布（如需审计的集团内部组成部分及其数量和所在地点）等，从而界定审计工作的范围。

（2）报告目标、时间安排及所需沟通

注册会计师应当明确审计业务的报告目标、时间安排（如提交审计报告的时间要求预期与被审计单位管理层、治理层沟通的重要日期等），以及需要与被审计单位管理层、治理层沟通的具体内容等。

（3）审计方向

注册会计师应当考虑影响审计业务的重要因素，以确定审计方向，包括确定适当的重要性水平。初步识别可能存在较高的重大错报风险领域，初步识别重要的组成部分和账户余额，评价是否需要针对内部控制的有效性获取审计证据，以识别被审计单位所处行业、财务报告要求及其他相关方面最近发生的重大变化等。

（4）审计资源

注册会计师应当在总体审计策略中清楚地说明审计资源的规划和调配，包括确定执行审计业务所必须的审计资源的性质、时间安排和范围。审计资源包括审计人员、相关专家和工作时间等。注册会计师应当根据上述 3 项内容对审计资源进行规划和调配，具体包括以下方面。

1）向具体审计领域调配的资源，包括向高风险领域分派有适当经验的项目组成员、就复杂问题利用专家工作等。

2）向具体审计领域分配资源的数量，包括安排到重要存货存放地点观察存货盘点的项目组成员的数量、对其他审计人员安排工作的复核范围、对高风险领域安排审计时间等。

3）调配资源的时间，即何时调配审计资源，是安排在期中、期末，还是安排在关键的截止日期等。

4）如何管理、指导、监督这些资源的利用。

2. 总体审计策略

以下是总体审计策略工作底稿，如表 7-1 所示。

表 7-1 总体审计策略工作底稿

<table>
<tr><td colspan="2">总体审计策略</td></tr>
<tr><td>被审计单位：山西华昌制造有限公司</td><td>索引号：C19</td></tr>
<tr><td>项目：总体审计策略</td><td>财务报表截止日/期间：2019 年度</td></tr>
<tr><td>编制人：王慧</td><td>复核人：李伟</td></tr>
<tr><td>日期：2020.01.08</td><td>日期：2020.01.08</td></tr>
<tr><td colspan="2">一、审计范围</td></tr>
<tr><td>报告要求</td><td></td></tr>
<tr><td>适用的财务报告编制基础(包括是否需要将财务信息按照其他财务报告编制基础进行转换)</td><td></td></tr>
<tr><td>适用的会计准则</td><td></td></tr>
<tr><td>与财务报告相关的行业特别规定</td><td>例如：监管机构发布的有关信息披露的法规、特定行业主管部门发布的与财务报告相关的法规等</td></tr>
<tr><td>由组成部分注册会计师审计的组成部分的范围</td><td></td></tr>
<tr><td colspan="2">二、审计时间安排</td></tr>
<tr><td colspan="2">(一) 报告时间要求</td></tr>
<tr><td>审计工作</td><td>时间</td></tr>
<tr><td>1. 提交审计报告草稿</td><td></td></tr>
<tr><td>2. 签署正式审计报告</td><td></td></tr>
<tr><td>3. 公布已审计报表和审计报告</td><td></td></tr>
<tr><td colspan="2">(二) 执行审计工作的时间安排</td></tr>
<tr><td>审计工作</td><td>时间</td></tr>
<tr><td>1. 制定总体审计策略</td><td></td></tr>
<tr><td>2. 制定具体审计计划</td><td></td></tr>
<tr><td>3. 执行存货监盘</td><td></td></tr>
<tr><td colspan="2">(三) 沟通的时间安排</td></tr>
<tr><td>沟通</td><td>时间</td></tr>
<tr><td>与管理层的沟通</td><td></td></tr>
<tr><td>与治理层的沟通</td><td></td></tr>
<tr><td>项目组会议（包括预备会和总结会）</td><td></td></tr>
<tr><td>与注册会计师的专家的沟通</td><td></td></tr>
<tr><td>与组成部分注册会计师的沟通</td><td></td></tr>
<tr><td>与前任注册会计师的沟通</td><td></td></tr>
<tr><td colspan="2">三、影响审计业务的重要因素</td></tr>
<tr><td colspan="2">(一) 重要性</td></tr>
<tr><td>1. 财务报表整体重要性水平</td><td>索引号</td></tr>
<tr><td>2. 特定类别的交易、账户余额或披露的一个或多个重要性水平</td><td></td></tr>
<tr><td>3. 实际执行的重要性</td><td></td></tr>
<tr><td>4. 明显微小错报的临界值</td><td>索引号</td></tr>
<tr><td>5. 审计过程中修改重要性</td><td></td></tr>
</table>

续表

<table>
<tr><th colspan="3">总体审计策略</th></tr>
<tr><td>被审计单位：山西华昌制造有限公司</td><td colspan="2">索引号：C19</td></tr>
<tr><td>项目：总体审计策略</td><td colspan="2">财务报表截止日/期间：2019 年度</td></tr>
<tr><td>编制人：王慧</td><td colspan="2">复核人：李伟</td></tr>
<tr><td>日期：2020.01.08</td><td colspan="2">日期：2020.01.08</td></tr>
<tr><td colspan="3">（二）可能存在较高重大错报风险的领域</td></tr>
<tr><td>可能存在较高重大错报风险的领域</td><td colspan="2">索引号</td></tr>
<tr><td>（三）识别重要组成部分和确定工作类型</td><td colspan="2"></td></tr>
<tr><td>组成部分名称</td><td colspan="2">索引号</td></tr>
<tr><td>（四）识别重要的交易、账户余额和披露及相关认定</td><td colspan="2"></td></tr>
<tr><td>重要的交易、账户余额和披露及相关认定</td><td colspan="2">索引号</td></tr>
<tr><td>详见附表</td><td colspan="2">C19-1</td></tr>
<tr><td colspan="3">四、人员安排</td></tr>
<tr><td colspan="3">（一）项目组主要成员</td></tr>
<tr><td>姓名</td><td>职级</td><td>主要职责</td></tr>
<tr><td>李华</td><td>项目经理</td><td>总体把控项目</td></tr>
<tr><td>李伟</td><td>项目经理</td><td>现场负责人</td></tr>
<tr><td colspan="3">（二）质量控制复核人员</td></tr>
<tr><td>姓名</td><td colspan="2">职级</td></tr>
<tr><td>李华</td><td colspan="2">部门经理</td></tr>
<tr><td colspan="3">五、对专家或其他第三方工作的利用</td></tr>
<tr><td colspan="3">（一）对专家工作的利用</td></tr>
<tr><td>利用领域</td><td>专家名称</td><td>主要职责及工作范围</td></tr>
<tr><td></td><td></td><td></td></tr>
<tr><td colspan="3">（二）对内部审计工作的利用</td></tr>
<tr><td>利用领域</td><td colspan="2"></td></tr>
<tr><td>存货</td><td colspan="2"></td></tr>
<tr><td colspan="3">（三）对组成部分注册会计师工作的利用</td></tr>
<tr><td>组成部分注册会计师名称</td><td colspan="2"></td></tr>
<tr><td colspan="3">（四）对被审计单位使用服务机构的考虑</td></tr>
<tr><td>主要报表项目</td><td colspan="2">服务机构名称</td></tr>
<tr><td></td><td colspan="2"></td></tr>
<tr><td colspan="3">六、其他事项</td></tr>
</table>

3. 总体审计策略与具体审计计划的关系

制定总体审计策略和具体审计计划两者过程是紧密联系的，并且两者内容也紧密相关，表现为如下方面。

1）总体审计策略的编制通常在具体审计计划之前，但两者活动并非是孤立、不连续的过程，而是内在紧密联系的，对其中一项的决定可能会影响甚至改变对另外一项的决定。

2）注册会计师在实施具体的审计计划过程中，可能会对总体审计策略的内容予以调整。

在实务中，注册会计师将制定总体审计策略和具体审计计划结合进行，可能会使计划审计工作更有效率和效果，并且注册会计师也可以采用将总体审计策略和具体审计计划合并为一份审计计划文件的方式，提高编制及复核工作的效率，增强其效果。

二、具体审计计划

注册会计师应当为审计工作制定具体审计计划。具体审计计划比总体审计策略更加详细，其内容包括为获取充分、适当的审计证据以将审计风险降至可接受的低水平，项目组成员拟实施的审计程序的性质、时间和范围。审计程序的性质是指审计程序的目的和类型。审计程序的时间是指审计程序的实施时间或审计证据的适用期间或时点。审计程序的范围是指实施审计程序的数量，包括抽取的样本量、对某项活动的观察次数等。

具体审计计划应当包括风险评估程序、计划实施的进一步审计程序和其他审计程序。

1. 风险评估程序

为了足够识别和评估财务报表重大错报风险，具体审计计划应当包括注册会计师计划实施的风险评估程序的性质、时间和范围。

在审计计划阶段，除了按照《中国注册会计师审计准则第 1211 号——通过了解被审计单位及其环境识别和评估重大错报风险》进行计划工作外，注册会计师还需要兼顾其他准则规定的、针对特定项目在审计计划阶段应执行的程序及记录要求。

2. 计划实施的进一步审计程序

为达到编制具体审计计划的要求，注册计师需要完成风险评估程序，识别和评估重大错报风险，并针对评估认定层次的重大错报风险，计划实施进一步审计程序的性质、时间和范围。

通常，注册会计师计划的进一步审计程序可以分为进一步审计程序的总体方案和拟实施的具体审计程序（包括进一步审计程序的性质、时间和范围）两个层次。进一步审计程序的总体方案是指注册会计师针对各类交易、账户余额和列报决定采用的总体方案（包括实质性方案和综合性方案）。具体审计程序则是对进一步审计程序的总体方案的延伸和细化，通常包括控制测试和实质性程序的性质、时间和范围。

3. 计划实施的其他审计程序

根据中国注册会计师审计准则的规定，具体审计计划应当包括注册会计师针对审计业务需要实施的其他审计程序。计划的其他审计程序可以包括上述进一步程序的计划中没有涵盖的、根据其他审计准则的要求注册会计师应当执行的既定程序。例如，阅读含有已审计财务报表的文件中的其他信息、与被审计单位律师直接沟通等。

具体审计计划审计工作底稿如表 7-2 所示。

表 7-2 具体审计计划审计工作底稿

被审计单位：山西华昌制造有限公司		索引号：C19-1	
项目：具体审计计划		财务报表截止日/期间：	
编制人：王慧		复核人：李伟	
日期：2020.01.09		日期：2020.01.09	
序号	内容	是否执行	索引号
一	风险评估程序		A
（一）	一般风险评估程序		A-1
（二）	针对特定项目的程序		A-2
二	了解被审计单位及其环境		BA
（一）	行业状况、法律环境与监管环境以及其他外部因素		BA-1
（二）	被审计单位的性质		BA-2
（三）	会计政策的选择和运用		BA-3
（四）	目标、战略及相关经营风险		BA-4
（五）	财务业绩的衡量和评价		BA-5
三	了解内部控制		C
（一）	控制环境		C1
（二）	被审计单位的风险评估过程		C2
（三）	信息系统与沟通		C3
（四）	控制活动		C4
（五）	对控制的监督		C5
四	对风险评估及审计计划的讨论		C21
五	评估的重大错报风险		
（一）	评估的财务报表层次的重大错报风险		C25
（二）	评估的认定层次的重大错报风险		C26
六	计划的进一步审计程序		
（一）	控制测试		D
（二）	实质性程序		E
七	其他程序		
（一）	含有已审计财务报表的文件中的其他信息		F1
（二）	其他		F2

三、审计过程中对计划的更改

计划审计工作并非审计业务的一个孤立阶段，而是一个持续的、不断修正的过程，贯穿于整个审计业务的始终。由于未预期事项、条件的变化或在实施审计程序中获取的审计证据等原因，注册会计师应当在审计过程中对总体审计策略和具体审计计划做出必要的更新和修改。

审计过程可以分为不同阶段，通常前一阶段的工作结果会对后一阶段的工作计划产生

影响，而在后一阶段的工作过程中又可能发现需要对已制定的相关计划进行相应的更新和修改。通常，这些更新和修改涉及比较重要的事项。例如，对重要性水平的修改，对某类交易、账户余额和列报的重大错报风险的评估和进一步审计程序的更新和修改等。一旦计划被更新和修改，审计工作就应当进行相应修正。

例如，如果在制定审计计划时，注册会计师基于对材料采购交易的相关控制设计和执行获取的审计证据，认为相关控制设计合理并得以执行。因此，未将其评价为高风险领域，并且计划实施控制测试。但是在实施控制测试时获取的审计证据与审计计划阶段获取的审计证据相矛盾，注册会计师认为该类交易的控制没有得到有效执行，此时，注册会计师可能需要修正对该类交易的风险评估，并基于修正的风险评估结果修改计划的审计方案，如采用实质性方案。

四、指导、监督与复核

注册会计师应当制定计划，确定对项目组成员的指导、监督及对其工作进行复核的性质、时间安排和范围。项目组成员的指导、监督及对其工作进行复核的性质、时间安排和范围主要取决于下列因素：被审计单位的规模和复杂程度；审计领域；评估的重大错报风险；执行审计工作的项目组成员的专业素质和胜任能力。

注册会计师应在评估重大错报风险的基础上，计划对项目组成员工作的指导、监督与复核的性质、时间安排和范围。当评估的重大错报风险增加时，注册会计师通常会扩大指导与监督的范围，增强指导与监督的及时性，执行更详细的复核工作。在计划复核的性质、时间安排和范围时，注册会计师还应考虑单个项目组成员的专业素质和胜任能力。

任务三 风险评估

注册会计师实施审计，其目标是对财务报表不存在由于错误或舞弊导致的重大错报获取合理保证。风险导向审计是当今主流的审计方法，它要求注册会计师识别和评估重大错报风险，设计和实施进一步审计程序以应对评估的错报风险，并根据审计结果出具恰当的审计报告。《中国注册会计师审计准则》规定，注册会计师必须实施风险评估程序，以此作为评估财务报表层次和认定层次重大错报风险的基础。

风险评估即为实施的风险评估程序，是指注册会计师为了识别和评估财务报表层次和认定层次的重大错报风险而了解被审计单位及其环境所实施的审计程序。

一、风险评估程序内容

注册会计师应当实施下列的风险评估程序，以了解被审计单位及其环境。

1. 询问

注册会计师获取的大部分信息来自管理层和负责财务报告的人员，因此可以通过询问被审计单位内部的其他不同层级的人员获取其他的相关信息，为识别重大错报风险提供不同的视角。

2. 分析程序

分析程序既可用于风险评估程序和实质性程序，也可用于财务报表的总体复核。注册会计师实施分析程序有助于识别异常的交易或事项，以及财务报表和审计产生影响的金额、比率和趋势。

3. 观察和检查程序

观察和检查程序可以支持对管理层和其他相关人员的询问结果，并可以提供有关被审计单位及其环境的信息。

注册会计师应当实施的观察和检查程序主要有以下内容。

（1）观察被审计单位的经营活动

观察被审计单位的经营活动，可以增加注册会计师对被审计单位生产经营活动及其他控制的了解。

（2）检查文件、记录和内部控制手册

检查被审计单位的一些相关文件，可以增加注册会计师对被审计单位组织结构和内部控制制度建立等的了解。

（3）阅读治理层和管理层编制的报告

阅读被审计单位治理层和管理层编制的报告，可以了解被审计单位的一些重大事项或特殊事项等。

（4）实地查看生产经营场所和厂房设备

通过实地查看被审计单位的生产经营场所和厂房设备，可以帮助注册会计师了解被审计单位的性质、经营活动及有关人员的职责，加强其对被审计单位经营活动重大影响因素的了解。

（5）穿行测试

穿行测试是指追踪交易在财务报告信息系统中的处理过程。这是注册会计师在了解被审计单位业务流程及其相关控制时经常使用的审计程序。

互动讨论

穿行测试、重新计算和重新执行3种审计程序有什么区别和联系？

二、风险评估的主要工作

1. 了解被审计单位及其环境

注册会计师了解被审计单位及其环境，包括了解被审计单位所处的内部环境和外部环境。

（1）内部环境

1）被审计单位的性质。它主要包括所有权结构、治理结构、组织结构、经营活动、投资活动、筹资活动等。

2）被审计单位对会计政策的选择和运用。它主要包括重要项目的会计政策和行业惯例，重大和异常交易的会计处理方法，会计政策的变更及新颁布的财务报告准则何时采用及如何采用等。

3）被审计单位的目标、战略及相关的经营风险。目标是企业经营活动的指针。经营风险是指可能对被审计单位实现目标和实施战略的能力产生不利影响的重要状况等所导致的风险。

注册会计师了解被审计单位的经营风险有助于其识别财务报表的重大风险，但并不是所有的经营风险都与财务报表相关，注册会计师没有责任识别或评估对财务报表没有重大影响的经营风险。

互动讨论

经营风险与重大错报风险是否相同？注册会计师是否需要识别所有的经营风险？

4）被审计单位的内部控制。

（2）外部环境

1）行业状况、法律环境和监管环境及其他外部因素

行业状况主要包括市场需求与竞争、生产技术、能源供应与成本等。

法律环境和监管环境主要包括会计准则、税收政策、经济政策及对开展经营活动产生影响的政府政策、环保要求等。

其他外部因素主要包括总体经济情况、利率、通货膨胀水平等。

2）被审计单位财务业绩的衡量和评价

被审计单位管理层经常会衡量和评价关键指标，以与竞争对手的指标进行比较。同时，外部机构也会衡量和评价被审计单位的财务业绩。因此，对于财务业绩的衡量和评价既有外部因素也有内部因素。

2. 了解被审计单位的内部控制

微课：风险评估

内部控制是指被审计单位为了合理保证财务报告的可靠性、经营效率和效果，以及对法律、法规的遵守，由治理层、管理层和其他人员设计与执行的政策和程序。

（1）内部控制的要素

内部控制包括控制环境、风险评估过程、信息系统和沟通、控制活动和对控制的监督。

1）控制环境。控制环境包括治理职能和管理职能，以及治理层和管理层对内部控制及其重要性的态度、认识和措施。控制环境设定了被审计单位的内部控制基调，影响员工对内部控制的认识。良好的内部控制环境是实施有效内部控制的基础。

2）风险评估过程。风险评估过程是指对被审计单位所进行的风险评估。被审计单位的风险评估包括识别与财务报告相关的经营风险，以及针对这些风险所采取的措施。

3）与财务报告相关的信息系统和沟通。与财务报告相关的信息系统包括用以生成、记录、处理和报告交易、事项和情况，对相关资产、负债和所有者权益履行经营管理责任的程序和记录。与财务报告相关的信息系统应当与业务流程相适应。业务流程是指被审计单位开发、采购、生产、销售、发送产品和提供服务、保证遵守法律法规、记录信息等一系列活动。

与财务报告信息相关的沟通包括使员工了解各自在与财务报告有关的内部控制方面的角色和职责、员工之间的工作联系，以及向适当级别的管理层报告例外事项的方式。沟通可以采用政策手册、会计和财务报告手册及备忘录等形式进行，也可以通过发送电子邮件、口头沟通和管理层的行动来进行。

4）控制活动。控制活动是指有助于确保管理层的指令得以执行的政策和程序。它包括与授权、业绩评价、信息处理、实物控制和职责分离等相关的活动。

5）对控制的监督。监督是由适当的人员，在适当、及时的基础上，评估控制的审计和运行情况的过程。对控制的监督是指被审计单位评价内部控制在一段时间内运行有效性的过程。对控制的监督涉及及时评估控制的有效性并根据情况的变化采取必要的补救措施。

（2）了解内部控制的深度

对内部控制了解的深度是指在了解被审计单位及其环境时对内部控制了解的程度。它包括评价控制设计的合理性并确定是否得到执行。

评价控制的设计是指考虑该项控制单独或连同其他控制是否能够有效防止或发现并纠正重大错报。

控制得到执行是指某项控制存在且被审计单位正在使用。

（3）了解内部控制的结果

了解内部控制后会得出以下结论。

1）内部控制设计不合理。

2）内部控制设计合理但尚未得到执行。

3）内部控制设计合理且得到执行。

3. 识别和评估财务报表层次和认定层次的重大错报风险

评估重大错报风险是风险评估阶段的最后一个工作。在了解被审计单位情况及其环境的整个过程的基础上，并结合对财务报表中各类交易、账户余额和披露的考虑，识别财务报表层次和认定层次的重大错报风险。

但需要注意的是，注册会计师对认定层次重大错报风险的评估，可能随着审计过程中不断获取审计证据而做出相应的变化。因此，评估重大错报风险和了解被审计单位及其环境一样，是一个连续和动态地收集、更新与分析信息的过程，贯穿于整个审计过程的始终。

任务四　风 险 应 对

注册会计师应当针对评估的重大错报风险实施程序，即针对评估的财务报表层次重大错报风险确定总体应对措施，并针对评估的认定层次重大错报风险设计和实施进一步的审计程序，以将审计风险降至可接受的低水平。

风险应对是指注册会计师针对评估的重大错报风险确定总体的应对措施，并设计和实施进一步审计程序。

一、总体应对措施

1. 针对财务报表层次重大错报风险的总体应对措施

注册会计师应当针对评估的财务报表层次重大错报风险确定下列总体应对措施。

1）向项目组强调保持职业怀疑的必要性。

2）指派更有经验或具有特殊技能的审计人员，或利用专家的工作。

由于各行业在经营业务、经营风险、财务报告、法规要求等方面具有特殊性，审计人员的专业分工细化成为一种趋势。审计项目组成员中应有一定比例的人员曾经参与过被审计单位以前年度的审计，或具有被审计单位所处特定行业的相关审计经验。必要时，要考虑利用信息技术、税务、评估、精算等方面的专家的工作。

3）提供更多的督导。

对于财务报表层次重大错报风险较高的审计项目，审计项目组的高级别成员，如项目合伙人、项目经理等经验较丰富的人员，要对其他成员提供更详细、更经常、更及时的指导和监督并加强项目质量复核。

4）在选择拟实施的进一步审计程序时融入更多的不可预见的因素。

在实务中，注册会计师可以通过以下方式提高审计程序的不可预见性。

① 对某些未测试过的低于设定的重要性水平或风险较小的账户余额和认定实施实质性程序。

② 调整实施审计程序的时间，使被审计单位不可预期。

③ 采取不同的审计抽样方法，使当期抽取的测试样本与以前有所不同。

④ 选取不同的地点实施审计程序，或预先不告知被审计单位所选定的测试地点。

5）对拟实施审计程序的性质、时间安排或范围作出总体修改。

财务报表层次的重大错报风险很可能源于薄弱的控制环境。薄弱的控制环境带来的风险可能对财务报表产生广泛影响，难以限于某类交易、账户余额和披露，注册会计师应当采取总体应对措施。

2. 总体应对措施对拟实施进一步审计程序的总体审计方案的影响

财务报表层次重大错报风险难以限于某类交易、账户余额和披露的特点，意味着此类风险可能对财务报表的多项认定产生广泛影响，并相应增加注册会计师对认定层次重大错报风险的评估难度。因此，注册会计师评估的财务报表层次重大错报风险及采取的总体应对措施，对拟实施进一步审计程序的总体审计方案具有重大影响。

拟实施的进一步审计程序的总体方案包括综合性方案和实质性方案。综合性方案是指注册会计师在实施进一步审计程序时，将控制测试和实质性程序结合使用。实质性方案是指注册会计师实施的进一步审计程序以实质性程序为主，不进行控制测试。当评估的财务报表层次重大错报风险属于高风险水平（并相应采取更强调审计程序不可预见性以及重视调整审计程序的性质、时间安排和范围等总体应对措施）时，拟实施进一步审计程序的总体方案往往更倾向于实质性方案。

二、进一步审计程序

进一步审计程序是相对于风险评估程序而言的，是指注册会计师针对评估的各类交易、账户余额和披露认定层次重大错报风险实施的审计程序，包括控制测试和实质性程序。

注册会计师应当针对评估的认定层次重大错报风险设计和实施进一步审计程序，包括审计程序的性质、时间安排和范围。注册会计师设计和实施的进一步审计程序的性质、时间安排和范围，应当与评估的认定层次重大错报风险具备明确的对应关系。注册会计师实施的审计程序应具有目的性和针对性，有的放矢地配置审计资源，有利于提高审计效率和效果。

1. 控制测试

微课：风险应对

控制测试是指用于评价内部控制在防止或发现并纠正认定层次重大错报方面运行有效性而实施的审计程序。

注册会计师在测试控制运行有效性时，应从下列几方面获取关于控制是否有效运行的审计证据。

1）控制在所审计期间的不同时点是如何运行的。

2）控制是否得到一贯执行。

3）控制由谁或以何种方式执行。

互动讨论

控制测试和了解内部控制的区别是什么？

（1）控制测试的要求

控制测试并非在任何情况下都需要实施。当存在下列情形时，注册会计师应当实施控制测试。

1）预期控制有效运行。在了解内部控制后，如果发现某项控制设计合理且得到执行，能够防止或发现和纠正认定层次重大错报时，在这种情况下出于成本效益的考虑，注册会计师才有必要对控制运行的有效性实施测试，这样在后面的审计中就不需要实施很多的实质性程序。

2）仅实施实质性程序不足以获取充分、适当的审计证据。如果认为仅实施实质性程序获取的审计证据无法将检查风险降低至可接受的低水平，注册会计师应当实施相关的控制测试以获取控制运行有效性的审计证据，从而帮助注册会计师得出恰当的审计结论。

（2）控制测试的性质

1）控制测试性质的含义。控制测试的性质是指控制测试所使用的审计程序的类型及其组合。控制测试的程序主要包括询问、观察、检查和重新执行。

2）控制测试性质的要求。在确定控制测试性质时，需要考虑特定控制的性质、考虑测试与认定直接相关和间接相关的控制，以及如何对一项自动化的应用控制实施控制测试。

3）实施控制测试时对双重目的的实现。控制测试的目的是评价控制是否有效运行。细节测试的目的是发现认定层次的重大错报。尽管两者的目的不同，但注册会计师可以考虑针对同一交易同时实施控制测试和细节测试，以实现双重目的。例如，注册会计师通过检查某笔交易的发票可以确定其是否经过适当的授权，也可以获取关于该交易的金额、发生时间等细节证据。当然，如果拟实施双重目的的测试，注册会计师应当仔细设计和评价测试程序。

4）实施实质性程序的结果对控制测试结果的影响。如果通过实施实质性程序未发现某项认定存在错报，这本身并不能说明与该认定有关的控制是有效运行的，但如果通过实施实质性程序发现某项认定存在错报，则注册会计师应当在评价相关控制的运行有效性时予以考虑。因此，注册会计师应当考虑实施实质性程序发现的错报对评价相关控制运行有效性的影响（如降低对相关控制的信赖程度、调整实质性程序的性质、扩大实质性程序的范围等）。

（3）控制测试的时间

控制测试的时间包含两层含义：一是何时实施控制测试；二是测试所针对的控制适用的时点或期间。一个基本的原理是，如果测试特定时点的控制，注册会计师仅得到该时点控制运行有效性的审计证据；如果测试某一期间的控制，注册会计师可获取控制在该期间有效运行的审计证据。因此，注册会计师应当根据控制测试的目的确定控制测试的时间，并确定拟信赖的相关控制的时点或期间。

（4）控制测试的范围

对于控制测试的范围，其含义主要是指某项控制活动的测试次数。注册会计师应当设计控制测试，以获取控制在整个拟信赖的期间有效运行的充分、适当的审计证据。

（5）控制测试的结果

注册会计师进行控制运行有效性测试后，最终会得出以下的结论。

1）控制运行有效，可以信赖。

2）控制运行无效，不可信赖。

2. 实质性程序

实质性程序是注册会计师直接用以发现认定层次的重大错报而实施的审计程序。它包括细节测试和实质性分析程序。

由于注册会计师对重大错报风险的评估是一种判断，可能无法充分识别所有的重大错报风险，并且由于内部控制存在固有局限性，无论评估的重大错报风险结果如何，注册会计师都应当针对所有重大类别的交易、账户余额和披露实施实质性程序。

如果认为评估的认定层次重大错报风险是特别风险，注册会计师应当专门针对该风险实施实质性程序。

（1）实质性程序的性质

实质性程序的性质是指实质性程序的类型及其组合。实质性程序的两种基本类型包括细节测试和实质性分析程序。

细节测试是对各类交易、账户余额和披露的具体细节进行测试，其目的在于直接识别财务报表认定是否存在错报。细节测试被用于获取与某些认定相关的审计证据，如存在、准确性、计价等。通常可采用检查记录或文件、检查有形资产、观察、询问、函证、重新计算等程序。

实质性分析程序从技术特征上来讲仍然是分析程序，主要是通过研究数据间关系评价信息，只是将该技术方法用做实质性程序，即用以识别各类交易、账户余额和披露及相关认定是否存在错报。实质性分析程序通常更适用于在一段时间内存在可预期关系的大量交易。

（2）实质性程序的时间

实质性程序的时间选择与控制测试的时间选择有共同点，也有很大差异。两者的共同点在于：两类程序都面临对期中审计证据和对以前审计获取的审计证据的考虑。两者的差异在于：首先，在控制测试中，期中实施控制测试并获取期中关于控制运行有效性审计证据的做法更具有一种“常态”；而由于实质性程序的目的在于更直接地发现重大错报，在期中实施实质性程序时更需要考虑其成本效益的权衡。其次，在本期控制测试中拟信赖以前审计获取的有关控制运行有效性的审计证据，已经受到很大限制；而对于以前审计中通过实质性程序获取的审计证据，则采取了更加慎重的态度和更加严格的限制。

（3）实质性程序的范围

评估的认定层次重大错报风险和实施控制测试的结果是注册会计师在确定实质性程序的范围时考虑的重要因素。因此，在确定实质性程序的范围时，注册会计师应当考虑评估的认定层次重大错报风险和实施控制测试的结果。注册会计师评估的认定层次的重大错报风险越高，需要实施实质性程序的范围越广。如果对控制测试结果不满意，则注册会计师应当考虑扩大实质性程序的范围。

任务五　编制审计报告

审计完成阶段是审计的最后一个阶段。注册会计师按业务循环完成各财务报表项目的审计测试和一些特殊项目的审计工作（进一步审计程序）后，在审计完成阶段汇总审计测试结果，进行更具综合性的审计工作后评价审计结果，在与客户沟通以后，获取管理层声明，确定应出具的审计报告的意见类型和措辞，进而编制并报送审计报告，终结审计工作。

一、完成审计工作

在审计完成阶段出具审计报告前需要做的审计工作有很多，主要工作简单汇总后有以下内容。

1. 评价审计中的重大发现

在审计完成阶段，项目合伙人和审计项目组应当考虑如涉及会计政策的选择、运用和一贯性等重大发现和事项。同时，对实施的审计程序的结果进行评价，可能全部或部分地揭示出一些重要的事项。

如果审计项目组内部、项目组与被咨询者之间，以及项目合伙人与项目质量控制复核人员之间存在意见分歧，审计项目组应当遵循事务所的政策和程序予以妥善处理。

2. 评价审计过程中发现的错报

（1）错报的沟通和更正

在发现重大错报后，及时与适当层级的管理层沟通错报事项是重要的，因为这能使管理层评价这些事项是否为错报，并采取必要行动，如有异议则应告知注册会计师。

（2）评价未更正错报的影响

注册会计师需要考虑每一单项错报，以评价其对相关类别的交易、账户余额或披露的影响，包括评价该项错报是否超过特定类别的交易、账户余额或披露的重要性水平（如适用）。

（3）书面声明

注册会计师应当要求管理层和治理层（如适用）提供书面声明，说明其是否认为未更正错报单独或汇总起来对财务报表整体的影响不重大。这些错报项目的概要应当包含在书面声明中或附在其后。由于编制财务报表要求管理层和治理层（如适用）调整财务报表以更正重大错报，注册会计师需要要求其提供有关未更正错报的书面声明。

3. 复核审计工作底稿和财务报表

（1）对财务报表总体合理性进行总体复核

在审计结束或临近结束时，注册会计师需要运用分析程序的目的是确定经审计调整后的财务报表整体是否与对被审计单位的了解一致，是否具有合理性。注册会计师应当围绕这一目的运用分析程序。

（2）复核审计工作底稿

遵循准则要求执行复核，是确保注册会计师执业质量的重要手段之一。会计师事务所需要按照《质量控制准则》和《中国注册会计师审计准则》的相关规定，结合事务所自身组织架构特点和质量控制体系建设需要，制定相关的质量控制政策和程序，对审计项目复核（包括项目组内部复核和项目质量控制复核）的级次，以及人员、时间、范围和工作底稿记录等作出规定。

1）项目组内部复核。

会计师事务所在安排复核工作时，首先应当由项目组内经验较多的人员复核经验较少的人员的工作。对于一些较为复杂、审计风险较高的领域，需要指派经验丰富的项目组成员执行复核，必要时可以由项目合伙人执行复核。审计项目复核贯穿审计全过程，随着审计工作的开展，复核人员在审计计划阶段、执行阶段和完成阶段及时复核相应的工作底稿。所有的审计工作底稿至少要经过一级复核。

项目合伙人应当对会计师事务所分派的每项审计业务的总体质量负责。因此，项目合伙人应当对项目组按照会计师事务所复核政策和程序实施的复核负责。

2）项目质量控制复核。

会计师事务所应当制定政策和程序，以明确项目质量控制复核的性质、时间安排和范围，要求对特定业务（包括所有上市实体财务报表审计）实施项目质量控制复核，以客观评价项目组作出的重大判断及在编制报告时得出的结论。只有完成项目质量控制复核，才可以签署业务报告。

二、编制审计报告

审计报告是指注册会计师根据审计准则的规定，在实施审计工作的基础上对被审计单位财务报表发表审计意见的书面文件。注册会计师必须正确运用专业判断，综合所收集到的各种证据，根据《中国注册会计师审计准则》形成适当的审计意见，出具审计报告。

具体审计报告的内容细节详见项目八。

项 目 小 结

会计师事务所承接任何审计业务，都需要按照执业准则的规定，谨慎决策是否接受或保持某客户关系和具体审计业务。达成协议后都应与被审计单位签订审计业务约定书。

计划审计工作包括针对审计业务制定总体审计策略和具体审计计划，以将风险降至可接受的低水平。在计划审计工作时，必须运用风险导向审计的方法，考虑重要性和审计风险的问题。只有将重点放在重大的、高风险的项目上，才能在符合职业标准要求的情况下，以最低的成本高效地完成审计任务。

风险评估程序是必要程序，了解被审计单位及其环境为注册会计师在许多关键环节作出职业判断提供了重要基础。了解被审计单位及其环境实际上是一个连续和动态地收集、更新与分析信息的过程，贯穿于整个审计过程的始终。

注册会计师实施风险评估程序本身并不足以为发表审计意见提供充分、适当的审计证据，还应当实施进一步审计程序，包括实施控制测试（必要时或决定测试时）和实质性程序。因此，注册会计师在评估财务报表重大错报风险后，应当运用职业判断，针对评估的财务报表层次重大错报风险确定总体应对措施，并针对评估的认定层次重大错报风险设计和实施进一步的审计程序，以将审计风险降至可接受的低水平。

注册会计师在完成进一步审计程序后，还应当按照有关审计准则的规定做好审计完成阶段的工作，并根据所获取的审计证据，合理运用职业判断，形成适当的审计意见。

演练与提升

一、思考题

1. 签订审计业务约定书之前应做哪些准备工作？
2. 简述审计业务约定书的基本要素及内容。
3. 简述初步业务活动的内容。
4. 总体审计策略应该包括哪些内容？
5. 简述进一步审计程序包括哪些内容？

二、实训题

（一）单项选择题

1. 审计业务约定书是由会计师事务所与（　　）共同签署的。
   A. 注册会计师　　B. 被审计单位上级主管部门
   C. 被审计单位　　D. 财务报表使用者
2. 会计师事务所接受审计委托时，应与被审计单位签订（　　）。
   A. 审计业务约定书　　B. 审计准则
   C. 审计通知书　　D. 审计计划
3. 不属于审计业务约定书的内容是（　　）。
   A. 财务报表审计目标与范围　　B. 注册会计师的责任
   C. 审计资源　　D. 管理层的责任
4. 以下内容不属于初步审计活动内容的有（　　）。
   A. 针对保持客户关系和具体审计业务实施相应的质量控制程序
   B. 评价遵守职业道德规范的情况
   C. 及时签订或修改审计业务约定书
   D. 报告目标、时间安排及所需沟通
5. 在风险导向审计模式下，审计程序的起点是（　　）。
   A. 接受业务委托　　B. 计划审计工作
   C. 实施风险评估程序　　D. 实施控制测试和实质性程序
6. 何时调配审计资源是（　　）。
   A. 审计约定书中的工作　　B. 总体审计策略中的工作
   C. 具体审计计划中的工作　　D. 审计工作底稿中的工作
7. 注册会计师了解审计单位及其环境的目的是（　　）。
   A. 为了进行风险评估程序
   B. 收集充分适当的审计证据
   C. 为了识别和评估财务报表重大错报风险

D. 控制检查风险

8. 只有认为控制设计合理，能够防止或发现和纠正认定层次的重大错报，注册会计师才有必要进行（　　）。

A. 细节测试　B. 实质性测试　C. 了解内部控制　D. 控制测试

9. 注册会计师针对评估的各类交易、账户余额、列报和披露认定层次重大错报风险实施（　　）。

A. 进一步审计程序　B. 控制测试
C. 实质性程序　D. 总体应对措施

10.（　　）是用来评价控制的设计是否合理及是否得到执行，但不涉及评价控制执行的效果。

A. 了解内部控制　B. 控制测试
C. 实质性程序　D. 分析性程序

（二）多项选择题

1. 具体审计计划应当包括（　　）。

A. 注册会计师计划实施的风险评估程序的性质、时间和范围
B. 注册会计师计划实施的进一步审计程序的性质、时间和范围
C. 注册会计师针对审计业务需要实施的其他审计程序
D. 导致注册会计师难以实施必要审计程序的情形

2. 在签署审计业务约定书之前，会计师事务所应当评价自身的专业胜任能力，包括（　　）。

A. 执行审计的能力　B. 重要性和审计风险
C. 独立性　D. 能否保持应有的职业谨慎

3. 内部控制的要素包括（　　）。

A. 控制环境　B. 风险评估过程
C. 信息系统与沟通　D. 控制活动

4. 控制活动是指有助于确保管理层的指令得以执行的政策和程序，其包括（　　）。

A. 职责分离　B. 实物控制　C. 授权与业绩评价　D. 信息处理

5. 注册会计师在下列（　　）情况下实施控制测试。

A. 风险评估程序不能识别出重大错报风险时
B. 在评估认定层次重大错报风险时，预期控制的运行是有效的
C. 仅实施实质性程序不足以提供有关认定层次的充分、适当的审计证据
D. 评估的重大错报风险较高

6. 控制测试程序包括（　　）。

A. 观察　B. 重新计算　C. 重新执行　D. 询问

7. 审计过程包括（　　）。

A. 初步业务活动　B. 风险评估
C. 风险应对　D. 出具审计报告

8. 进一步审计程序的总体方案包括（　　）。

A. 综合性方案　　B. 实质性方案

C. 控制性方案　　D. 分析性方案

9. 审计计划包括的层次有（　　）。

A. 实质性方案计划　　B. 总体审计策略

C. 具体审计计划　　D. 控制性方案计划

10. 在测试控制运行的有效性时，注册会计师应当从（　　）方面获取相关的审计证据。

A. 控制在所审计期间的不同时点是如何运行的

B. 控制是否得到一贯执行

C. 控制由谁执行

D. 控制以何种方式执行

（三）判断题

1. 审计业务约定书签约双方中，一方是指注册会计师，另一方是指委托单位的法人代表或授权代表。（　　）

2. 在了解被审计单位及其环境并评估重大错报风险时不能使用分析程序。（　　）

3. 审计业务约定书具有经济合同的性质，一经签署便具有法律效力。（　　）

4. 注册会计师应当记录总体审计策略和具体审计计划，包括在审计工作过程中做出的任何重大更改。（　　）

5. 计划审计工作是一项持续的过程，通常注册会计师在前一期审计工作结束后即开展本期的审计计划，直到本期审计计划结束为止。（　　）

6. 总体应对措施是针对认定层次重大错报风险来实施的。（　　）

7. 进一步审计程序的目的在于通过实施实质性程序来发现认定层次的重大错报。（　　）

8. 如果一项错报可能影响报表使用者依据财务报表做出的经济决策，则该项错报是重大的。（　　）

9. 控制测试是每次审计中必定执行的测试。（　　）

10. 执行穿行测试对交易从发生到记账的整个流程进行追踪，其目的在于证实账户余额是否正确。（　　）

（四）案例分析题

甲公司主要从事小型电子消费品的生产和销售，产品销售以甲公司仓库为交货地点。甲公司日常交易采用自动化信息系统（以下简称系统）和手工控制相结合的方式进行。系统自 2019 年以来没有发生变化。甲公司产品主要销售给国内各主要城市的电子消费品经销商。注册会计师 A 和 B 负责审计甲公司 2020 年度财务报表。

注册会计师 A 和 B 对销售与收款循环的内部控制实施测试，并在审计工作底稿中记录了测试情况，部分内容摘录如下：

1）注册会计师A观察了结算部门人员根据发货单在系统中开具发票的过程，并从2020年主营业务收入明细账中选取销售记录实施测试，未发现异常。

2）每月末，系统自动匹配发货单、订单、发票和入账的主营业务收入，并可以生成一个专门报告反映未匹配项目的清单。系统授权可以生成和阅读该报告的人员是甲公司销售部经理和总经理。注册会计师 B 询问了总经理和销售部经理有关控制的运行情况，他们均表示由于以前月份很少发现不匹配情况，因此，从2020年6月以后就没有再实际生成和阅读上述专门报告。在注册会计师B的要求下，销售部经理在系统中生成了截止到2020年12月31日的专门报告，注册会计师B没有发现存在不匹配的事项。

要求：针对以上资料，假定不考虑其他条件，上述测试结果是否表明相关内部控制得到有效执行？

项目八 8 审计报告

【知识目标】

了解审计报告的含义；

掌握审计报告的作用；

掌握审计意见的类型及表述方式；

熟悉审计报告的基本内容。

【技能目标】

能够基本分析被审计单位不同情形确定审计报告类型；

熟悉审计报告的格式，能够编制简单的审计报告。

【素质目标】

培养良好的职业道德素养，提升审计工作的质量。

【引导案例】

甲公司是一家大型的设备制造企业，A 会计师事务所接受委托审计该公司 2019 年度的财务报表。对甲公司的借款利息进行审计时发现以下情况：

1）应计入财务费用的借款及应付债券的利息费用 3 100 000 元，公司却将其资本化计入公司的一项在建工程。

2）甲公司 2019 年 10 月份向中国工商银行山西分行借入一笔款项，其目的是为了维持日常开支，但在年底时未计提该笔借款的利息，利息金额为 600 000 元。

上述两项错报共影响利润为 3 700 000 元，2019 年度甲公司未审的利润表中的净利润为 2 200 000 元。发现错报后与被审计单位管理层进行沟通，提请被审计单位管理层进行修改，被审计单位管理层只对未计提部分的 600 000 元进行修改，其他错报未进行修改。最后，注册会计师出具了否定意见的审计报告。

思考

1）注册会计师为什么会出具否定意见的审计报告？

2）如果你是注册会计师，你如何编写该审计报告中的“审计意见”和“形成审计意见的基础”？

任务一　审计报告概述

微课：认识审计报告

一、审计报告的含义及作用

1. 审计报告的含义

审计报告是指审计人员根据审计准则的规定，在实施审计工作的基础上对被审计单位的财务报表发表审计意见的书面文件。审计报告是审计人员在完成审计工作后向委托人递交的最终产品。审计报告具有以下特征。

1）审计人员应当按照审计准则的规定执行审计工作。审计准则对审计人员应具备的条件，以及执行审计业务时应如何评估风险、收集证据和编写报告等方面进行了规范。

2）审计人员在实施审计工作的基础上才能出具审计报告。例如，风险评估程序、进一步审计程序等，只有通过实施必要的审计程序、获取充分适当的审计证据、得出合理的审计结论，才能为形成审计意见提供基础。

3）审计人员通过对财务报表发表意见履行业务约定书约定的责任。财务报表审计的目标是审计人员通过执行审计工作，对财务报表的合法性和公允性发表审计意见。因此，在实施审计工作的基础上，审计人员需要对财务报表形成审计意见，并向委托人提交审计报告。

4）审计人员应当以书面形式出具审计报告。

2. 审计报告的作用

注册会计师签发的审计报告，主要有鉴证、保护和证明三方面的作用。

（1）鉴证作用

注册会计师签发的审计报告，不同于政府审计和内部审计的审计报告，是以超然独立的第三者身份，对被审计单位财务报表合法性、公允性发表意见。这种意见，具有鉴证作用，得到了政府、投资者和其他利益相关者的普遍认可。政府有关部门判断财务报表是否合法、公允，主要依据注册会计师的审计报告。企业的投资者，主要依据注册会计师的审计报告来判断被投资企业的财务报表是否公允地反映财务状况和经营成果，以进行投资决策等。

（2）保护作用

注册会计师通过审计，可以对被审计单位财务报表出具不同类型审计意见的审计报告，提高或降低财务报表使用者对财务报表的信赖程度，能够在一定程度上对被审计单位的债权人和股东的权益及企业利害关系人的利益起到保护作用。例如，投资者为了减少投资风险，在进行投资之前需要查阅被投资企业的财务报表和注册会计师的审计报告，了解被投资企业的经营情况和财务状况。

（3）证明作用

审计报告是对注册会计师审计任务完成情况及其结果所作的总结，它可以表明审计工作质量并明确注册会计师的审计责任。因此，审计报告可以对审计工作质量和注册会计师的审计责任起证明作用。例如，是否以审计工作底稿为依据发表审计意见，发表的审计意见是否与被审计单位的实际情况相一致，审计工作的质量是否符合要求。

二、审计报告的种类

审计报告可以按照不同的标准进行分类。

1. 按审计报告的使用目的或公开程度分类

审计报告按其使用目的或公开程度分类，可以分为公布的审计报告和非公布的审计报告。

1）公布的审计报告是指公之于世，供社会大众阅读，不具有保密性的审计报告。这种审计报告都附有被审计单位的财务报表，以供企业股东、投资者、债权人等阅读。

2）非公布的审计报告是指为特定目的而撰写的审计报告。这种审计报告一般用于经营管理、合并或业务转让、融通资金等的需要。

2. 按审计报告内容的详细程度分类

审计报告按其内容详细程度不同，可以分为简式审计报告和详式审计报告。

1）简式审计报告是指简单地说明审计范围、审计责任、审计意见等事项的审计报告。这种审计报告简明扼要、短小精悍，主要适用于公布目的的审计报告。

2）详式审计报告是指对审查的事实和结果都要进行详细叙述、分析、评价，并提出改进意见或建议的审计报告。这种审计报告的详细程度，取决于所发现问题的重要性和解决问题的必要性，以及审计委托人要求的详细程度。详式审计报告范围广泛、内容详细，主要适用于非公布目的的审计报告。

3. 按审计报告是否带有修饰性段落及不同审计意见分类

审计报告按其是否带有修饰性段落及不同审计意见，可分为标准审计报告和非标准审计报告。

1）标准审计报告是指不含有说明段、强调事项段、其他事项段或其他任何修饰性用语的无保留意见的审计报告。其中，无保留意见是指当注册会计师认为财务报表在所有重大方面按照适用的财务报告编制基础编制并实现公允反映时发表的审计意见。包含其他报告责任段，但不含有强调事项段或其他事项段的无保留意见的审计报告也被视为标准审计报告。

2）非标准审计报告是指带有强调事项段或其他事项段的无保留意见的审计报告和非无保留意见的审计报告。非无保留意见的审计报告包括保留意见的审计报告、否定意见的审计报告和无法表示意见的审计报告。

三、审计报告的编写要求

审计报告能否充分发挥作用，关键在于审计报告的质量。因此，注册会计师必须保持客观、认真、慎重的态度，按照下列要求编写审计报告。

1. 立场公正

编写审计报告，注册会计师必须站在第三者的立场上，不偏不倚地发表审计意见，以提高审计报告的可信性。若要保持客观公正，就必须做到实事求是。注册会计师在引证资料、叙述问题、分析原因和做出结论时，必须以事实为根据，绝不能靠主观臆断妄作推测，或先入为主轻信一方。注册会计师要能够根据当时当地的环境条件一分为二地看待问题，不能片面地肯定一切或否定一切。当集体利益、个人利益与国家利益发生矛盾时，注册会计师要站在公正的立场上，维护国家利益，不为个人利益所左右。

2. 证据充分

审计报告揭示的问题，必须要有充分、适当的审计证据作支持。注册会计师不能道听途说，把没有事实根据的问题写进审计报告，也不能因为没有审查出什么问题而觉得审计工作没有什么成绩，便把一些小事夸大，或把一些未经核实的问题写入审计报告。当然，也不能怕得罪人，大事化小、小事化了，隐匿一些证据确凿的问题。

3. 责任明确

在审计报告中，注册会计师应根据所发现的问题确定有关单位、部门或个人的责任，并做出适当的处理建议。在对被审计单位会计报表做出审计鉴证的审计报告中，应说明被审计单位对会计报表承担的审计责任，注册会计师固然对会计报表承担审计责任，但审计责任不能代替或减轻被审计单位的会计责任；如果被审计单位的某些经济业务已委托其他审计单位进行了审计，审计报告中要注明本审计单位和注册会计师所审查的范围，并对审查结果负责。

4. 措辞得体

审计报告应该语句通顺、条理清晰、重点突出，使审计报告的读者能够明了审计结果。在编写审计报告时，注册会计师应选择与审计目标有关的问题作为报告的内容，不要事无巨细、面面俱到。审计报告中表达的审计意见，既关系被审计单位的利益，又关系会计报表使用者的正确决策，还关系注册会计师的职业声誉。因此，审计报告中的一些措辞一定要得体，以免结论失实，或难以明确责任。对于一些尚未核实的问题，不能用“可能”“也许”“大概”等模棱两可的难以明确责任的词句。

四、编写审计报告的步骤

审计报告一般由审计项目负责人编制，要按下列步骤进行。

1. 整理和分析审计工作底稿

在实施审计过程中，审计工作底稿是分散的、不系统的。编制审计报告时，审计项目负责人应对审计工作底稿进行整理和分析，检查审计过程是否遵循了独立审计准则的要求，是否有遗漏的环节，审计中发现了哪些问题。注册会计师和助理人员应整理好自己的工作底稿，以利于审计项目负责人对审计工作底稿进行综合分析，做出综合评论。

2. 对被审计单位会计报表的调整

注册会计师在整理和分析审计工作底稿的基础上，向被审计单位通报审计情况、初步结论、应调整会计报表的事项以及应在会计报表附注中予以披露的事项，提请被审计单位加以调整和披露。对于被审计单位会计记录或会计处理方法的错误，注册会计师应提请被审计单位改正，并相应调整会计报表的有关项目。凡确定写入审计报告的资料，必须进一步查对核实。

3. 确定审计报告的意见类型

注册会计师以整理和分析的审计工作底稿为依据，并根据被审计单位是否接受其提出的调整和披露意见及是否已作了调整和披露等情况，确定审计报告的类型和措辞。如果被审计单位已根据调整和披露意见调整了会计报表，审计报告不必将被审计单位已调整和披露的事项再做说明。如果被审计单位不接受调整和披露建议，则注册会计师应当根据需要调整和披露事项的性质和重要程度，确定审计报告的类型。

4. 编制并出具审计报告

审计报告负责人负责拟定审计报告提纲，概括和汇总审计工作底稿所提供的资料。标准审计报告应按规定的审计报告类型、措辞和结构来表述，以便为各会计报表使用者所理解。审计报告完稿后，应经会计师事务所的主任会计师进行复核，并提出修改意见。审计报告经复核、修改定稿后，注册会计师应签章并加盖会计师事务所公章。

五、审计报告的基本内容

微课：审计报告的基本内容

审计报告的基本内容一般包括基本情况说明、例外事项的解释、审计的结论和意见、审计报告日期和签发报告单位等内容。但是，不同种类的审计报告的具体内容和格式又存在较大的差异。限于篇幅，这里仅以民间审计组织进行财务报表审计后编写的审计报告为例，对审计报告的基本内容进行介绍，以便于掌握审计报告的基本内容和编制方法。

目前，民间审计组织进行财务报表审计后编写的审计报告，其模式已趋于标准化。审计报告包括的基本内容如下。

1. 标题

审计报告的标题应当统一规范为“审计报告”。

2. 收件人

审计报告的收件人是指注册会计师按照业务约定书的要求致送审计报告的对象，一般是指审计业务的委托人。审计报告应当载明收件人的全称。

3. 审计意见

审计意见由两部分构成：第一部分指出已审计的财务报表；第二部分应当说明注册会计师发表的审计意见。

（1）已审计的财务报表部分包含的内容

1）指出被审计单位的名称。

2）说明财务报表已经审计。

3）指出构成整套财务报表的每一财务报表的名称。

4）提及财务报表附注。

5）指明构成整套财务报表的每一财务报表的日期或涵盖的期间。

（2）审计意见部分

如果对财务报表发表无保留意见，除非法律法规另有规定，审计意见应当使用“我们认为，财务报表在所有重大方面按照适用的财务报告编制基础（如企业会计准则等）编制，公允地反映了……”的措辞。审计意见说明财务报表在所有重大方面按照适用的财务报告编制基础编制，公允地反映了财务报表旨在反映的事项。

4. 形成审计意见的基础

审计报告应当包含标题为“形成审计意见的基础”的部分。该部分提供关于审计意见的重要背景，应当紧接在审计意见部分之后，并应当包括以下内容。

1）说明注册会计师按照审计准则的规定执行了审计工作。

2）提及审计报告中用于描述审计准则规定的注册会计师责任的部分。

3）声明注册会计师按照与审计相关的职业道德要求，对被审计单位保持了独立性，并履行了职业道德方面的其他责任。

4）说明注册会计师是否相信获取的审计证据是充分的、适当的，为发表审计意见提供了基础。

5. 管理层对财务报表的责任

审计报告应当包含标题为“管理层对财务报表的责任”的部分，其中应当说明管理层应当对以下方面负责。

1）按照适用的财务报告编制基础编制财务报表，使其实现公允地反映，并设计、执行和维护必要的内部控制，以使财务报表不存在由于舞弊或错误导致的重大错报。

2）评估被审计单位的持续经营能力和使用持续经营假设是否适当，并披露与持续经营相关的事项（如适用）。对管理层评估责任的说明应当包括描述在何种情况下使用持续经营假设是适当的。

6. 注册会计师对财务报表审计的责任

审计报告应当包含标题为“注册会计师对财务报表审计的责任”的部分，其中应当包括下列内容。

1）说明注册会计师的目标是对财务报表整体是否不存在由于舞弊或错误导致的重大错报获取合理保证，并出具包含审计意见的审计报告。

2）说明合理保证是高水平的保证，但按照审计准则执行的审计并不能保证一定会发现存在的重大错报。

3）说明错报可能由于舞弊或错误导致。

4）说明在按照审计准则执行审计工作的过程中，注册会计师运用职业判断，并保持职业怀疑。

5）通过说明注册会计师的责任，对审计工作进行描述。

6）说明注册会计师与治理层就计划的审计范围、时间安排和重大审计发现等事项进行沟通，包括沟通注册会计师在审计中识别的值得关注的内部控制缺陷。

7. 按照相关法律法规的要求报告的事项（如适用）

除审计准则规定的注册会计师对财务报表出具审计报告的责任外，相关法律法规可能对注册会计师设定了其他报告责任。例如，如果注册会计师在财务报表审计中注意到某些事项，可能被要求对这些事项予以报告。此外，注册会计师可能被要求实施额外的规定程序并予以报告，或对特定事项（如会计账簿和记录的适当性）发表意见。

在某些情况下，相关法律法规可能要求或允许注册会计师将对这些其他责任的报告作为对财务报表出具的审计报告的一部分。在另外一些情况下，相关法律法规可能要求或允许注册会计师在单独出具的报告中进行报告。

这些责任是注册会计师按照审计准则对财务报表出具审计报告的责任的补充。如果注册会计师在对财务报表出具的审计报告中履行其他报告责任，应当在审计报告中将其单独作为一部分，并以“按照相关法律法规的要求报告的事项”为标题。此时，审计报告应当区分为“对财务报表出具的审计报告”和“按照相关法律法规的要求报告的事项”两部分，以便将其同注册会计师的财务报表报告责任明确区分。在另外一些情况下，相关法律法规可能要求或允许注册会计师在单独出具的报告中进行报告。

8. 注册会计师的签名和盖章

审计报告应当由项目合伙人和另一名负责该项目的注册会计师签名和盖章。在审计报告中指明项目合伙人有助于进一步增强对审计报告使用者的透明度，有利于增强项目合伙人的个人责任感。

9. 会计师事务所的名称、地址及盖章

审计报告除了应由注册会计师签名和盖章外，还应载明会计师事务所的名称和地址，并加盖会计师事务所公章。

注册会计师在审计报告中载明会计师事务所地址时，标明会计师事务所所在的城市即可。在实务中，审计报告通常载于会计师事务所统一印刷的、标有该所详细通信地址的信笺上。因此，无须在审计报告中注明详细地址。

10. 报告日期

审计报告应当注明报告日期。审计报告的日期不应早于注册会计师获取充分、适当的审计证据（包括管理层认可对财务报表的责任且已批准财务报表的证据），并在此基础上对财务报表形成审计意见的日期。

审计报告的日期非常重要。注册会计师对不同时段的财务报表日后事项有着不同的责任，而审计报告的日期是划分时段的关键时点。

在实务中，注册会计师在正式签署审计报告前，通常把审计报告草稿随附管理层已按审计调整建议修改后的财务报表提交给管理层。如果管理层批准并签署已按审计调整建议修改后的财务报表，注册会计师即可签署审计报告。注册会计师签署审计报告的日期通常与管理层签署已审计财务报表的日期为同一天，或晚于管理层签署已审计财务报表的日期。

任务二　简式审计报告的意见类型

在审计报告中，审计人员要根据搜集的审计证据对被审计单位在一定时期内的财务状况和经营成果发表各种不同的审计意见。审计意见按其表述方式的不同，可以分为无保留意见、保留意见、否定意见和无法表示意见 4 种类型。

一、无保留意见

无保留意见分为不带附加的无保留意见和带强调事项段的无保留意见两种。

1. 不带附加的无保留意见

不带附加的无保留意见，也称肯定意见。它是审计人员在对其所查的全部具体项目都感到满意，并且有充分资料作为依据，所提供的各项财务报表公允表达的条件下表示的审计意见。发表不带附加的无保留意见应符合下列条件。

1）财务报表已经按照适用的会计准则和相关会计制度的规定编制，在所有重大方面公允反映了被审计单位的财务状况、经营成果和现金流量。在评价财务报表是否按照适用的会计准则和相关会计制度的规定编制时，注册会计师应当考虑下列内容。

① 选择和运用的会计政策是否符合适用的会计准则和相关会计制度，并适合于被审计单位的具体情况。

② 管理层做出的会计估计是否合理。

③ 财务报表反映的信息是否具有相关性、可靠性、可比性和可理解性。

④ 财务报表是否做出充分披露，使财务报表使用者能够理解重大交易和事项对被审计单位财务状况、经营成果和现金流量的影响。

在评价财务报表是否做出公允反映时，注册会计师应当考虑下列内容。

① 经管理层调整后的财务报表，是否与注册会计师对被审计单位及其环境的了解一致。

② 财务报表的列报、结构和内容是否合理。

③ 财务报表是否真实地反映了交易和事项的经济实质。

2）注册会计师已经按照中国注册会计师审计准则的规定计划和实施审计工作，在审计过程中未受到限制。

3）不存在应调整或披露而被审计单位未予调整或披露的重要事项。

不带附加的无保留意见的审计报告格式如下所示。

审计报告

ABC 股份有限公司全体股东:

一、对财务报表出具的审计报告

（一）审计意见

我们审计了 ABC 股份有限公司（以下简称“ABC 公司”）财务报表，包括 20×8 年 12 月 31 日的资产负债表，20×8 年度的利润表、现金流量表、股东权益变动表及相关财务报表附注。

我们认为，后附的财务报表在所有重大方面按照企业会计准则的规定编制，公允地反映了 ABC 公司 20×8 年 12 月 31 日的财务状况及 20×8 年度的经营成果和现金流量。

（二）形成审计意见的基础

我们按照中国注册会计师审计准则的规定执行了审计工作。审计报告的“注册会计师对财务报表审计的责任”部分进一步阐述了我们在这些准则下的责任。按照中国注册会计师职业道德守则，我们独立于 ABC 公司，并履行了职业道德方面的其他责任。我们相信我们获取的审计证据是充分、适当的，为发表审计意见提供了基础。

（三）关键审计事项

关键审计事项是根据我们的职业判断，认为对本期财务报表审计最为重要的事项。这些事项是在对财务报表整体进行审计并形成意见的背景下进行处理的，我们不对这些事项提供单独的意见。

[按照《中国注册会计师审计准则第 1504 号——在审计报告中沟通关键审计事项》规定描述每一关键审计事项。]

（四）管理层和治理层对财务报表的责任

管理层负责按照企业会计准则的规定编制财务报表，使其实现公允地反映，并设计、执行和维护必要的内部控制，以使财务报表不存在由于舞弊或错误导致的重大错报。

在编制财务报表时，管理层负责评估 ABC 公司的持续经营能力，披露与持续经营相关的事项（如适用），并运用持续经营假设，除非计划清算 ABC 公司、停止营运或别无其他现实的选择。

治理层负责监督 ABC 公司的财务报告过程。

（五）注册会计师对财务报表审计的责任

我们的目标是对财务报表整体是否不存在由于舞弊或错误导致的重大错报获取合理保证，并出具包含审计意见的审计报告。合理保证是高水平的保证，但并不能保证按照审计准则执行的审计在某一重大错报存在时总能发现。错报可能由于舞弊或错误导致，如果合理预期错报单独或汇总起来可能影响财务报表使用者依据财务报表作出的经济决策，则通常认为错报是重大的。

在按照审计准则执行审计的过程中，我们运用了职业判断，保持了职业怀疑。我们同时：

1）识别和评估由于舞弊或错误导致的财务报表重大错报风险；对于这些风险有针对性地设计和实施审计程序；获取充分、适当的审计证据，作为发表审计意见的基础。由于舞弊可能涉及串通、伪造、故意遗漏、虚假陈述或凌驾于内部控制之上，未能发现由于舞弊导致的重大错报的风险高于未能发现由于错误导致的重大错报的风险。

2）了解与审计相关的内部控制，以设计恰当的审计程序，但目的并非对内部控制的有效性发表意见。

3）评价管理层选用会计政策的恰当性和作出会计估计及相关披露的合理性。

4）对管理层使用持续经营假设的恰当性得出结论。同时，根据获取的审计证据，就可能导致对 ABC 公司持续经营能力产生重大疑虑的事项或情况是否存在重大不确定性得出结论。如果我们得出结论认为存在重大不确定性，审计准则要求我们在审计报告中提请报表使用者注意财务报表中的相关披露；如果披露不充分，我们应当发表非无保留意见。我们的结论基于审计报告日可获得的信息。然而，未来的事项或情况可能导致 ABC 公司不能持续经营。

5）评价财务报表的总体列报、结构和内容（包括披露），并评价财务报表是否公允地反映了相关交易和事项。

我们与治理层就计划的审计范围、时间安排和重大审计发现（包括我们在审计中识别的值得关注的内部控制缺陷）等事项进行沟通。

我们还就关于遵守独立性的相关职业道德要求向治理层提供声明，并就可能被合理认为影响我们独立性的所有关系和其他事项，以及相关的防范措施（如适用）与治理层进行沟通。

从与治理层沟通的事项中，我们确定哪些事项对本期财务报表审计最为重要，因而构成关键审计事项。我们在审计报告中描述这些事项，除非法律法规禁止公开披露这些事项，或在极其罕见的情形下，如果合理预期在审计报告中沟通某事项造成的负面后果超过在公众利益方面产生的益处，我们确定不应在审计报告中沟通该事项。

二、按照相关法律法规的要求报告的事项

[本部分的格式和内容，取决于法律法规对其他报告责任的性质的规定。法律法规规范的事项（其他报告责任）应当在本部分处理，除非其他报告责任与审计准则所要求的报告责任涉及相同的主题。如果涉及相同的主题，其他报告责任可以在审计准则所要求的同一报告要素部分中列示。当其他报告责任和审计准则规定的报告责任涉及同一主

题，并且审计报告中的措辞能够将其他报告责任与审计准则规定的责任予以清楚地区分（如差异存在）时，允许将两者合并列示（即包含在“对财务报表出具的审计报告”部分中，并使用适当的副标题）。]

××会计师事务所　　　　　　　　　中国注册会计师：×××（项目合伙人）
（盖章）　　　　　　　　　　　　　　（签名并盖章）
　　　　　　　　　　　　　　　　中国注册会计师：×××
　　　　　　　　　　　　　　　　　　（签名并盖章）
中国××市　　　　　　　　　　　　　二〇×九年×月×日

2. 带强调事项段的无保留意见

（1）强调事项段的含义

审计报告的强调事项段是指审计报告中含有的一个段落，该段落提及已在财务报表中恰当列报或披露的事项，根据注册会计师的职业判断，该事项对财务报表使用者理解财务报表至关重要。

（2）增加强调事项段的情形

在审计报告中增加强调事项段应同时满足下列条件。

按照审计准则的规定，该事项不会导致注册会计师发表非无保留意见。

按审计准则的规定，该事项未被确定为在审计报告中沟通的关键审计事项，但根据注册会计师的判断，其对财务报表使用者理解财务报表至关重要（如期后事项），该事项将包含在审计报告的强调事项段中。

除上述审计准则要求增加强调事项的情形外，注册会计师可能认为需要增加强调事项段的情形举例如下。

异常诉讼或监管行动的未来结果存在不确定性。

提前应用（在允许的情况下）对财务报表有广泛影响的新会计准则。

存在已经或持续对被审计单位财务状况产生重大影响的特大灾难。

（3）增加强调事项段的措施

1）将强调事项段作为单独的一部分置于审计报告中，并使用包含“强调事项”这一术语的适当标题。

2）明确提及被强调事项及相关披露的位置，以便能够在财务报表中找到对该事项的详细描述。强调事项段应当仅提及已在财务报表中列报或披露的信息。

3）指出审计意见没有因该强调事项而改变。在审计报告中包含强调事项段不影响审计意见。

带强调事项段的无保留意见的审计报告格式如下所示。

审 计 报 告

ABC 股份有限公司全体股东:

一、对财务报表出具的审计报告

（一）审计意见

我们审计了 ABC 股份有限公司（以下简称“ABC 公司”）财务报表，包括 20×8 年 12 月 31 日的资产负债表，20×8 年度的利润表、现金流量表、股东权益变动表及相关财务报表附注。

我们认为，后附的财务报表在所有重大方面按照企业会计准则的规定编制，公允地反映了 ABC 公司 20×8 年 12 月 31 日的财务状况及 20×8 年度的经营成果和现金流量。

（二）形成审计意见的基础

我们按照中国注册会计师审计准则的规定执行了审计工作。审计报告的“注册会计师对财务报表审计的责任”部分进一步阐述了我们在这些准则下的责任。按照中国注册会计师职业道德守则，我们独立于 ABC 公司，并履行了职业道德方面的其他责任。我们相信我们获取的审计证据是充分、适当的，为发表审计意见提供了基础。

（三）强调事项

我们提醒财务报表使用者关注，如财务报表附注×所述，ABC 公司在 20×8 年发生亏损×万元，在 20××年 12 月 31 日，流动负债高于资产总额××万元。ABC 公司已在财务报表附注×中充分披露了拟采取的改善措施，但其持续经营能力仍然存在重大不确定性。本段内容不影响已发表的审计意见。

（四）关键审计事项

关键审计事项是根据我们的职业判断，认为对本期财务报表审计最为重要的事项。这些事项是在对财务报表整体进行审计并形成意见的背景下进行处理的，我们不对这些事项提供单独的意见。

[按照《中国注册会计师审计准则第 1504 号——在审计报告中沟通关键审计事项》规定描述每一关键审计事项。]

（五）管理层和治理层对财务报表的责任

管理层负责按照企业会计准则的规定编制财务报表，使其实现公允地反映，并设计、执行和维护必要的内部控制，以使财务报表不存在由于舞弊或错误导致的重大错报。

在编制财务报表时，管理层负责评估 ABC 公司的持续经营能力，披露与持续经营相关的事项（如适用），并运用持续经营假设，除非计划清算 ABC 公司、停止营运或别无其他现实的选择。

治理层负责监督 ABC 公司的财务报告过程。

（六）注册会计师对财务报表审计的责任

我们的目标是对财务报表整体是否不存在由于舞弊或错误导致的重大错报获取合

理保证，并出具包含审计意见的审计报告。合理保证是高水平的保证，但并不能保证按照审计准则执行的审计在某一重大错报存在时总能发现。错报可能由于舞弊或错误导致，如果合理预期错报单独或汇总起来可能影响财务报表使用者依据财务报表作出的经济决策，则通常认为错报是重大的。

在按照审计准则执行审计的过程中，我们运用了职业判断，保持了职业怀疑。我们同时：

1）识别和评估由于舞弊或错误导致的财务报表重大错报风险；对这些风险有针对性地设计和实施审计程序；获取充分、适当的审计证据，作为发表审计意见的基础。由于舞弊可能涉及串通、伪造、故意遗漏、虚假陈述或凌驾于内部控制之上，未能发现由于舞弊导致的重大错报的风险高于未能发现由于错误导致的重大错报的风险。

2）了解与审计相关的内部控制，以设计恰当的审计程序，但目的并非对内部控制的有效性发表意见。

3）评价管理层选用会计政策的恰当性和作出会计估计及相关披露的合理性。

4）对管理层使用持续经营假设的恰当性得出结论。同时，根据获取的审计证据，就可能导致对 ABC 公司持续经营能力产生重大疑虑的事项或情况是否存在重大不确定性得出结论。如果我们得出结论认为存在重大不确定性，审计准则要求我们在审计报告中提请报表使用者注意财务报表中的相关披露；如果披露不充分，我们应当发表非无保留意见。我们的结论基于审计报告日可获得的信息。然而，未来的事项或情况可能导致 ABC 公司不能持续经营。

5）评价财务报表的总体列报、结构和内容（包括披露），并评价财务报表是否公允地反映相关交易和事项。

我们与治理层就计划的审计范围、时间安排和重大审计发现（包括我们在审计中识别的值得关注的内部控制缺陷）等事项进行沟通。

我们还就关于遵守独立性的相关职业道德要求向治理层提供声明，并就可能被合理认为影响我们独立性的所有关系和其他事项，以及相关的防范措施（如适用）与治理层进行沟通。

从与治理层沟通的事项中，我们确定哪些事项对本期财务报表审计最为重要，因而构成关键审计事项。我们在审计报告中描述这些事项，除非法律法规禁止公开披露这些事项，或在极其罕见的情形下，如果合理预期在审计报告中沟通某事项造成的负面后果超过在公众利益方面产生的益处，我们确定不应在审计报告中沟通该事项。

二、按照相关法律法规的要求报告的事项

[本部分的格式和内容，取决于法律法规对其他报告责任的性质的规定。]

××会计师事务所　　　　　　　　中国注册会计师：×××（项目合伙人）
（盖章）　　　　　　　　　　　　（签名并盖章）
　　　　　　　　　　　　　　　　中国注册会计师：×××
　　　　　　　　　　　　　　　　（签名并盖章）

中国××市　　　　　　　　　　　二〇×九年×月×日

二、非无保留意见

非无保留意见包括保留意见、否定意见和无法表示意见。

1. 保留意见

保留意见是审计人员认为被审计单位的经营活动和财务报表在整体上是公允的，但对某些问题还不能做出肯定或否定，个别方面可能存在的重要错误或问题又不足以使财务报表失效而相应做出保留若干意见的评价。

（1）发表保留意见的情形

当存在下列情形之一时，注册会计师应当发表保留意见。

1）在获取充分、适当的审计证据后，注册会计师认为错报单独或汇总起来对财务报表影响重大，但不具有广泛性。

注册会计师在获取充分、适当的审计证据后，只有当认为财务报表就整体而言是公允的，但还存在对财务报表产生重大影响的错报时，才能发表保留意见。

2）注册会计师无法获取充分、适当的审计证据以作为形成审计意见的基础，但认为未发现的错报（如存在）对财务报表可能产生的影响重大，但不具有广泛性。

注册会计师因审计范围受到限制而无法获取审计证据对形成审计意见的影响重大但不具有广泛性时，发表保留意见。

（2）发表保留意见的格式

当由于财务报表存在重大错报而发表保留意见时，注册会计师应当根据适用的财务报告编制基础在审计意见段中说明：注册会计师认为，除了形成保留意见的基础部分所述事项产生的影响外，财务报表在所有重大方面按照适用的财务报告编制基础编制，并实现公允地反映。

当无法获取充分、适当的审计证据而导致发表保留意见时，注册会计师应当在审计意见段中使用“除……可能产生的影响外”等措辞。

当注册会计师发表保留意见时，在审计意见段中使用“由于上述解释”或“受……影响”等措辞是不恰当的，因为这些措辞不够清晰或没有足够的说服力。

保留意见的审计报告（审计范围受到限制）格式如下所示。

审 计 报 告

ABC 股份有限公司全体股东:

一、对财务报表出具的审计报告

（一）保留意见

我们审计了 ABC 股份有限公司（以下简称“ABC 公司”）财务报表，包括 20×8 年 12 月 31 日的资产负债表，20×8 年度的利润表、现金流量表、股东权益变动表及相关财务报表附注。

我们认为，除“形成保留意见的基础”部分所述事项产生的影响外，后附的财务报表在所有重大方面按照企业会计准则的规定编制，公允地反映了ABC公司20×8年12月31日的财务状况及20×8年度的经营成果和现金流量。

（二）形成保留意见的基础

ABC公司20×8年12月31日资产负债表中“存货”的列示金额为×元。管理层根据成本对存货进行计量，而没有根据成本与可变现净值孰低的原则进行计量，这不符合企业会计准则的规定。ABC公司的会计记录显示，如果管理层以成本与可变现净值孰低来计量存货，存货列示金额将减少×元。相应地，资产减值损失将增加×元，所得税、净利润和股东权益将分别减少×元、×元和×元。

我们按照中国注册会计师审计准则的规定执行了审计工作。审计报告的“注册会计师对财务报表审计的责任”部分进一步阐述了我们在这些准则下的责任。按照中国注册会计师职业道德守则，我们独立于ABC公司，并履行了职业道德方面的其他责任。我们相信，我们获取的审计证据是充分、适当的，为发表保留意见提供了基础。

（三）关键审计事项

关键审计事项是根据我们的职业判断，认为对本期财务报表审计最为重要的事项。这些事项是在对财务报表整体进行审计并形成意见的背景下进行处理的，我们不对这些事项单独的意见。除“形成保留意见的基础”部分所述事项外，我们确定下列事项是需要在审计报告中沟通的关键审计事项。

[按照《中国注册会计师审计准则第1504号——在审计报告中沟通关键审计事项》规定描述每一关键审计事项。]

（四）管理层和治理层对财务报表的责任

管理层负责按照企业会计准则的规定编制财务报表，使其实现公允地反映，并设计、执行和维护必要的内部控制，以使财务报表不存在由于舞弊或错误导致的重大错报。

在编制财务报表时，管理层负责评估ABC公司的持续经营能力，披露与持续经营相关的事项（如适用），并运用持续经营假设，除非计划清算ABC公司、停止营运或别无其他现实的选择。

治理层负责监督ABC公司的财务报告过程。

（五）注册会计师对财务报表审计的责任

我们的目标是对财务报表整体是否不存在由于舞弊或错误导致的重大错报获取合理保证，并出具包含审计意见的审计报告。合理保证是高水平的保证，但并不能保证按照审计准则执行的审计在某一重大错报存在时总能发现。错报可能由于舞弊或错误导致，如果合理预期错报单独或汇总起来可能影响财务报表使用者依据财务报表作出的经济决策，则通常认为错报是重大的。

在按照审计准则执行审计的过程中，我们运用了职业判断，保持了职业怀疑。我们同时：

1）识别和评估由于舞弊或错误导致的财务报表重大错报风险；对这些风险有针对性地设计和实施审计程序；获取充分、适当的审计证据，作为发表审计意见的基础。由于舞弊可能涉及串通、伪造、故意遗漏、虚假陈述或凌驾于内部控制之上，未能发现由于舞弊导致的重大错报的风险高于未能发现由于错误导致的重大错报的风险。

2）了解与审计相关的内部控制，以设计恰当的审计程序，但目的并非对内部控制的有效性发表意见。

3）评价管理层选用会计政策的恰当性和作出会计估计及相关披露的合理性。

4）对管理层使用持续经营假设的恰当性得出结论。同时，根据获取的审计证据，就可能导致对 ABC 公司持续经营能力产生重大疑虑的事项或情况是否存在重大不确定性得出结论。如果我们得出结论认为存在重大不确定性，审计准则要求我们在审计报告中提请报表使用者注意财务报表中的相关披露；如果披露不充分，我们应当发表非无保留意见。我们的结论基于审计报告日可获得的信息。然而，未来的事项或情况可能导致 ABC 公司不能持续经营。

5）评价财务报表的总体列报、结构和内容（包括披露），并评价财务报表是否公允地反映相关交易和事项。

我们与治理层就计划的审计范围、时间安排和重大审计发现（包括我们在审计中识别的值得关注的内部控制缺陷）等事项进行沟通。

我们还就关于遵守独立性的相关职业道德要求向治理层提供声明，并就可能被合理认为影响我们独立性的所有关系和其他事项，以及相关的防范措施（如适用）与治理层进行沟通。

从与治理层沟通的事项中，我们确定哪些事项对本期财务报表审计最为重要，因而构成关键审计事项。我们在审计报告中描述这些事项，除非法律法规禁止公开披露这些事项，或在极其罕见的情形下，如果合理预期在审计报告中沟通某事项造成的负面后果超过在公众利益方面产生的益处，我们确定不应在审计报告中沟通该事项。

二、按照相关法律法规的要求报告的事项

[本部分的格式和内容，取决于法律法规对其他报告责任的性质的规定。]

××会计师事务所　　　　　　　　中国注册会计师：×××（项目合伙人）
（盖章）　　　　　　　　　　　　（签名并盖章）
　　　　　　　　　　　　　　　　中国注册会计师：×××
　　　　　　　　　　　　　　　　（签名并盖章）
中国××市　　　　　　　　　　　二〇×九年×月×日

2. 否定意见

否定意见是指审计人员认为被审计单位在经营活动中存在严重违法乱纪行为或会计处理严重违反会计准则和国家其他有关财务会计法规，致使财务报表严重歪曲财务状况和经营成果而给予的一种否定的评价。

在获取充分、适当的审计证据后，注册会计师认为错报单独或汇总起来对财务报表影响重大，且具有广泛性，注册会计师应当出具否定意见的审计报告。

当发表否定意见时，注册会计师应当根据适用的财务报告编制基础在审计意见段中说明：注册会计师认为，由于形成否定意见的基础部分所述事项的重要性，财务报表没有在所有重大方面按照适用的财务报告编制基础编制，未能实现公允地反映。否定意见的审计报告格式如下所示。

审 计 报 告

ABC 股份有限公司全体股东:

一、对财务报表出具的审计报告

（一）否定意见

我们审计了 ABC 股份有限公司（以下简称“ABC 公司”）财务报表，包括 20×8 年 12 月 31 日的资产负债表，20×8 年度的利润表、现金流量表、股东权益变动表及相关财务报表附注。

我们认为，由于“形成否定意见的基础”部分所述事项产生的影响，后附的财务报表没有在所有重大方面按照企业会计准则的规定编制，未能公允地反映 ABC 公司 20×8 年 12 月 31 日的财务状况及 20×8 年度的经营成果和现金流量。

（二）形成否定意见的基础

如财务报表附注×中所述，ABC 公司的长期股权投资未按企业会计准则的规定采用权益法核算。如果按权益法核算，ABC 公司的长期股权投资账面价值将减少××万元，净利润将减少××万元，从而导致 ABC 公司由盈利××万元变为亏损××万元。

我们按照中国注册会计师审计准则的规定执行了审计工作。审计报告的“注册会计师对财务报表审计的责任”部分进一步阐述了我们在这些准则下的责任。按照中国注册会计师职业道德守则，我们独立于 ABC 公司，并履行了职业道德方面的其他责任。我们相信，我们获取的审计证据是充分、适当的，为发表否定意见提供了基础。

（三）关键审计事项

关键审计事项是根据我们的职业判断，认为对本期财务报表审计最为重要的事项。这些事项是在对财务报表整体进行审计并形成意见的背景下进行处理的，我们不对这些事项提供单独的意见。除“形成否定意见的基础”部分所述事项外，我们确定下列事项是需要在审计报告中沟通的关键审计事项。

[按照《中国注册会计师审计准则第 1504 号——在审计报告中沟通关键审计事项》规定描述每一关键审计事项。]

（四）管理层和治理层对财务报表的责任

管理层负责按照企业会计准则的规定编制财务报表，使其实现公允地反映，并设计、执行和维护必要的内部控制，以使财务报表不存在由于舞弊或错误导致的重大错报。

在编制财务报表时，管理层负责评估 ABC 公司的持续经营能力，披露与持续经营相关的事项（如适用），并运用持续经营假设，除非计划清算 ABC 公司、停止营运或别无其他现实的选择。

治理层负责监督 ABC 公司的财务报告过程。

（五）注册会计师对财务报表审计的责任

我们的目标是对财务报表整体是否不存在由于舞弊或错误导致的重大错报获取合理保证，并出具包含审计意见的审计报告。合理保证是高水平的保证，但并不能保证按照审计准则执行的审计在某一重大错报存在时总能发现。错报可能由于舞弊或错误导致，如果合理预期错报单独或汇总起来可能影响财务报表使用者依据财务报表作出的经济决策，则通常认为错报是重大的。

在按照审计准则执行审计的过程中，我们运用了职业判断，保持了职业怀疑。我们同时:

1）识别和评估由于舞弊或错误导致的财务报表重大错报风险；对这些风险有针对性地设计和实施审计程序；获取充分、适当的审计证据，作为发表审计意见的基础。由于舞弊可能涉及串通、伪造、故意遗漏、虚假陈述或凌驾于内部控制之上，未能发现由于舞弊导致的重大错报的风险高于未能发现由于错误导致的重大错报的风险。

2）了解与审计相关的内部控制，以设计恰当的审计程序，但目的并非对内部控制的有效性发表意见。

3）评价管理层选用会计政策的恰当性和作出会计估计及相关披露的合理性。

4）对管理层使用持续经营假设的恰当性得出结论。同时，根据获取的审计证据，可能导致对 ABC 公司持续经营能力产生重大疑虑的事项或情况是否存在重大不确定性得出结论。如果我们得出结论认为存在重大不确定性，审计准则要求我们在审计报告中提请报表使用者注意财务报表中的相关披露；如果披露不充分，我们应当发表非无保留意见。我们的结论基于审计报告日可获得的信息。然而，未来的事项或情况可能导致 ABC 公司不能持续经营。

5）评价财务报表的总体列报、结构和内容（包括披露），并评价财务报表是否公允地反映相关交易和事项。

我们与治理层就计划的审计范围、时间安排和重大审计发现（包括我们在审计中识别的值得关注的内部控制缺陷）等事项进行沟通。

我们还就关于遵守独立性的相关职业道德要求向治理层提供声明，并就可能被合理认为影响我们独立性的所有关系和其他事项，以及相关的防范措施（如适用）与治理层进行沟通。

从与治理层沟通的事项中，我们确定哪些事项对本期财务报表审计最为重要，因而构成关键审计事项。我们在审计报告中描述这些事项，除非法律法规禁止公开披露这些事项，或在极其罕见的情形下，如果合理预期在审计报告中沟通某事项造成的负面后果超过在公众利益方面产生的益处，我们确定不应在审计报告中沟通该事项。

二、按照相关法律法规的要求报告的事项

[本部分的格式和内容，取决于法律法规对其他报告责任的性质的规定。]

××会计师事务所　　　　　　　　　中国注册会计师：×××（项目合伙人）
（盖章）　　　　　　　　　　　　　　（签名并盖章）
　　　　　　　　　　　　　　　　中国注册会计师：×××
　　　　　　　　　　　　　　　　　　（签名并盖章）
中国××市　　　　　　　　　　　　二〇×九年×月×日

3. 无法表示意见

无法表示意见是指审计人员在审计过程中因未搜集到足够的审计证据，无法对被审计单位的财务报表发表确切的审计意见所表示的一种不做评价的意见。

审计人员在审计过程中，由于审计范围受到委托人、被审计单位或客观环境的严重限制，诸如因被审计单位未能提供必要的会计资料使审计工作无法进行，或技术条件限制而难以对多项重要业务进行查证等，不能获取必要的审计证据，以致无法对财务报表整体反映发表审计意见时，应当出具无法表示意见的审计报告。

当由于无法获取充分、适当的审计证据而发表无法表示意见时，注册会计师应当在审计意见段中说明：由于形成无法表示意见的基础部分所述事项的重要性，注册会计师无法获取充分、适当的审计证据作为发表审计意见提供基础。因此，注册会计师不对这些财务报表发表意见。无法表示意见的审计报告格式如下所示。

审计报告

ABC 股份有限公司全体股东：

一、对财务报表出具的审计报告

（一）无法表示意见

我们接受委托，审计 ABC 股份有限公司（以下简称“ABC 公司”）财务报表，包括 20×8 年 12 月 31 日的资产负债表，20×8 年度的利润表、现金流量表、股东权益变动表及相关财务报表附注。

我们不对后附的 ABC 公司财务报表发表审计意见。由于“形成无法表示意见的基础”部分所述事项的重要性，我们无法获取充分、适当的审计证据以作为对财务报表发表审计意见的基础。

（二）形成无法表示意见的基础

我们于 20×9 年 1 月接受 ABC 公司的审计委托，因而未能对 ABC 公司 20×8 年初金额为×元的存货和年末金额为×元的存货实施监盘程序。此外，我们也无法实施替代审计程序获取充分、适当的审计证据。并且，ABC 公司于 20×8 年 9 月采用新的应收账款电算化系统，由于存在系统缺陷导致应收账款出现大量错误。截至报告日，管理层仍在纠正系统缺陷并更正错误，我们也无法实施替代审计程序，以对截至 20×8 年 12 月 31 日的应收账款总额×元获取充分、适当的审计证据。因此，我们无法确定是否有必要对存货、应收账款及对财务报表其他项目作出调整，也无法确定应调整的金额。

（三）管理层和治理层对财务报表的责任

管理层负责按照企业会计准则的规定编制财务报表，使其实现公允地反映，并设计、执行和维护必要的内部控制，以使财务报表不存在由于舞弊或错误导致的重大错报。

在编制财务报表时，管理层负责评估 ABC 公司的持续经营能力，披露与持续经营相关的事项（如适用），并运用持续经营假设，除非计划清算 ABC 公司、停止营运或别无其他现实的选择。

治理层负责监督 ABC 公司的财务报告过程。

（四）注册会计师对财务报表审计的责任

我们的责任是按照中国注册会计师审计准则的规定，对 ABC 公司的财务报表执行审计工作，以出具审计报告。但由于"形成无法表示意见的基础"部分所述的事项，我们无法获取充分、适当的审计证据以作为发表审计意见的基础。

按照中国注册会计师职业道德守则，我们独立于 ABC 公司，并履行了职业道德方面的其他责任。

二、对其他法律和监管要求的报告

[按照《中国注册会计师审计准则第 1501 号——对财务报表形成审计意见和出具审计报告》的规定报告。]

××会计师事务所　　　　　　　　中国注册会计师：×××（项目合伙人）
（盖章）　　　　　　　　　　　　（签名并盖章）
　　　　　　　　　　　　　　　　中国注册会计师：×××
　　　　　　　　　　　　　　　　（签名并盖章）
中国××市　　　　　　　　　　　二〇×九年×月×日

项目小结

本项目主要对经过审计过程后如何出具审计报告进行阐述。审计报告是注册会计师对财务报表各项目实施审计程序获取证据、对报表各项目进行确认后发表的审计意见，在何种情况下出具无保留意见审计报告，何种情况下出具非无保留意见审计报告；如果出具非无保留意见审计报告，应出具保留意见还是出具否定意见审计报告，还是无法表示意见审计报告，注册会计师应做出合理的选择。

演练与提升

一、思考题

1. 试述注册会计师的审计报告有哪些基本内容。
2. 影响发表非无保留意见的情形有哪些？
3. 注册会计师可出具哪几种类型的审计报告？
4. 试说明无保留意见、保留意见、否定意见和无法表示意见的区别。

二、实训题

（一）单项选择题

1. 会计师事务所对某项股份有限公司的财务报表进行审计，审计报告的收件人应为（　　）。

A. 全体员工　　B. 全体股东　　C. 董事会　　D. 董事长

2. 由于未能取得充分、适当的审计证据，注册会计师对被审计单位财务报表整体不能发表意见，应当（　　）。

A. 拒绝接受委托　　B. 拒绝提供审计报告
C. 出具无法表示意见的审计报告　　D. 出具否定意见的审计报告

3. 如果被审计单位限制审计人员监盘构成总资产 50%的存货，尽管对财务报表的其他项目都取得了满意的证据，但无法对存货运用替代审计程序，则审计人员应出具（　　）审计报告。

A. 标准　　B. 带强调事项段的无保留意见
C. 保留意见　　D. 无法表示意见

4. 注册会计师在出具保留意见、否定意见或无法表示意见的审计报告时，应在意见段之前增加说明段，说明所持意见的理由，并在可能的情况下指出其对（　　）的影响程度。

A. 审计意见　　B. 财务报表
C. 审计风险　　D. 被审计单位现金流量

5. 在我国，注册会计师的审计报告的标题统一为（　　）。

A. 会计师事务所审计报告　　B. 查账报告
C. 审计报告　　D. 注册会计师审计报告

6. 审计报告的日期可能是（　　）。

A. 已审的财务报表的截止日　　B. 管理层已经正式签署的财务报表
C. 审计业务约定书签定日　　D. 审计报告完稿日期

7. （　　）表明注册会计师认为被审计单位财务报表整体无法接受。

A. 无保留意见　　B. 否定意见

C. 保留意见　　　　D. 无法表示意见

8. 审计范围受到限制，可能产生的影响非常广泛，应出具（　　）审计报告。

A. 否定意见　　　　B. 带强调事项段的无保留意见

C. 保留意见　　　　D. 无法表示意见

9. 下列情况中，注册会计师应出具带有强调事项段无保留意见审计报告的是（　　）。

A. 资产负债表日的一项未决诉讼，律师认为胜负难料，一旦败诉对企业将产生重大影响，被审计单位已在会计报表附注中进行了披露

B. 资产负债表日的一项未决诉讼，律师认为胜负难料，一旦败诉对企业将产生重大影响，被审计单位拒绝在会计报表附注中进行披露

C. 审计年度中转入不需用设备一台，未计提折旧金额为 5 万元（累计折旧重要性水平为 10 万元）被审计单位未予调整

D. 被审计单位将按正常市价出售给子公司商品全部确认为当期收入，已在会计报表附注中作为关联方交易予以披露。

10. 审计报告中，必须说明管理层对财务报表的责任。下列不属于管理层对财务报表的责任是（　　）。

A. 选择和运用恰当的会计政策

B. 设计、实施和维护与财务报表编制相关的内部控制

C. 对财务报表发表审计意见

D. 负责评估公司的持续经营能力

（二）多项选择题

1. 注册会计师在审计计划阶段已经确定了审计风险的可接受水平，在终结阶段，如果实际审计风险高于可接受审计风险水平，即注册会计师认为审计风险不能接受，注册会计师应当（　　）。

A. 追加额外的控制测试　　　　B. 追加额外的实质性程序

C. 说服被审计单位做必要的调整　　　　D. 发表无保留意见

2. 注册会计师出具的审计报告的作用有（　　）。

A. 鉴证作用　　　　B. 保护作用

C. 证明作用　　　　D. 减轻管理层的责任

3. 在下列专业术语中，不属于发表保留意见时常用术语的是（　　）。

A. 由于上述问题造成的重大影响

B. 除上述问题产生的影响外

C. 除存在的上述问题外

D. 由于无法获得必要的审计证据

4. 审计意见的基本类型有（　　）。

A. 无保留意见　　　　B. 保留意见

C. 否定意见　　　　D. 无法表示意见

5. 出现下列情况之一，且不影响已发表的意见，注册会计师可能出具的带强调事项段的审计报告（　　）。

A. 存在可能导致对持续经营能力产生重大疑虑的事项或情况
B. 存在可能对财务报表产生重大影响的其他不确定事项
C. 无保留意见的条件不完全具备
D. 无法表示意见

6. 非无保留意见审计报告包括（　　）。

A. 带强调事项段无保留意见　　B. 带强调事项段的保留意见
C. 否定意见审计报告　　D. 无法表示意见

7. 审计范围受到限制是指（　　）。

A. 客观环境造成的限制　　B. 审计成本过高造成的限制
C. 管理层造成的限制　　D. 审计抽样造成的限制

8. 下列关于审计报告的表述中，错误的是（　　）。

A. 对业务比较简单的被审计单位而言，不执行审计工作也可以出具审计报告
B. 注册会计师应当按照审计准则的规定执行审计工作并出具审计报告
C. 注册会计师应当以书面形式或电子形式出具审计报告
D. 对无法表示意见的审计报告，注册会计师可以不在审计报告上签字

9. 在下列情形中，注册会计师不会增加强调事项段的有（　　）。

A. 资产负债表日后，注册会计师发现新的错报，但管理层已经调整该错报
B. 被审计单位的持续经营能力存在不确定性，但已经进行充分披露
C. 被审计单位的持续经营能力存在不确定性，且拒绝进行披露
D. 被审计单位在资产负债表日后被起诉赔偿损失，法院受理但未判决

10. 关于审计报告的表述中，正确的是（　　）。

A. 审计报告采用书面形式
B. 审计报告可以由不是注册会计师的项目经理签字盖章
C. 审计报告应当有标题，统一表述为“审计报告”
D. 审计报告应当按照审计业务约定书的要求注明收件人

（三）判断题

1. 注册会计师对被审计单位财务报表发表的审计意见，是对被审计单位特定日期的财务状况和所审计期间经营成果的现金流量情况的绝对保证。（　　）

2. 注册会计师明知应当出具否定意见的审计报告，但为了规避风险，可以用无法表示意见的审计报告代替。（　　）

3. 将财务报表与审计报告一同提交给财务报表使用者，可以减少被审计单位的管理层对财务报表的真实性、合法性所负的责任。（　　）

4. 审计报告的签署日期为审计报告完稿日期。（　　）

5. 无保留意见的审计报告可以附加强调事项段。（　　）

6. 注册会计师经过审计后，认为被审计单位财务报表就其整体而言是公允的，但

因审计范围受到限制，无法按照中国注册会计师审计准则的要求取得应有的审计证据，虽影响重大，但不至于无法表示意见，则应当发表保留意见。（ ）

7. 由于审计范围受到委托人、被审计单位管理层或客观环境的严重限制，不能获取必要的审计证据，以致无法对财务报表整体反映发表审计意见时，注册会计师应当出具否定意见的审计报告。（ ）

8. 只要审计范围受到限制，注册会计师就不应该出具无保留意见的审计报告。（ ）

9. 注册会计师出具的审计报告具有法定证明效力。（ ）

10. 在任何情况下，注册会计师应当只要求被审计单位管理层就以具体识别的重大错报调整财务报表。（ ）

（四）案例分析题

山西光明会计师事务所的注册会计师李华已于2020年3月10日完成对山西华昌制造有限公司 2019 年度财务报表的审计工作，已草拟了一份无保留意见的审计报告。该会计师事务所主任会计师王利在复核审计工作底稿时发现以下情况：

1）华昌制造有限公司不愿提供2017年度和2018年度比较财务报表。

2）2018 年华昌制造有限公司变更了存货的计价方法，并将变更的影响适当地反映在本年度的财务报表内。影响当年利润 10 万元，不是特别广泛，注册会计师李华认可华昌公司的变更理由。此项变更在2019年内的附注中已经披露。

3）注册会计师李华不能执行正常的应收账款函证程序，但可利用替代程序查明应收账款的真实性。

要求：

1）以上3个事项中哪一项影响较为广泛？

2）李华是否能出具无保留意见的审计报告？为什么？

3）请替注册会计师李华编写华昌制造有限公司2019年度的审计报告（审计意见及形成审计意见的基础）。

项目九

9

销售与收款循环审计

【知识目标】

了解销售与收款循环的特征;

熟悉销售与收款循环的内部控制及控制测试;

掌握审计营业收入、应收账款、坏账准备的审计目标及实质性程序。

【技能目标】

能够识别销售与收款循环各业务环节的主要错误;

能够制定销售与收款循环各任务的审计目标;

能够根据制定的审计目标确认审计范围和执行实质性程序。

【素质目标】

培养学生的职业判断能力;

培养学生的团队合作能力。

【引导案例】

ELK公司是一家中外合资企业,2010年成立,主要从事电子产品仪器仪表的生产与加工及相关产品的销售,2019年其资产总额为2 500万元,负债为3 200万元,净资产为−700万元,2019年总收入为1.1亿元,利润总额为35万元。结合以上信息,山西光明会计师事务所的注册会计师注意到以下情况:

1)2019年ELK公司一改往年的连续亏损表现,公司实现了盈利,但统计报告显示该行业的平均销售利润率为4.2%,而ELK公司的利润率远远低于这一比率。

2)ELK公司的主要购销业务都与A、B两家公司有关,占到业务总量的88%,而A、B两家公司和ELK公司同时由C公司控制。在财务报表的附注中,ELK公司只披露了与A、B公司存在关联方关系,但未披露发生关联方交易。

3)管理层采用的是年薪制,其薪酬直接与公司的利润挂钩。为此,注册会计师决定从整理ELK公司与A、B两家关联企业的往来账目入手,结合定价的公允性及收入、成本的细节展开审计工作。

思考

1)你能分析一下注册会计师这样做的理由吗?

2)与利润挂钩的管理层年薪制会存在怎样的风险呢?

任务一　销售与收款循环概述

一、不同行业类型的收入来源

企业的收入主要来自销售商品和提供劳务等。根据所处的行业不同，企业具体的收入来源也有所不同。表 9-1 为不同行业类型的主要收入来源。

表 9-1　不同行业类型的主要收入来源

行业类型	收入来源
贸易业	作为零售商向普通大众（最终消费者）销售零售商品；作为批发商向零售商供应商品
一般制造业	通过采购原材料并将其用于生产流程制造产成品销售给客户取得收入
专业服务业	律师、会计师、商业咨询师等主要通过提供专业服务取得服务费收入
金融服务业	向客户提供金融服务取得手续费；向客户发放贷款取得利息收入；通过协助客户对其资金进行投资取得相关理财费用
建筑业	通过提供建筑服务完成建筑合同取得收入

从表 9-1 可见，一个企业所处的行业和经营性质决定了该企业的收入来源，以及为获得收入而相应产生的各项费用支出。注册会计师需要对被审计单位的相关行业活动和经营性质有比较全面的了解，才能因地制宜地执行被审计单位收入、支出的审计工作。

二、销售与收款循环中的主要业务活动

对销售与收款循环进行审计，首先应该了解该循环的业务活动。企业销售与收款循环涉及的主要业务流程，如图 9-1 所示。

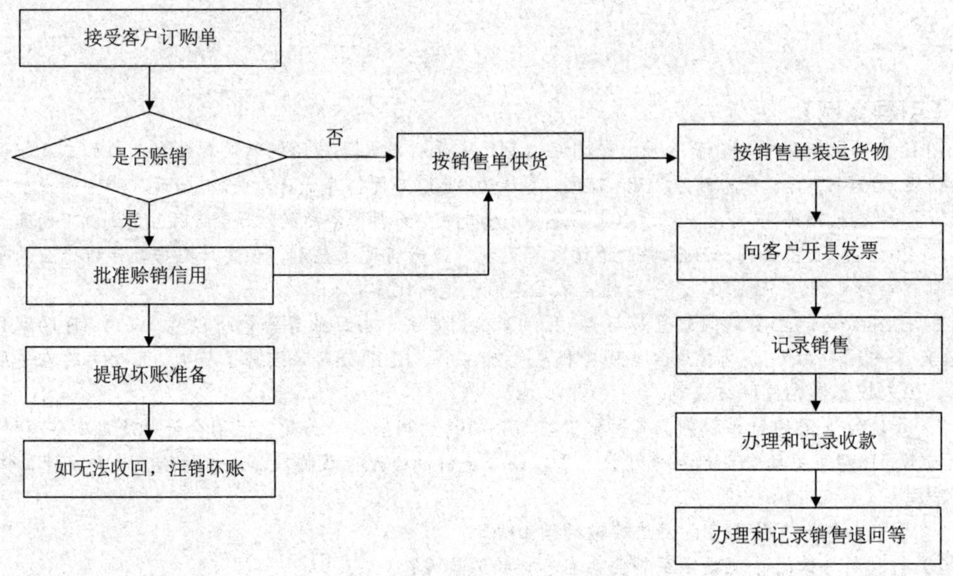

图 9-1　销售与收款循环涉及的主要业务流程

1. 接受客户订购单

客户提出订货要求是整个销售与收款循环的起点。订购单是客户购买某种货物或接受某种劳务的一项申请。客户的订购单只有在符合企业管理层授权标准时才能被接受。企业在批准了客户订购单后，通常应编制一式多联的销售单。

2. 批准赊销信用

赊销批准是由企业信用管理部门根据管理层制定的赊销政策和对每个客户已授权的信用额度来进行的。无论是否批准赊销，都要求被授权的信用管理部门人员在销售单上签署意见，然后再将已签署意见的销售单送回销售单管理部门，其目的是为了降低坏账风险。

3. 按销售单供货

仓库只有在收到经过批准的销售单时才能供货，其目的是为了防止仓库在未经授权的情况下擅自发货。因此，已批准销售单的副联通常应送达仓库，作为仓库按销售单供货和发货给装运部门的授权依据。

4. 按销售单装运货物

将供货与装运货物职责相分离，有助于避免负责装运货物的职员在未经授权的情况下装运产品。将发运凭证中所有准备发出的商品与销售单上的商品种类和数量进行比对，出具种类或数量不符的例外报告并暂缓发货。管理层复核例外报告和暂缓发货的清单，并解决问题。装运部门在装运商品的同时还要编制一式多联、连续编号的提货单，作为商品确实已装运的证据。

5. 向客户开具发票

开具发票是指开具并向客户寄送事先连续编号的销售发票。为了降低开具发票过程中出现遗漏、重复、错误计价或其他差错的风险，应设立以下的控制程序。

1）负责开发票的员工在开具每张销售发票之前，应检查是否存在发运凭证和相应的经批准的销售单。

2）依据已授权批准的商品价目表开具销售发票。

3）将发运凭证上的商品总数与相对应的销售发票上的商品总数进行比较。

上述控制程序与销售交易（即营业收入）的发生、完整性及准确性认定有关。企业通常保留销售发票的存根联。

信息系统也可以协助实现上述内部控制，在单证核对一致的情况下生成连续编号的销售发票，并对例外事项进行汇总，以供企业相关人员进行进一步的处理。

6. 记录销售

记录销售应先区分赊销和现销，然后按销售发票分别编制记账凭证。再据以登记营业收入明细账和应收账款或库存现金、银行存款日记账。

记录销售的控制程序包括以下内容。

1）依据有效的发运凭证和销售单记录销售。这些发运凭证和销售单应能证明销售交易的发生及其发生的日期。

2）使用事先连续编号的销售发票并对发票使用情况进行监控。

3）独立检查已销售发票上的销售金额与会计记录金额的一致性。

4）记录销售的职责应与处理销售交易的其他功能相分离。

5）对记录过程中所涉及的有关记录的接触权限予以限制，以减少未经授权批准的记录发生。

6）定期独立检查应收账款的明细账与总账的一致性。

7）由不负责现金出纳和销售及应收账款记账的人员定期向客户寄发对账单，对不符事项进行调查，必要时调整会计记录，编制对账情况汇总报告并交管理层审核。

7. 办理和记录现金、银行存款收入

处理货币资金收入时最重要的是要保证全部货币资金都必须如数、及时地记入库存现金、银行存款日记账或应收账款明细账，并如数、及时地存入银行。在这方面，汇款通知单起着很重要的作用。企业通过出纳与现金记账的职责分离、现金盘点、编制银行存款余额调节表、定期向客户发送对账单等加强对货币资金的控制。

8. 办理和记录销货退回、销货折扣与折让

在办理和记录销货退回、销货折扣与折让业务时，必须经授权批准，并应确保与办理此事有关的部门和职员各司其职，分别控制实物流和会计处理。在这方面，严格使用贷项通知单无疑会起到关键作用。

9. 提取坏账准备

企业一般定期对应收账款的信用风险进行评估，并根据预期信用损失计提坏账准备。

10. 注销坏账

如有证据表明某项货款已无法收回，企业即通过适当的审批程序注销该笔货款。

三、涉及的主要凭证和会计记录

典型的销售与收款循环所涉及的主要单据与会计记录有以下几种。

1. 客户订购单

客户订购单即客户提出的书面订货要求。企业可以通过销售人员或其他途径，如采用电话、信函和向现有的及潜在的客户发订货单等方式接受订货，取得客户订货单。

2. 销售单

销售单是列示客户所订商品的名称、规格、数量及其他与客户订货单有关信息的凭

证，作为销售方内部处理客户订货单的依据。

3. 发运凭证

发运凭证是在发运货物时编制的，用以反映发出商品的规格、数量和其他有关内容的凭据。发运凭证的一联留给客户，其余联（一联或数联）由企业保留，用作销售方确认收入及向客户收取货款的依据。

4. 销售发票

销售发票是一种用来表明已销售商品的名称、规格、数量、销售金额、运费和保险费的价格、开票日期、付款条件等内容的凭证。销售发票的两联（抵扣联和发票联）寄送给客户，一联（记账联）由企业保留。销售发票也是在会计账簿中登记销售交易的基本凭证之一。

5. 商品价目表

商品价目表是列示已经授权批准的、可供销售的各种商品的价格清单。

6. 贷项通知单

贷项通知单是一种用来表示由于销货退回或经批准的折让而引起的应收销货款减少的凭证。其格式通常与销售发票的格式类似。

7. 应收账款账龄分析表

应收账款账龄分析表通常按月编制，反映月末应收账款总额的账龄区间，并详细反映每个客户月末应收账款金额和账龄。它也是常见的计提应收账款坏账准备的重要依据之一。

8. 应收账款明细账

应收账款明细账是用来记录每个客户各项赊销、还款、销售退回及折让的明细账。

9. 主营业务收入明细账

主营业务收入明细账是一种用来记录销售交易的明细账，它通常记载和反映不同类别商品或服务的营业收入的明细发生情况和总额。

10. 折扣与折让明细账

折扣与折让明细账是一种用来核算企业销售商品时，按销售合同规定为了及早收回货款而给予客户的销货折扣和因商品品种、质量等原因而给予客户的销售折让情况的明细账。

11. 汇款通知单

汇款通知单是一种与销售发票一起寄给客户，由客户在付款时再寄回销货单位的凭证。这种凭证注明客户的姓名、销售发票的号码、销货单位开户银行账号及金额等内容。

12. 现金日记账和银行存款日记账

现金日记账和银行存款日记账是用来记录应收账款的收回或现销收入及其他各种现金、银行存款收入和支出的日记账。

13. 坏账核销审批表

坏账核销审批表是一种用来批准将无法收回的应收款项作为坏账予以核销的单据。

14. 客户对账单

客户对账单是一种定期寄送给客户的用于购销双方核对账目的凭证。客户对账单上通常注明应收账款的期初余额、本月销售交易的金额、本期已收到的货款、贷项通知单的金额及期末余额等内容。

15. 转账凭证

转账凭证是指记录转账业务的记账凭证，它是根据有关转账业务的原始凭证编制的。

16. 现金和银行凭证

现金和银行凭证是指分别用来记录现金和银行存款收入业务和支付业务的记账凭证。

任务二　执行销售与收款循环的控制测试

风险评估和风险应对是整个审计过程的核心，因此，通常以识别的重大错报风险为起点，选取拟测试的控制并实施控制测试。表 9-2 为销售与收款循环的风险及控制测试程序。

表 9-2　销售与收款循环的风险及控制测试程序

主要业务活动	可能发生错报的环节	相关的财务报表项目及认定	内部控制测试程序
1. 接受客户订购单	接受没有经过批准的客户订购单	收入：发生； 应收账款：存在	询问员工销售单的生成过程，检查是否所有生成的销售单均有对应的客户订购单为依据
2. 批准赊销信用	可能向没有获得赊销授权或超出其信用额度的客户赊销	收入：发生； 应收账款：存在	检查系统中自动生成销售单的生成逻辑，是否确保满足客户范围及其信用控制的要求；对于系统外授权审批的销售单，检查是否经过适当批准
3. 按销售单供货	可能在没有批准发货的情况下发出了商品	收入：发生； 应收账款：存在	检查系统内发运凭证的生成逻辑及发运凭证是否连续编号；询问并观察发运时保安人员的放行检查

续表

主要业务活动	可能发生错报的环节	相关的财务报表项目及认定	内部控制测试程序
4. 按销售单装运货物	发运商品与客户销售单可能不一致	收入：准确性； 应收账款：计价和分摊	检查例外报告和暂缓发货的清单
	已发出商品可能与发运凭证上的商品种类和数量不符	收入：准确性； 应收账款：计价和分摊	询问供货与装运货物职责是否相分离；检查发运凭证上相关员工及客户的签名，作为发货一致的证据
	已销售商品可能未实际发运给客户	收入：发生； 应收账款：存在	检查发运凭证上客户的签名，作为收货的证据
5. 向客户开具发票	商品发运可能未开具销售发票或已开出发票而没有发运凭证的支持	应收账款：存在、完整、权利和义务； 收入：发生	检查系统生成发票的逻辑；检查例外报告及跟进情况
	发票上的金额可能出现计算错误	收入：准确性； 应收账款：计价和分摊	自动：询问发票生成程序更改的一般控制情况，确定是否经授权及现有版本是否正在被使用；检查有关程序更改的复核审批程序。 手工：检查与发票计算金额正确性相关的人员的签名，重新计算发票金额，证实其是否正确
6. 记录销售	销售发票入账的会计期间可能不正确	收入：截止、发生； 应收账款：存在、完整、权利和义务	检查系统中销售记录生成的逻辑；重新执行销售截止检查程序；检查客户质询信件并确定问题是否已得到解决
	销售发票入账金额可能不准确	收入：准确性； 应收账款：计价和分摊	检查系统销售入账记录的生成逻辑，对于手工调节项目进行检查，并检查原因是否合理； 检查客户质询信件并确定问题是否已得到解决
	销售发票可能被记入不正确的应收账款明细账户	应收账款：计价和分摊	检查应收账款客户主文档中明细余额汇总金额的调节结果与应收账款总分类账是否核对相符，以及负责该项工作的员工签名；检查客户质询信件并确定问题是否已得到解决
7. 办理和记录现金、银行存款收入	应收账款记录的收款与银行存款可能不一致	应收账款/货币资金：完整、存在、权利和义务、计价和分摊	检查核对每日收款汇总表、电子版收款清单和银行存款清单的核对记录和核对人签名；检查银行存款余额调节表和负责编制的员工的签名；检查客户质询信件并确定问题是否已被解决
	收款可能被记入不正确的应收账款账户	应收账款：计价和分摊、存在	检查客户质询信件并确定问题是否已被解决；检查管理层对应收账款账龄分析表的复核及跟进措施
	登记入账的现金收入与企业已经实际收到的现金不符	收入：完整、发生、截止、准确性； 货币资金：完整、存在	实地观察收银台、销售点的收款过程，并检查在这些地方是否有足够的物理监控，检查收款台打印销售小票和现金销售汇总表的程序设置和修改权限设置；检查盘点记录和结算记录上负责计算现金和与销售汇总表相调节工作的员工的签名，检查银行存款单和销售汇总表上的签名，证明已实施复核；检查银行存款余额调节表的编制和复核人员的审核记录

续表

主要业务活动	可能发生错报的环节	相关的财务报表项目及认定	内部控制测试程序
8. 办理和记录销货退回、销货折扣与折让	销货退回、销货折扣与折让未经过适当批准就进行记录	收入：发生、准确性；应收账款：计价和分摊、存在	检查办理和记录销货退回、销货折扣与折让业务是否经过适当批准；检查贷项通知单的使用情况；抽取一定数量的销售调整业务会计凭证，检查销货退回、折让、折扣的核准与会计核算
9. 提取坏账准备	坏账准备的计提可能不充分	应收账款：计价和分摊	检查财务系统计算账龄分析表的规则是否正确；询问管理层如何复核坏账准备计提表的计算；检查是否有复核人员的签字
10. 注销坏账	坏账的核销没有经过审批就进行记录	应收账款：计价和分摊	检查坏账核销是否经过管理层的恰当审批

【例 9-1】 销售与收款循环内部控制。

B 公司主要经营中小型机电类产品的生产和销售，产品销售以 B 公司仓库为交货地点，目前主要采用手工会计系统。通过对 B 公司内部控制的了解，注册会计师小李记录了所了解的和销售与收款循环相关的内部控制程序，部分内容摘录如下。

1）由销售部门信用人员对客户进行信用评价，充分了解客户的信誉、财务状况等，据此确定客户信用额度、信用期限、折扣期限与现金折扣比率。

2）销售部门指定专人就销售价格、信用政策、发货及收款方式等具体事项与客户进行谈判，并与客户签订销售合同。

3）企业制定较为详细的折扣、折让和返点等促销政策和规定，经销售经理批准，由销售人员严格执行。

4）根据销售合同，销售部门编制预先连续编号的一式三联现销或赊销销售单。经销售部门被授权人员批准后，所有销售单的第一联直接送仓库作为按销售单供货和发货给装运部门的授权依据，第二联交开具账单部门，第三联由销售部门留存。装运部门将从仓库提取的商品与销售单核对无误后装运，并编制一式四联预先连续编号的发运单，其中三联及时分送开具账单部门、仓库和客户，一联留存装运部门。

5）开具账单部门在收到发运单并与销售单核对无误后，编制预先连续编号的销售发票，并将其连同发运单和销售单及时送交会计部门。会计部门在核对无误后确认销售收入并登记应收账款账簿。会计部门定期向客户寄送对账单，并对客户提出的异议进行专门追查。

6）需经销售经理审批方可销售退回，销售退回的货物经仓库部门清点后入库并填制退货接收报告。财务部门根据退货接收报告和退货方出具的退货凭证审核并办理相应的退款事项。

7）财务部门负责催收应收账款，妥善保存催收记录，并建立科学合理的清收奖励制度及责任追究和处罚制度。

8）公司的应收账款账龄分析由专门的应收账款账龄分析计算机系统完成，该系统由独立的信息部门负责维护管理。会计部门相关人员负责在系统中及时录入所有与应收账款交易相关的基础数据。为了便于及时更正录入的基础数据可能存在差错，信息部门拥有修改基础数据的权限。

9）现金出纳定期向客户寄送对账单，与客户进行账务核对工作，若发现不符应及时处理。

要求：指出B公司上述内部控制是否存在问题。

【解析】 B公司内部控制存在的问题如下。

1）存在内部控制缺陷，应该由财务部门的信用人员对顾客进行信用管理。

2）存在内部控制缺陷，销售谈判和签订销售合同属于不相容职务，应由两名人员分别担任。

3）存在内部控制缺陷，企业制定较为详细的销售折扣、折让和返点等促销政策和规定，经董事会批准，由销售部门严格执行。

4）存在内部控制缺陷，对于赊销业务应当由信用审批部门根据管理当局的赊销政策进行确定，以及对每个顾客已经授权的信用额度进行调查。

5）不存在内部控制缺陷。

6）存在内部控制缺陷，销售退回的货物经质检部门检验和仓库部门清点后入库，并填制检验证明和退货接收报告。财务部门根据检验证明和退货接收报告和退货方出具的退货凭证审核并办理相应的退款事项。

7）存在内部控制缺陷，应由销售部门负责催收应收账款，妥善保存催收记录，财务部门督促销售部门催收应收账款，并建立科学合理的清收奖励制度及责任追究和处罚制度。

8）存在内部控制缺陷，基础信息属于财务数据，对于基础信息的修改应当由财务部门的人员来完成，不应当由信息部门完成修改。

9）存在内部控制缺陷，应由独立于现金出纳、销售人员和应收账款记账人员之外的人员定期向客户寄送对账单，与客户进行账务核对工作，若发现不符应及时处理。

互动讨论

注册会计师小李应执行哪些内部控制测试来判断B公司内部控制的有效性？

任务三　销售与收款循环的实质性程序

销售与收款交易的主要重大错报风险通常是高估收入和应收款项，从而高估利润、粉饰财务状况。因此，在该循环的测试中，重点应放在交易的真实性、完整性、计价、分类等方面，通常要综合使用分析程序和细节测试来完成。所以，在该项任务中应重点介绍营业收入和应收账款的实质性程序。

一、营业收入的实质性程序

1. 营业收入的审计目标

“营业收入”项目核算企业在销售商品、提供劳务等主营业务活动中所产生的收入，以及企业确认的除主营业务活动以外的其他经营活动实现的收入，包括出租固定资产、出租无形资产、出租包装物和商品、销售材料等实现的收入。营业收入的审计目标主要包括下列内容。

1）确定利润表中记录的营业收入是否已发生，且与被审计单位有关（发生认定）。

2）确定所有应当记录的营业收入是否均已记录（完整性认定）。

3）确定与营业收入有关的金额及其他数据是否已恰当记录，包括对销售退回、销售折扣与折让的处理是否适当（准确性认定）。

4）确定营业收入是否已记录于正确的会计期间（截止认定）。

5）确定营业收入是否已按照企业会计准则的规定在财务报表中作出恰当的列报（列报认定）。

营业收入包括主营业务收入和其他业务收入。下面分别介绍这两部分的实质性程序。

2. 主营业务收入的实质性程序

微课：营业收入实质性程序工作底稿的编制

1）获取或编制营业收入明细表，并与总账数和明细账合计数核对相符，同时结合“其他业务收入”科目数额，与报表数核对相符。

2）执行必要的实质性分析程序，检查是否存在异常。例如，本期收入与上期的比较、本期重要产品的毛利率与上期及同行业企业的比较、本期各月各类主营业务收入的波动情况比较等。

3）审查主营业务收入的确认原则、方法，注意是否符合企业会计准则和会计制度的收入实现条件，前后期是否一致。需要特别关注周期性、偶然性的收入是否符合既定的收入确认原则和方法。

通常，在基于对被审计单位商业模式和日常经营活动了解的基础上，对所选取的交易，追查至原始的销售合同及与履行合同相关的单据和文件记录，以评价收入确认方法是否符合《企业会计准则》的规定。

思考

你能说一说收入的实现条件吗？

❍案例导读❍

根据《企业会计准则第 14 号——收入》的规定，企业应当在履行了合同中的履约义务，以及在客户取得相关商品控制权时确认收入。取得相关商品控制权，是指能够主导该商品的使用并从中获得几乎全部的经济利益。

当企业与客户之间的合同同时满足下列条件时，企业应当在客户取得相关商品控制权时确认收入：

1）合同各方已批准该合同并承诺将履行各自义务。

2）该合同明确了合同各方与所转让商品或提供劳务（以下简称“转让商品”）相关的权利和义务。

3）该合同有明确的与所转让的商品相关的支付条款。

4）该合同具有商业实质，即履行该合同将改变企业未来现金流量的风险、时间分布或金额。

5）企业因向客户转让商品而有权取得的对价很可能收回。

《企业会计准则》分别对“在某一时段内履行的履约义务”和“在某一时点履行的履约义务”的收入确认作出了规定。

对于在某一时段内履行的履约义务，企业应当在该段时间内按照履约进度确认收入。当履约进度能够合理确定时，采用产出法或投入法确定恰当的履约进度。当履约进度不能合理确定时，企业已经发生的成本预计能够得到补偿的，应当按照已经发生的成本金额确认收入，直到履约进度能够合理确定为止。

对于在某一时点履行的履约义务，企业应当在客户取得相关商品控制权时点确认收入。在判断客户是否已取得商品控制权时，企业应当考虑下列迹象：

1）企业就该商品享有现时收款权利，即客户就该商品负有现时付款义务。

2）企业已将该商品的法定所有权转移给客户，即客户已拥有该商品的法定所有权。

3）企业已将该商品实物转移给客户，即客户已实物占有该商品。

4）企业已将该商品所有权上的主要风险和报酬转移给客户，即客户已取得该商品所有权上的主要风险和报酬。

5）客户已接受该商品。

6）其他表明客户已取得商品控制权的迹象。

4）核对收入交易的原始凭证与会计分录。以主营业务收入明细账中的会计分录为起点，检查并交叉核对相关原始凭证（如订购单、销售单、发运凭证、发票等），以评价已入账的营业收入是否真实发生。

5）从发运凭证中选取样本，追查至销售发票存根和主营业务收入明细账，以确定是否存在遗漏事项（完整性认定）。

6）结合对应收账款实施的函证程序，选择主要客户函证本期销售额。

7）实施销售截止测试，检查有无跨期入账的问题。

实施的截止测试通常可以采用如下两种方法。

① 以账簿记录为起点。从资产负债表日前后若干天的账簿记录追查至记账凭证和客户签收的发运凭证，其目的是证实已入账收入是否在同一期间已发货并由客户签收，有无多记收入。

微课：销售与收款循环截止测试

② 以发运凭证为起点。从资产负债表日前后若干天的已经客户签收的发运凭证查

至账簿记录，确定主营业务收入是否已记入恰当的会计期间。

8）存在销货退回的，检查相关手续是否符合规定，结合原始销售凭证检查其会计处理是否正确，结合存货项目审计关注其真实性。

9）检查销售折扣与折让。

针对销售折扣与折让的实质性程序可能包括如下内容。

① 获取销售折扣与折让明细表，复核加计正确，并与明细账合计数核对相符。

② 了解被审计单位有关销售折扣与折让的政策和程序，抽查销售折扣与折让的授权批准情况，与实际执行情况进行核对。

③ 检查销售折扣与折让的会计处理是否正确。

10）检查主营业务收入在财务报表中的列报和披露是否符合《企业会计准则》规定。

【例 9-2】 虚构赊销业务，提前计列销售，虚增收入，粉饰财务成果。

山西光明会计师事务所于 2020 年 3 月 5 日～3 月 25 日对 MDT 股份有限公司进行 2019 年度财务报表审计。注册会计师小张在对公司生产经营情况及销售业务情况进行分析后，发现该公司 2019 年度的经营状况比 2018 年度经营状况趋势变差，一、二季度销售与去年同期销售相比减幅达 30%，三、四季度增幅分别达 20%、40%，存在较大疑点。经检查三、四季度销售情况，发现有问题的交易事项如下：

1）2019 年 8 月 12 日和 9 月 20 日，销售明细账记录分两批销售 MT 产品给长江电器制造有限公司，合计金额为 6 800 000 元，核对“应收票据——长江公司”年末余额为 6 800 000 元，检查合同订货单，约定数量 1000 台，售价 6800 元，签发半年期商业承兑汇票结算。检查发货情况，无此发货记录。抽查相关凭证记录如下：

① 8/12-87#凭证：销售 MT 产品 400 台，汇票结算。

借：应收票据——长江公司　　2 720 000

　　贷：主营业务收入　　2 720 000

附件：发货单一份、长江公司签发的商业承兑汇票复印件一份，核对相符。

② 9/20-91#凭证：销售 MT 产品 600 台，汇票结算。

借：应收票据——长江公司　　4 080 000

　　贷：主营业务收入　　4 080 000

附件：发货单一份、长江公司签发的商业承兑汇票复印件一份，核对相符。

③ 因考虑上述交易存在不实，小张追索检查了 2020 年 2 月末“应收票据——长江公司”账户余额及业务凭证，结果如下：

2020 年 2/17-87#凭证：长江公司退货。

借：主营业务收入　　2 720 000

　　贷：应收票据——长江公司　　2 720 000

2020 年 2/24-127#凭证：长江公司退货。

借：主营业务收入　　4 080 000

　　贷：应收票据——长江公司　　4 080 000

附件：MDT 股份有限公司收回单两份，金额相符。

④ 针对上述情况，小张综合分析后提出质询，并查询了公司背景资料及 MDT 股份

有限公司、长江公司相关人员，核实长江公司为MDT有限公司控股子公司，并核实未结转销售成本，承认了虚构销售业务的事实。

2）2019年12月20日销售明细账记录，销售一批MT产品给华泰电器制造有限公司，合计金额为2 040 000元，核对“应收账款——华泰公司”年末余额为1 866 400元。检查合同订货单，16日签订合同约定数量300台，售价6800元，预付500 000元，20天内发货，收货后一个月内结清货款。检查发货情况，实际发货记录为2020年1月10日，实际结清货款为2020年2月26日，抽查有关凭证记录如下：

① 12/16-101#凭证：预收华泰公司货款。

借：银行存款　　500 000

　　贷：应收账款——华泰公司　　500 000

附件：华泰公司银行汇票进账单一份及收据记账联。

② 12/20-137#凭证：销售MT产品300台，货款未付。

借：应收账款——华泰公司　　2 305 200

　　贷：主营业务收入　　2 040 000

　　　　应交税费——应交增值税（销项税额）　　265 200

附件：发货单一份，数额核对相符。

③ 进一步追查到2020年2月26日95#凭证：收华泰公司货款。

借：银行存款　　1 805 200

　　贷：应收账款——华泰公司　　1 805 200

附件：发票一份（合计金额2 305 200元）；华泰公司电划单一份，金额1 805 200元。

④ 针对上述情况，小张进一步核实该项交易的销货成本于2020年2月结转，综合分析后指出了MDT股份有限公司虚增2019年度销售收入及利润的事实。

【解析】

1）MDT公司通过关联方——长江公司来虚构销售业务，挂账“应收票据——长江公司”，以此虚增当期销售收入，并在次年以退货方式冲销，是较为典型的财务造假行为，该项交易导致当期销售收入及利润虚增了6 800 000元，其目的是要通过虚增销售收入来增加利润，粉饰财务报表，违背了会计法、会计准则等规定。

2）MDT公司将实际销售实现在2020年1月10日的华泰公司购货业务，提前在2019年12月20日做销售处理，致使2019年度销售收入及利润虚增2 040 000元，也以此来粉饰财务报表，违背了会计法、会计准则等规定。

3）根据上述情况，小张认为该公司违反了《企业会计准则第14号——收入》的有关规定，提请该公司调整有关账簿记录，会计分录如下（年终结账后调整）：

借：以前年度损益调整　　8 840 000

　　贷：应收票据　　6 800 000

　　　　应收账款　　2 040 000

借：应交税费——应交所得税　　2 210 000

　　贷：以前年度损益调整　　2 210 000

借：利润分配——未分配利润　　6 630 000

贷：以前年度损益调整 6 630 000

借：盈余公积 663 000

贷：利润分配——未分配利润 663 000

互动讨论

若上述案情是审计人员在当年 12 月份审计中发现的，对此，该审计人员的审计处理意见应怎样表达？

3. 其他业务收入的实质性程序

其他业务收入的实质性程序一般包括以下内容。

1）获取其他业务收入明细表，复核加计是否正确，并与总账数和明细账合计数核对是否相符，结合“主营业务收入”科目与营业收入报表数核对是否相符。

2）计算本期其他业务收入与其他业务成本的比率，并与上期该比率比较，检查是否有重大波动，并查明原因。

3）检查其他业务收入是否真实准确，收入确认原则及会计处理是否符合规定，抽查原始凭证予以核实。

4）对异常项目，追查入账依据及有关法律文件是否充分。

5）抽查资产负债表日前后一定数量的记账凭证，实施截止测试，确定入账时间是否正确。

6）确定其他业务收入在财务报表中的列报是否恰当。

二、应收账款的实质性程序

1. 应收账款的审计目标

应收账款的审计目标一般包括如下内容。

1）确定资产负债表中记录的应收账款是否存在（存在认定）。

2）确定所有应当记录的应收账款是否均已记录（完整性认定）。

3）确定记录的应收账款是否由被审计单位拥有或控制（权利和义务认定）。

4）确定应收账款是否可收回，坏账准备的计提方法和比例是否恰当，计提是否充分（计价和分摊认定）。

5）确定应收账款及其坏账准备是否已按照《企业会计准则》规定在财务报表中作出恰当列报（列报认定）。

2. 应收账款的实质性程序

针对应收账款的实质性程序通常有以下几种。

微课：应收账款实质性程序工作底稿的编制

1）取得应收账款明细表，复核加计正确，并与总账数和明细账合计数核对是否相符；结合坏账准备科目与报表数核对是否相符；分析有贷方余额的项目，查明原因，必要时，应建议作重分类调整。

2）检查与应收账款相关的财务指标，如与收入的配比、应收账款周转率、应收账款周转天数等，分析是否存在重大异常并查明原因。

微课：应收账款的账龄分析

3）检查应收账款账龄分析是否正确。可以通过获取应收账款账龄分析表来分析应收账款的账龄，以便了解应收账款的可收回性，并通过与上期的逻辑比较核对账龄划分的准确性。应收账款账龄分析表的格式如表 9-3 所示。

表 9-3 应收账款账龄分析表

年 月 日 单位：

客户名称	期末余额	账龄			
		1 年以内	1～2 年	2～3 年	3 年以上
合计					

4）对应收账款实施函证程序。

函证应收账款的目的在于证实应收账款账户余额是否真实、准确。通过第三方提供的函证回复，可以比较有效地证明被询证者的存在和被审计单位记录的可靠性。

① 函证的范围。函证的范围一般按以下原则确定：应收账款在全部资产中所占的比重较大，函证范围就越大；相关内部控制越有效，函证范围就越小；前期函证中发现过重大差异或欠款纠纷较多，函证范围就越大。

② 函证的对象。函证的对象包括：大额或账龄较长的项目；与债务人发生纠纷的项目；重大关联方项目；主要客户（包括关系密切的客户）项目；新增客户项目；交易频繁但期末余额较小甚至余额为零的项目；可能产生重大错报或舞弊的非正常的项目。

③ 函证的方式。注册会计师可以采用积极的或消极的函证方式实施函证，也可将两种方式结合使用。

如果采用积极的函证方式，注册会计师应当要求被询证者在所有情况下必须回函，确认询证函所列示的信息是否正确，或填列询证函要求的信息。如果采用消极的函证方式，注册会计师只要求被询证者仅在不同意询证函列示信息的情况下才予以回函。

企业询证函（1）

编号：

××（公司）:

本公司聘请的××会计师事务所正在对本公司××年度财务报表进行审计，按照中国注册会计师审计准则的要求，应当询证本公司与贵公司的往来账项等事项。下列数据出自本公司账簿记录，如与贵公司记录相符，请在本函下端“信息证明无误”处签章证明；如与贵公司记录不符，请在“信息不符”处列明不符金额。回函请直接寄至×

×会计师事务所。

回函地址:

邮编:　　　　　　电话:　　　　　　传真:　　　　　　联系人:

1. 本公司与贵公司的往来账项列示如下:

单位：元

截止日期	贵公司欠	欠贵公司	备注

2. 其他事项。

本函仅为复核账目之用，并非催款结算。若款项在上述日期之后已经付清，仍请及时函复为盼。

（公司盖章）

年　月　日

结论：1. 信息证明无误。

（公司盖章）

年　月　日

经办人:

2. 信息不符，请列明不符的详细情况:

（公司盖章）

年　月　日

经办人:

企业询证函（2）

编号:

××（公司）:

本公司聘请的××会计师事务所正在对本公司××年度财务报表进行审计，按照中国注册会计师审计准则的要求，应当询证本公司与贵公司的往来账项等事项。下列数据出自本公司账簿记录，如与贵公司记录相符，则无须回复；如与贵公司记录不符，请直接通知会计师事务所，并请在空白处列明贵公司认为是正确的信息。回函请直接寄至××会计师事务所。

回函地址:

邮编:　　　　　　电话:　　　　　　传真:　　　　　　联系人:

1. 本公司与贵公司的往来账项列示如下:

单位：元

截止日期	贵公司欠	欠贵公司	备注

2. 其他事项。

本函仅为复核账目之用，并非催款结算。若款项在上述日期之后已经付清，仍请及时核对为盼。

（公司盖章）

年 月 日

××会计师事务所：

上面的信息不正确，差异如下：________________

（公司盖章）

年 月 日

经办人：

由于应收账款通常存在高估风险，且与之相关的收入确认存在舞弊风险假定，实务中通常对应收账款采用积极的函证方式。当同时存在下列情况时，注册会计师通常可考虑采用消极的函证方式：一是重大错报风险水平评估为较低；二是涉及大量余额较小的账户；三是预期不存在大量的错误；四是没有理由相信被询证者不认真对待函证。

④ 函证时间。一般在资产负债表日后适当时间实施。

⑤ 函证的控制。注册会计师通常利用被审计单位提供的应收账款明细账户名称及客户地址等资料据以编制询证函，但应当对确定需要确认或填列的信息、选择适当的被询证者、设计询证函及发出和跟进（包括收回）询证函保持控制。

可以通过函证结果汇总表的方式对询证函的收回情况加以控制。应收账款函证结果汇总表如表 9-4 所示。

表 9-4 应收账款函证结果汇总表

被审计单位名称： 制表： 日期：

结账日： 年 月 日 复核： 日期：

询证函编号	债务人名称	债务人地址及联系方式	账面金额	函证方式	函证日期		回函日期	替代程序	确认余额	差异金额及说明	备注
					第一次	第二次					
合计											

这里需要注意的是，如果被询证者以传真、电子邮件等方式回函，注册会计师应当直接接收，并要求被询证者寄回询证函原件。

【例 9-3】 无效函证程序导致审计失败。

银广夏是一家上市公司，公司管理者通过伪造出口报关单、虚开增值税发票等手段，虚构巨额利润 7.45 亿元。负责该公司审计的中天勤会计师事务所在审计中，对银广夏子公司——天津广夏的应收账款进行函证时，将所有的函证交由公司发出，未要求将回函直接寄至会计师事务所，而由公司交给注册会计师，所以没能很好地控制函证过程，最后出具了无保留意见的审计报告。结果中天勤会计师事务所被吊销执业资格，签字的注册会计师也被吊销了注册会计师资格。

⑥ 对不符事项的处理。应收账款不符的原因既可能是双方入账时间不一致产生的，也可能是存在错报产生的。对于错报引起的不符，注册会计师应当重新考虑实施适当的审计程序。

⑦ 对未回函应收账款实施替代程序。例如，检查资产负债表日后收回的货款、销售合同、销售单、发运凭证等文件。

需要指出的是，注册会计师应当将询证函回函作为审计证据，纳入审计工作底稿管理，询证函回函的所有权归属所在会计师事务所。

【例 9-4】 实施函证程序的技巧。

注册会计师李浩在对 HX 公司实施应收账款函证时，根据分层抽取样本，选择 18 户应收账款进行函证，由于 B 公司与 HX 公司是关联方，注册会计师李浩在收到回函后仍实施了检查销售合同、销售发票、销售会计记录、货运单等程序进一步确认；由于在预计的时间内没有收到 N 公司回函，李浩打电话让 N 公司先把函证回函传真过来，并在外勤工作结束后收到函证原件，与传真件核对无误；对于 G 公司和 O 公司，由于回函出现不符事项，注册会计师李浩设计了针对性的程序进一步追查，发现出现不符是由于债务人已收到货物，但尚未将收到的货物登记入账所致，因此也予以确认；对于 K 公司，由于存在争议，不能通过向 K 公司函证或替代程序予以确认，注册会计师李浩准备向律师函证。

5）对应收账款余额实施函证以外的细节测试。

在未实施应收账款函证的情况下（例如，由于实施函证不可行），注册会计师需要实施其他审计程序获取有关应收账款的审计证据。这种程序通常与上述未收到回函情况下实施的替代程序相似。

6）检查坏账的冲销和转回。

注册会计师要检查坏账的冲销是否取得确凿的证据，并检查被审计单位坏账的处理是否经授权批准，有关会计处理是否正确。

7）确定应收账款的列报是否恰当。

除了企业会计准则要求的披露之外，如果被审计单位为上市公司，注册会计师还要评价其披露是否符合证券监管部门的特别规定。

三、坏账准备的实质性程序

企业会计准则规定，企业应当在期末对应收款项进行检查，并合理预计可能产生的坏账损失。

1. 坏账准备的审计目标

1）确定计提坏账准备的方法和比例是否恰当，计提是否充分。

2）确定坏账准备增减变动的记录是否完整。

3）确定坏账准备期末余额是否正确。

4）确定坏账准备的披露是否恰当。

微课：坏账准备计算表的编制

2. 坏账准备的实质性程序

1）取得坏账准备明细表，复核加计是否正确，与坏账准备总账数、明细账合计数核对是否相符。

2）将应收账款坏账准备本期计提数与资产减值损失相应明细项目的发生额核对是否相符。

3）检查应收账款坏账准备计提和核销的批准程序，取得书面报告等证明文件，并进行评估。

企业应当合理预计信用损失并计提坏账准备，不得多提或少提，否则应视为滥用会计估计，按照前期差错更正的方法进行会计处理。

4）实际发生坏账损失的，检查转销依据是否符合有关规定，会计处理是否正确。

5）已经确认并转销的坏账重新收回的，检查其会计处理是否正确。

6）确定应收账款坏账准备的披露是否恰当。企业应当在财务报表附注中清晰地说明坏账的确认标准、坏账准备的计提方法和计提比例。

【例 9-5】 利用坏账准备调节利润。

审计人员小刘在 2019 年 12 月终结账前检查 KW 股份有限公司应收账款业务时获知，该公司按余额百分比法计提坏账准备，该公司根据往年情况和债务单位财务状况估计坏账准备计提比例为 10%，按年度计提，并已经批准和备案。检查中核实，该公司应收账款年末余额是 2 650 000 元，其他应收款余额是 1 640 000 元，坏账准备年末余额是 565 000 元，小刘分析后发现坏账准备计提不正确，故进一步做了检查核实，发现："应收账款"明细账中有贷方余额账户的合计金额为 350 000 元；"应收票据——K 公司"账户余额 200 000 元已经超期未收回，年初"坏账准备"余额 152 000 元。本年度已核销的坏账损失为 100 000 元，依据充分；该公司 12 月 30 日 89#凭证计提的坏账准备金额为 513 000 元，分录为：

借：信用减值损失　　513 000

　　贷：坏账准备　　513 000

据此，审计人员小刘认定该公司存在多提坏账准备调节利润的行为。你认为其理由合适吗？小刘应该要求该公司做出哪些会计调整？

【解析】 根据上述检查结果，审计人员小刘认定的理由如下。

1）依据上述核实结果，按会计准则等规定，KW 公司本年度末"坏账准备"账户应有余额为：（2 650 000+1 640 000+350 000+200 000）×10%=484 000（元），但该公司"坏账准备"年末账面余额为：565 000 元，多计提了 81 000 元，即本年度实际应计提坏账准备金额为：484 000−152 000+100 000=432 000（元），多计提了 513 000−432 000=81 000（元）

因此，该公司存在多提坏账准备、虚减利润行为，违背了会计准则等规定。此外，到期未收到款项的应收票据账项应转为应收账款。

2）鉴于此，审计人员小刘应要求KW公司将多提的81 000元冲回，并相应调整当期利润。同时，应将“应收票据——K公司”账户余额200 000元调整到应收账款中。调整分录如下：

借：坏账准备　　81 000
　　贷：信用减值损失　　81 000
借：所得税费用　　20 250
　　贷：应交税费——应交所得税　　20 250
借：应收账款——K公司　　200 000
　　贷：应收票据——K公司　　200 000

若审计是在年终结账后进行的，则调整分录为：

借：坏账准备　　81 000
　　贷：以前年度损益调整　　81 000
借：以前年度损益调整　　20 250
　　贷：应交税费——应交所得税　　20 250
借：应收账款——K公司　　200 000
　　贷：应收票据——K公司　　200 000

项 目 小 结

销售与收款循环是企业日常发生的重要的经济业务，它既影响资产负债表项目，又影响利润表项目，是财务报表审计中非常重要的一个循环。学习本项目内容后应知道该如何去验证销货交易的真实性及主营业务收入是否真实，有无高估收入，应收账款是否真实存在，应收账款的函证程序怎样进行，函证的替代程序怎么做，坏账准备估计是否正确，这些内容也是本项目学习的重点内容。

演练与提升

一、思考题

1. 销售与收款循环主要有哪些业务活动？
2. 主营业务收入的截止测试有哪两条审计路线？其目的分别是什么？
3. 应收账款函证结果与被审计单位会计记录不一致的原因主要有哪些？
4. 简述主营业务收入的实质性程序。

二、实训题

（一）单项选择题

1. 在销售与收款循环审计中，注册会计师为了查实被审计单位的赊销业务是否遵循了赊销批准制度，应检查（ ）上是否有审批人的签字。

A. 发运单 B. 订货单 C. 销售发票 D. 销售单

2. 对于无法实施函证的应收账款，注册会计师可以实施的最为有效的审计程序是（ ）。

A. 执行分析性复核 B. 扩大控制测试的范围
C. 进行销售业务的截止测试 D. 审计与销售有关的文件

3. 为了充分发挥函证的作用，发函的最佳时间是（ ）。

A. 被审计年度期初 B. 被审计年度期中
C. 资产负债表日后 D. 审计工作结束日

4. 检查开具发票或收款的日期、记账的日期、发货的日期（ ）是主营业务收入截止测试的关键所在。

A. 是否在同一会计期间 B. 是否临近
C. 是否在同一天 D. 相距是否不超过 30 天

5. 实施销售截止测试的目的是发现（ ）。

A. 年底应收账款余额是否正确
B. 主营业务收入的会计记录归属期是否正确
C. 超额的销售折扣
D. 未核准的销售退回

6. 选择以下项目作为函证对象，主要是为了证实应收账款的真实性，但（ ）是个例外。

A. 金额较大的项目 B. 交易频繁但期末余额较小的项目
C. 重大关联方交易 D. 账龄较长的项目

7. 若在销售总账、明细账中登记并未发生的销售，存在错误的管理层认定是（ ）。

A. 发生 B. 完整性 C. 权利和义务 D. 分类

8. 应收账款询证函的签章者应该是（ ）。

A. 客户 B. 会计师事务所
C. 注册会计师 D. 客户的律师

9. 销售与收款循环所涉及的财务报表项目不包括（ ）。

A. 销售费用 B. 应收账款
C. 应交税费 D. 所得税费用

10. 应收账款询证函的寄发应由（ ）完成。

A. 客户 B. 客户的会计机构负责人
C. 注册会计师 D. 客户的律师

（二）多项选择题

1. 应收账款函证结果产生差异的原因可能是（ ）。

A. 一方或双方记账错误 B. 舞弊（虚列应收账款）
C. 被审计单位提取坏账准备 D. 双方登记入账时间不同

2. 关于应收账款回函的回收，下列不正确的是（　　）。

A. 直接寄给客户

B. 直接寄给会计师事务所

C. 寄给客户或会计师事务所

D. 直接寄给客户，由客户转交会计师事务所

3. 实施销售截止测试的方法有（　　）。

A. 以账簿记录为起点，追查至发票存根与装运单

B. 以销售发票为起点，追查至装运单

C. 以发运凭证为起点，追查至发票开具情况与账簿记录

D. 以顾客订单为起点，追查至装运单

4. 注册会计师应选择（　　）项目作为应收账款的函证对象。

A. 账龄较长的　　B. 重大关联方交易

C. 可能存在争议的交易　　D. 金额较大的

5. 销售和收款循环所涉及的主要凭证和会计记录有（　　）。

A. 顾客订单　　B. 销售单　　C. 装运单　　D. 贷项通知单

6. 为了证实已发生的销售交易是否均已登记入账，无效的做法是（　　）。

A. 只审查有关原始凭证

B. 只审查主营业务收入明细账

C. 由主营业务收入明细账追查至有关原始凭证

D. 由有关原始凭证追查至主营业务收入明细账

7. 对于被审计单位在被审计期间内发生的坏账损失，注册会计师应检查（　　）。

A. 其原因是否清楚　　B. 是否符合有关规定

C. 有无授权批准　　D. 前后各期是否一致

8. 在销售和收款循环审计中，注册会计师为了证实被审计单位是否做到适当的职责分离而进行的控制测试，一般是通过（　　）程序进行的。

A. 检查　　B. 观察　　C. 询问　　D. 分析性程序

（三）判断题

1. 所有装运单应连续编号，其中作废的装运单不应保存，应销毁。（　　）

2. 审查所有销售业务是否均已记录的最有效的审计程序是抽查出库单。（　　）

3. 对销售单预先连续编号，不能防止销货后忘记登记入账，但可以防止重复记账。（　　）

4. 对主营业务收入实施截止测试，其目的主要在于确定主营业务收入的会计记录归属期是否正确。（　　）

5. 如果预期不存在大量错误或重大错报风险评估为低水平，注册会计师可以考虑用消极的函证方式。（　　）

6. 审查应收账款时，注册会计师往往优先考虑函证而非检查与销售有关的合同、凭证，主要是为了降低审计成本、提高审计效率。（　　）

7. 如果对应收账款实施函证不能获取充分适当的审计证据，注册会计师应当实施替代审计程序。（　）

8. 应收账款询证函可以由注册会计师亲自寄发，也可以由被审计单位寄发。（　）

9. 对于未曾发货却将销货交易登记入账的情况，注册会计师可以从主营业务收入明细账中抽取几笔，追查有关装运单及其他凭证。（　）

（四）案例分析题

1. 审计人员审查某电扇厂 2019 年应收账款时，发现有两个明细账有异常情况。其中：

1）某商场明细账，2019 年 12 月 31 日借方余额为 80 000 元，本年无发生额。经查，此款是 2015 年该商场向电扇厂购买电扇时发生的货款。

2）某水泥厂明细账，2014 年 12 月 31 日贷方余额为 75 000 元，本年无发生额。

要求：

1）上述商场明细账中可能存在什么问题（列举 3 种以上）？并提出相应的处理意见。

2）上述水泥厂明细账中可能存在什么问题？如何进一步审查此款的真实性？

3）如果水泥厂明细账中存在舞弊，如何审计并进行账项调整？

2. 注册会计师在审查丰丰公司 2019 年 1 月份主营业务收入明细账时，发现有以下问题：

1）公司管理部门领用本企业的产品 50 件，按成本转账，成本为每件 100 元，售价为每件 150 元。

2）对外销售积压材料，原材料成本为 2 000 元，取得销售收入 2 400 元，记入“主营业务成本”账户。

3）销售给华宇公司产品 5 000 件，计价 500 000 元，已向银行办妥托收手续，但因款项未到，所以未作销售处理。

要求：指出该单位会计处理中是否存在错误，如果存在，应如何调整主营业务收入的数额？

3. 某单位部分客户应收账款的余额情况，如表 9-5 所示。

表 9-5　某单位部分客户应收账款余额

单位：元

客户名称	应收账款余额	赊销总额
A	59 000	893 000
B	30 000	220 000
C	—	9 900 000
D	11 300 000	26 000 000

要求：请根据表 9-5 中的数据，选择两个客户进行函证，对应收账款余额进行确认。

4. 对主营业务收入截止期的审计。

审计人员审查某钢铁厂主营业务收入时，发现 2019 年 12 月 31 日销售给金属材料公司钢材 500 吨，每吨售价 1 500 元，共计 750 000，全部以应收账款入账，但检查当时库存产品记录时，发现仓库并没有这么多钢材，经函证金属材料公司，证实交货和办理货款结算均在 2020 年 1 月 15 日进行。

要求：

1）分析该企业可能存在的问题，指出其目的是什么？

2）说明审计人员在审计中的步骤和方法。

5. 注册会计师在审查 A 公司销售业务时，发现该公司于 2019 年 12 月向 B 公司采用分期收款方式销售甲产品 200 件，每件甲产品生产成本为 800 元，每件售价为 1 000 元。双方约定，2019 年 12 月 B 公司收到货物时先付货款 40%，在以后 6 个月内再各付货款的 10%。注册会计师在审查该公司“主营业务收入”和“主营业务成本”等账户时，发现该公司于 12 月将销售给 B 公司的 200 件甲产品全部确认为销售收入，并同时结转产品销售成本。

要求：指出该公司在销售业务处理中存在的问题，并提出审计意见。

项目十 10

采购与付款循环审计

【知识目标】

了解采购与付款循环的特征;

熟悉采购与付款循环的内部控制及控制测试;

掌握审计应付账款、一般费用的审计目标及实质性程序。

【技能目标】

能够识别采购与付款循环各业务环节的主要错误;

能够制定采购与付款循环各任务的审计目标;

能够根据制定的审计目标确认审计范围和执行实质性程序。

【素质目标】

培养学生的职业判断能力;

培养学生的团队合作能力。

【引导案例】

M&J公司是一家2009年注册的商贸公司，主要从事家居产品的销售，注册资本为150万元，山西光明会计师事务所在对其2019年的业务进行年审时发现，其有一笔摘要为“支付购货款”的大额付款业务的会计分录如下:

借: 应付账款——A建材公司 500 000

贷: 银行存款 500 000

M&J公司的主营业务是家居产品的销售，2019年并未发生装修业务，与建材公司的大额资金往来引起了审计人员的怀疑。进一步追查该笔应付账款产生的原因，审计人员发现其记账凭证的会计分录如下:

借: 原材料——活性竹炭 500 000

贷: 应付账款——A建材公司 500 000

所附单据为公司自制的物资验收入库单，但并无采购合同和发票。M&J公司对活性炭的实物管理采用的是实地盘存制。

思考

1）你能分析一下M&J公司可能存在的问题吗?

2）实地盘存制会带来哪些弊端?

3）你认为审计人员可以通过实施哪些程序进一步获取证据?

任务一　采购与付款循环概述

一、不同行业类型的采购和费用支出

不同的企业性质决定企业除了具有一些共性的费用支出外，还会发生一些不同类型的支出。表 10-1 为不同行业类型的采购和费用支出。

表 10-1　不同行业类型的采购和费用支出

行业类型	典型的采购和费用支出
贸易业	产品的选择和购买、产品的存储和运输、广告促销费用、售后服务费用
一般制造业	生产过程所需的原材料、易耗品、配件的购买与存储支出，市场经营费用，产成品运达顾客或零售商处发生的运输费用，管理费用
专业服务业	律师、会计师、财务顾问的费用支出，包括印刷、通信、差旅费，书籍资料和研究设施的费用
金融服务业	给付储户的存款利息，支付其他银行的资金拆借利息、手续费，现金存放、现金运送和网络银行设施的安全维护费用，客户关系维护费用
建筑业	建材支出，建筑设备和器材的租金或购置费用，支付给分包商的费用；保险支出和安保成本；建筑保证金和许可审批方面的支出；交通费、通信费等。当在外地施工时，还会发生建筑工人的食宿费用

二、采购与付款循环中的主要业务活动

企业采购与付款循环涉及的主要业务流程如图 10-1 所示。

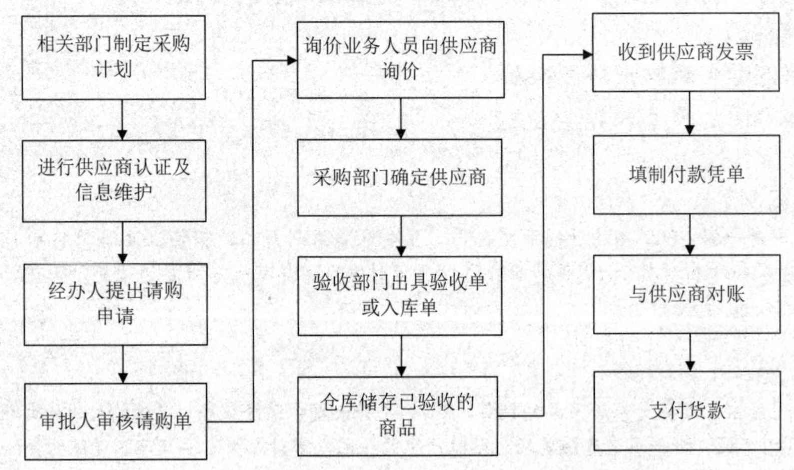

图 10-1　采购与付款循环涉及的主要业务流程

1. 制定采购计划

基于企业的生产经营计划，生产、仓库等部门定期编制采购计划，经部门负责人等适当的管理人员审批后提交采购部门，具体安排商品及服务采购。

2. 供应商认证及信息维护

企业通常对于合作的供应商事先进行资质等审核，将通过审核的供应商信息录入系统，形成完整的供应商清单，并及时对其信息变更进行更新。采购部门只能向通过审核的供应商进行采购。

3. 请购商品和劳务

对需要购买的已经列入存货清单的项目由仓库负责填写请购单，其他部门也可以对需要的未列入存货清单的项目填写请购单。每张请购单须经过这类支出负预算责任的主管人员签字批准。

4. 编制订购单

采购部门只能对经过批准的请购单发出订购单。对每张请购单，采购部门应确定最佳的供应来源。订购单应预先予以编号并经过被授权的采购人员签名。订购单一式多联，正联交给供应商，副联则送至企业验收部门、应付凭单部门和编制请购单的部门。随后，应独立检查订购单的处理，以确定是否确实收到商品并正确入账。

5. 验收商品

货物运达后应由独立于采购和保管部门的验收部门验收商品，检查其与订购单的要求是否相符。验收后，应编制一式多联、预先编号的验收单，作为验收和检验商品的依据。验收人员将商品送交仓库或其他请购部门时，应取得经过签字的收据，或要求其在验收单的副联上签收，以确立其保管责任。验收人员还应将其中的一联验收单送交应付凭单部门。

6. 储存已验收的商品存货

注意储存要与采购的其他职责相分离。存放商品的仓储区应相对独立，限制无关人员接近。

7. 编制付款凭单

应付凭单部门在编制付款凭单前应确定订购单、验收单和供应商发票的内容的一致性与正确性。由被授权人员在凭单上签字，以示批准照此凭单要求付款。付款凭单应在记录采购之前由应付凭单部门编制，并注意将其副联存档，以便核对。

8. 确认与记录负债

相关部门一般有责任核查购置的财产，确认与记录应付账款，并在应付凭单登记簿或应付账款明细账中加以记录。在收到供应商发票时，应付账款部门应将发票内容与订货单核对，如有可能，还应与验收单上的要求进行比较。应付账款确认与记录的一项重要控制是要求记录现金支出的人员不得经手现金、有价证券和其他资产。在手工系统下，已批准的未付款凭单应及时送达会计部门，据以编制有关凭证和登记有关账簿，并定期与应付凭单部门核对。

9. 付款

通常是由应付凭单部门负责确定未付凭单在到期日付款。企业有多种款项结算方式，以支票结算方式为例，编制和签署支票的有关控制包括如下内容。

1）独立检查已签发支票的总额与所处理的付款凭单总额的一致性。

2）应由被授权的财务部门人员负责签署支票。

3）被授权签署支票的人员应确定每张支票都附有一张已经适当批准的未付款凭单，并确定支票收款人姓名和金额与凭单内容一致。

4）支票一经签署就应在其凭单和支持性凭证上用加盖印戳或打洞等方式将其注销，以免重复付款。

5）支票签署人不应签发无记名甚至空白的支票。

6）支票应预先连续编号，保证支出支票存根的完整性和作废支票处理的恰当性。

7）应确保只有被授权的人员才能接近未经使用的空白支票。

10. 记录现金、银行存款支出

仍以支票结算方式为例，在手工系统下，会计部门应根据已签发的支票编制付款记账凭证，并据以登记银行存款日记账及其他相关账簿。记录现金、银行存款支出的有关控制包括如下内容。

1）会计主管应独立检查记入银行存款日记账和应付账款明细账的金额的一致性，以及与支票汇总记录的一致性。

2）通过定期比较银行存款日记账记录的日期与支票副本的日期，独立检查入账的及时性。

3）独立编制银行存款余额调节表。

三、涉及的主要凭证和会计记录

典型的采购与付款循环所涉及的主要凭证与会计记录有以下几种。

1. 采购计划

企业以销售和生产计划为基础，考虑供需关系及市场计划变化等因素，制定采购计划，并经适当的管理层审批后执行。

2. 供应商清单

企业通过文件审核及实地考察等方式对合作的供应商进行认证，将通过认证的供应商信息进行手工或系统维护，并及时进行更新。

3. 请购单

请购单是由生产、仓库等相关部门的有关人员填写，送交采购部门，是申请购买商品、劳务或其他资产的书面凭据。

4. 订购单

订购单是由采购部门填写，经适当的管理层审核后发送供应商，是向供应商购买订购单上所指定的商品和劳务的书面凭据。

5. 验收单及入库单

验收单是收到商品时所编制的凭据，列示通过质量检验的、从供应商处收到的商品种类和数量等内容。入库单是由仓库管理人员填写的验收合格品入库的凭证。

6. 卖方发票

卖方发票是供应商开具的，交给买方以载明发运的货物或提供的劳务、应付款金额和付款条件等事项的凭证。

7. 付款凭单

付款凭单是采购方企业的应付凭单部门编制的，载明已收到的商品、资产或接受的劳务、应付款金额和付款日期的凭证。付款凭单是采购方企业内部记录和支付负债的授权证明文件。

8. 转账凭证

转账凭证是指记录转账交易的记账凭证。

9. 付款凭证

付款凭证是指用来记录库存现金和银行存款支出交易的记账凭证。

10. 应付账款明细账

应付账款明细账是用来记录每个供应商各项赊购、还款的明细账。

11. 库存现金日记账和银行存款日记账

库存现金日记账和银行存款日记账是用来记录应收账款的收回或现销收入及其他各种现金、银行存款收入和支出的日记账。

12. 供应商对账单

供应商对账单是由供应商编制的、用于核对与采购企业往来款项的凭据，通常标明期初余额、本期购买、本期支付给供应商的款项和期末余额等信息。如果不考虑买卖双方在收发货物上可能存在的时间差等因素，其期末余额通常应与采购方相应的应付账款期末余额一致。

任务二　执行采购与付款循环的控制测试

一个企业应将各项职能活动指派给不同的部门或职员来完成。这样，每个部门或职员都可以独立检查一遍其他部门和职员工作的正确性。审计人员也需要复核管理层的授权职责分配表，检查被审计单位对不相容职位是否设置了恰当的职责分离。

微课：采购与付款循环内控测试

表 10-2 列示在采购与付款循环中常见的控制测试程序。

表 10-2　采购与付款循环的风险及控制测试程序

主要业务活动	可能发生错报的环节	相关的财务报表项目及认定	内部控制测试程序
1. 制定采购计划	采购计划未经适当审批	存货：存在； 其他费用：发生； 应付账款：存在	询问复核人复核采购计划的过程，检查采购计划是否经复核人恰当复核
2. 供应商认证及信息维护	新增供应商或供应商信息变更未经恰当的认证	存货：存在； 其他费用：发生； 应付账款：存在	询问复核人复核供应商数据变更请求的过程，抽样检查变更需求是否有相关文件支持及有复核人的复核确认； 检查系统中采购订单的生成逻辑，确认是否存在供应商代码匹配的要求
	录入系统的供应商数据可能未经恰当复核	存货：存在； 其他费用：发生； 应付账款/其他应付款：存在	检查系统报告的生成逻辑及完整性； 询问复核人对报告的检查过程，确认其是否签署
3. 请购商品和劳务	请购单未经适当审批	存货：存在； 其他费用：发生； 应付账款/其他应付款：存在	询问复核人复核请购单的过程，检查请购单是否经复核人恰当复核
4. 编制订购单	采购订单与有效的请购单不符	存货：存在、计价和分摊； 其他费用：发生、准确性； 应付账款/其他应付款：存在、计价和分摊	询问复核人复核采购订单的过程，包括复核人提出的问题及其跟进记录； 抽样检查采购订单是否有对应的请购单及复核人签署确认
	订单未被录入系统或在系统中重复录入	存货：存在、完整性； 其他费用：发生、完整性； 应付账款/其他应付款：存在、完整性	检查系统例外报告的生成逻辑； 询问复核人对例外报告的检查过程，确认发现的问题是否及时得到跟进处理
5. 验收商品	接收了缺乏有效采购订单或未经验收的商品	应付账款：存在、完整性； 存货：存在、完整性； 其他费用：发生、完整性	检查系统入库单编号的连续性； 询问收货人员的收货过程，抽样检查入库单是否有对应一致的采购订单及验收单
6. 储存已验收的商品存货	储存和采购的其他职责未相分离	存货：存在	复核管理层的授权职责分配表，对不相容职位（申请与审批等）是否设置了恰当的职责
7. 编制付款凭单	付款凭单未经恰当复核	应付账款/其他应付款：存在	询问复核人复核付款凭单的过程，检查付款凭单是否经复核人恰当复核
8. 确认与记录负债	临近会计期末的采购未被记录在正确的会计期间	应付账款：存在、完整性； 存货：存在、完整性； 其他费用：发生、完整性	检查系统每月末生成列明跳码或重码的入库单的例外报告及包含所有已收货但相关发票未录入系统货物信息的例外报告的生成逻辑。 询问复核人对报告的复核过程，确认发现的问题是否及时得到跟进处理。 核对报告中的采购是否计提了相应负债，检查复核人的签署确认

续表

主要业务活动	可能发生错报的环节	相关的财务报表项目及认定	内部控制测试程序
8. 确认与记录负债	总账与明细账中的记录不一致	应付账款：完整性、计价和分摊 其他费用：完整性、准确性	核对总账与明细账的一致性，检查复核人的复核及差异跟进记录
	发票未被正确编码，导致在成本或费用之间的错误分类	存货：计价和分摊、完整性； 其他费用：准确性、完整性； 费用/成本：完整性、计价和分摊； 应付账款：存在、完整性、计价和分摊	询问复核人对发票编号/总分类代码的复核过程，抽样检查相关发票是否被恰当分类到相关费用。 根据样本量要求选取关键绩效报告，确定是否经管理层复核；复核是否在合理的时间内完成；检查关键绩效指标的计算是否准确，是否与账面记录核对一致；评估用于调查重大差异的界限是否适当。 向复核人询问其复核方法，对于其提出的问题，检查是否经恰当根据处理。 评价使用数据的完整性和准确性
9. 付款	批准付款的发票上存在价格/数量错误或劳务尚未提供的情形	应付账款：完整性、计价和分摊； 存货/成本：完整性、计价和分摊	检查系统报告的生成逻辑，确认发票与采购订单及入库单不符的例外报告的完整性及准确性。 与复核人讨论其复核过程，抽样选取例外/删改情况报告。检查每一份报告并确定： ① 是否存在管理层复核的证据； ② 复核是否在合理的时间范围内完成； ③ 复核人提出问题的跟进是否适当、是否能使交易恰当记录于会计系统。 抽样选取采购发票，检查是否与入库单和采购订单所记载的价格、供应商、日期、描述及数量一致
10. 记录现金、银行存款支出	现金支付未记录	应付账款：计价和分摊、存在； 存货：计价和分摊； 其他费用：准确性	询问复核人对银行存款余额调节表的复核过程。 抽样检查银行余额调节表，检查其是否及时得到复核、复核的问题是否得到了恰当跟进处理、复核人是否签署确认
	未记录在正确的供应商账户（串户）或记录金额不正确	应付账款：存在、完整性、计价和分摊； 存货：存在、完整性、计价和分摊； 其他费用：发生、完整性、准确性	询问复核人对供应商对账结果的复核过程，抽样选取供应商对账单，检查其是否与应付款明细账得到正确的核对，差异是否得到恰当的跟进处理。 检查复核人的相关签署确认

【例 10-1】 采购与付款循环内部控制。

长虹会计师事务所接受委托，对 ZX 公司 2019 年度的财务报表进行审计，注册会计师小张负责采购与付款循环审计。小张在获取的 ZX 公司内部控制手册中，审阅了采购与付款循环相关的内部控制制度，表述如下：

1）首先由仓库根据库存和生产需要提出材料采购业务申请，填写请购单，请购单交供销科批复。

2）供销科根据之前制定的采购计划，对请购单进行审批。如果符合计划，便组织采购；否则，请示公司总经理批准。

3）决定采购的材料，由供销科填写一式二联的订购单，其中一联由供销科留存；另一联由采购交供货单位。采购员凭订购单与供货单位签订供货合同。

4）供货合同的正本留供销科并与订购单核对；供货合同的副本分别转交仓库和财务科，以备查。

5）采购来的材料运抵仓库，由仓库保管员验收入库。验收时，将运抵的材料与采购合同副本，供货单位发来的发运单相互核对。然后填写一式三份的验收单，一联交仓库留存，作为登记材料明细账的依据；一联交供销科；一联交财务科。

6）供销科收到验收单后，将验收单与采购合同的副本、供货单位发来的发票与结算凭证核对，以确定此采购业务的完成情况。

7）财务科接到验收单后，由主管材料核算的会计，将验收单与采购合同副本、供货单位发来的发票和结算凭证核对，作为是否支付货款的依据。

8）应支付的款项，由会计开出付款凭证，交出纳人员办理付款手续。

9）出纳人员付款后，在进货发票上盖“付讫”章，再转交会计记账。

10）财务科的材料明细账，定期与仓库的材料明细账核对。

请问：

1）注册会计师小张应如何评价 ZX 公司的内部控制制度？

2）若内部控制有问题，小张应执行哪些内部控制测试程序？

【解析】

1）ZX 公司的内部控制制度存在如下问题：

① ZX 公司的供销科负责制定采购计划、审批请购单、组织采购，不符合内部控制要求。采购计划的制定、授权审批及执行属于不相容的岗位，应由不同的部门办理。

② ZX 公司对编制的订购单和验收单等凭单未事先编号。

③ 在材料采购时，虽要求按计划执行，但缺乏相应的监督检查。

④ 对采购中发生的未付款项如何管理和控制未作明确的规定。

⑤ 本例中，采购员直接与供货单位签订合同不符合控制要求。

审计结论：

ZX 公司在采购计划制定、授权审批和执行控制制度设计中存在一定的缺陷，该公司在材料订购、审批及执行中存在混岗现象；缺乏对未付凭单和应付账款的控制管理措施；缺乏对订购单、验收单等凭单事先编号的要求；未明确独立检查控制要求。

审计建议：

① 采购业务的审批，应由生产计划科负责，供销科只负责材料采购业务。

② 请购单的处理程序：

a. 仓库填写请购单后，交生产计划科审批。

b. 生产计划科审批后，一联留存，一联退回仓库备查，一联交供销科办理订货和采购手续。

c. 如果审批的请购单内容与原定的采购计划不一致，须经公司有关领导特别授权审查批准。

③ 可增加一份采购合同副本转给生产计划科，以便与批准的请购单相核对。

④ 所有订购单、验收单、未付凭单应事先编号，对取得的购货发票也应顺序编号。

⑤ 设置未付凭单管理部门，加强对未付款项及应付账款的管理。

⑥ 建立应付账款与卖方对账制度和独立检查制度。

⑦ 采购与合同签订和议价应由不同的人员担任，即职责分离。

2）针对 ZX 公司在授权控制等方面存在的问题，注册会计师小张为了解 ZX 公司现有内部控制的执行情况，实施了以下控制测试程序：

① 从 400 张未付凭单中随机抽取 40 张，检查未付凭单是否都附有请购单、订购单、验收单和购货发票。经检查，差错率为 5%，其中一笔未付款凭单后所附的请购单没有授权标记。经询问，在办理采购业务时，负责审批的供销科经理因公出差，未办理签字授权审批手续，只是电话口头授权；另一笔未付凭单后未付请购单，经询问属于采购员擅自做主发生的采购行为。

② 从 500 张验收单中随机抽取 50 份，检查材料在验收时所填制的验收单内容是否齐全、签字手续是否齐备。经检查，差错率为 2%，其中有一张验收单签字手续不全。

③ 从 400 份购货合同中随机抽取 40 份，同相应的请购单、供应商发票、验收报告、入库单、付款凭证、记账凭证相核对，检查采购材料的品名、数量、单价、金额、供货商、付款日期是否相符，并追查至明细账和总账。经检查，差错率为 5.5%，不符情况除上述原因外，其中有两份合同的采购与验收凭单与明细账记录不符。

④ 从 300 份凭单中随机抽取 30 份，检查是否标有独立检查的标记。经检查，合同、发票、记账凭证与账簿记录均有独立检查的标记。

审计结论：

ZX 公司现行内部控制执行情况良好，可适当简化采购与付款的实质性程序。

审计建议：

① 建立健全采购与付款授权审批与监督检查制度。

② 对采购员擅自购入材料的行为应追究其责任。

任务三　采购与付款循环的实质性程序

采购与付款交易的主要重大错报风险通常是低估费用和应付款项，从而高估利润，粉饰财务状况。因此，在采购与付款循环的测试中，重点应放在截止测试、收益性支出与资本性支出的划分、付款的授权或无效付款等方面。通常要综合使用分析程序和细节测试来完成。由于典型的采购业务一般需要通过应付账款来核算，在该项任务中应重点介绍应付账款的实质性程序。

一、应付账款的实质性程序

1. 应付账款的审计目标

应付账款的审计目标一般包括如下内容。

1）确定资产负债表中记录的应付账款是否存在（存在认定）。

2）确定所有应当记录的应付账款是否均已记录（完整性认定）。

3）确定资产负债表中记录的应付账款是否为被审计单位应当履行的现时义务（权利与义务认定）。

4）确定应付账款是否以恰当的金额包括在财务报表中，与之相关的计价调整是否已恰当地记录（计价和分摊认定）。

5）确定应付账款是否已按照企业会计准则的规定在财务报表中作出恰当的列报（列报认定）。

2. 应付账款的实质性程序

微课：应付账款实质性程序工作底稿的编制

1）获取或编制应付账款明细表，复核加计是否正确，并与报表数、总账数和明细账合计数核对是否相符；检查非记账本位币应付账款的折算汇率及折算是否正确；分析有借方余额的项目，结合预付账款、其他应付款等往来项目的明细余额，检查有无同时挂账的项目、异常余额或与购货无关的其他款项（如关联方账户或雇员账户），必要时建议调整。

2）函证应付账款。

① 函证对象。注册会计师应选择较大金额的债权人、在资产负债表日金额不大、甚至为零，但为企业重要供货商的债权人，以及存在关联方交易的债权人，作为函证对象。

② 函证方式。最好采用积极形式，并对函证过程进行控制，将询证函回函结果与已记录金额相比较，如果存在差异，应检查支持性文件。评价已记录金额是否适当。对未回函的，应考虑是否再次函证。

③ 对未作回复的函证实施替代程序。例如，检查至付款文件（如现金支出、电汇凭证和支票复印件）、相关的采购文件（如采购订单、验收单、发票和合同）或其他适当文件。

④ 如果认为回函不可靠，则评价对评估的重大错报风险及其他审计程序的性质、时间安排和范围的影响。

小提示

函证应付账款是非必经程序。这是因为函证不能保证查出未记录的应付账款，况且注册会计师能够取得购货发票等外部凭证来证实应付账款的余额。但如果控制风险较高，某应付账款明细账户余额较大或被审计单位处于财务困难阶段，则应进行应付账款的函证。

【例 10-2】 严格控制函证程序。

巨人零售公司是一家上市的美国大型零售折扣商店。1972 年，巨人零售公司为了掩盖其第一次重大经营损失的真相，将 250 万美元的损失篡改为 150 万美元的收益。其中，102.6 万美元是通过减少应付账款来实现的，具体途径是：①通过虚构大约 1100 家广告商名单，虚构预付广告费 30 万美元；②伪造 64 张假贷项通知单（红字发票），合计 54.9

万美元；③虚构几百个事项，伪造差价退款约 17.7 万美元。审计该公司的罗丝会计师事务所未执行有效的函证程序，导致审计失败。最终巨人零售公司倒闭，罗丝会计师事务所难辞其咎，受到证券委员会的批评。在联邦法院处理此事之前，负责该公司审计的合伙人被暂停执业 5 个月。

【解析】 对于巨人零售公司通过篡改会计记录的方法减少应付账款 102.6 万美元，审计人员完全可以通过实施函证程序发现这一重大错误与舞弊，但为何没有发现？分析其主要原因：审计人员没有严格控制函证程序，致使通过函证程序取得的证据并不可信。具体反映在以下几个方面。

① 函证样本量抽取得过低，不能从充分性和适当性上代表总体。该案例中，审计人员为了验证 30 万美元预付广告费的真实性，从 1100 家广告商中抽取了 24 个样本，并仅仅向 4 个广告商发函询证。如此低的抽样比例，即使 4 家广告商回函确认了预付广告费的真实性（事实并非如此），审计人员也不能由此推断 1100 家预付广告费的真实性。

② 函证程序由客户控制，无法保证通过函证取得证据的可靠性。该案例中，审计人员为了印证 17.7 万美元的差价退款，从巨人零售公司提供的名单中，随意抽取几个供应商，通过电话询证进价过高是否真实。在 15 个电话询证过程中，巨人零售公司先同供应商联系并通话交谈后，才将电话交给审计人员。在这个过程中，向谁函证是由客户提供名单圈定的，而不是根据审计的需要；函证中既没有保证审计人员直接与被询证者沟通，也没有要求被询证者寄回书面确认函，增加了函证信息发生差错和被篡改的机会。

③ 对函证实施过程中存在的疑虑没有追加审计程序，降低了审计证据的质量。该案例中，两位业务助理人员就贷项通知单询问公司员工时，先后得到三个不同解释，但始终未拿到书面证明文件，因此对贷项通知单的真实性提出质疑，在工作底稿中形成了一份备忘录。但作为负责巨人零售公司审计工作的事务所合伙人却认为函证已经收集了足够的证据，可以证实贷项通知单的真实性，没有实施追加的审计程序以消除审计人员的疑虑。

④ 对回函结果不进行分析、评价。该案例中，审计人员对从巨人零售公司提供的 1 100 家虚构的广告商名单中仅选取 4 家广告商发函询证，样本量过低不说，所收到的回函均指出所列示的预付广告费是错误的。对此，审计人员在未进行任何分析评价，查明差异原因的情况下，仍确认了预付广告费的真实性和完整性。

由此可见，在审计实务中，审计人员实施函证不能只是机械地发函、收函，必须实质性地控制函证的整个程序，这样才能减少审计风险。有效实施函证的要求如下。

a. 抽取的样本要从充分性和适当性上足以代表总体，抽样比例不能过低。

b. 函证是为审计目的而设计的重要程序，应当由审计人员通过专业判断确定函证的对象、范围、方式，而不能听任客户的摆布。

c. 无论实施函证时采取什么方法提高效率，如以电话确认、传真或电子邮件等先发出询函，也须保证审计人员与被询证者的直接沟通，并保证收集到被询证者回函的原件。

d. 当通过其他审计程序发现问题时，必须重新考虑函证程序的适当性，追加审计程序予以证实或消除疑虑。

e. 如果函证结果表明审计存在差异，审计人员应当对函证结果进行分析和评价，查明差异原因，并追加审计程序予以证实或消除。

互动讨论

1）审计中可以实施函证的事项有哪些？函证回函应怎样处理？

2）怎样才是实施有效函证程序的正确做法？

3）检查应付账款是否计入正确的会计期间，是否存在未入账的应付账款。

① 对本期发生的应付账款增减变动，检查至相关支持性文件，确认会计处理是否正确。

② 检查资产负债表日后应付账款明细账贷方发生额的相应凭证，关注其验收单、购货发票的日期，确认其入账时间是否合理。

③ 获取并检查被审计单位与其供应商之间的对账单及被审计单位编制的差异调节表，确定应付账款金额的准确性。

④ 针对资产负债表日后付款项目，检查银行对账单及有关付款凭证（如银行汇款通知、供应商收据等），询问被审计单位内部或外部的知情人员，查找有无未及时入账的应付账款。

⑤ 结合存货监盘程序，检查被审计单位在资产负债表日前后的存货入库资料（验收报告或入库单），检查相关负债是否计入正确的会计期间。

对于发现的某些未入账的应付账款，注册会计师应将有关情况详细记入审计工作底稿，并根据其重要性确定是否需建议被审计单位进行相应的调整。

4）寻找未入账负债的测试。

获取期后收取、记录或支付的发票明细，包括获取支票登记簿、电汇报告、银行对账单及入账的发票和未入账的发票。从中选取项目（尽量接近审计报告日）进行测试并实施以下程序。

① 检查支持性文件，如相关的发票、采购合同/申请、收货文件及接受劳务明细，以确定收到的商品/接受劳务的日期及应在期末之前入账的日期。

② 追踪已选取项目至应付账款明细账、货到票未到的暂估入账和预提费用明细表，并关注费用所计入的会计期间，调查并跟进所有已识别的差异。

③ 评价费用是否被记录于正确的会计期间，并相应确定是否存在期末未入账负债。

5）检查应付账款长期挂账的原因并作出记录，对确实无须支付的应付款的会计处理是否正确。

6）如存在应付关联方的款项则需要注册会计师了解交易的商业理由，检查证实交易的支持性文件（例如，发票、合同、协议及入库和运输单据等相关文件），以及被审计单位与关联方的对账记录或向关联方函证。

7）检查应付账款是否已按照《企业会计准则》规定在财务报表中作出恰当列报和披露。

【例 10-3】 虚构赊购业务，虚增成本费用，调减利润、少缴所得税。

2020 年，永道信诚会计师事务所于 3 月 8 日至 28 日对 T 股份有限公司（上市公司）进行 2019 年度财务报表审计。注册会计师小马在对公司生产经营情况及购进业务情况进行分析后，发现该公司 2019 年度生产成本费用比 2018 年度增长较大，一、二季度采购与上年同期相比增幅在8%左右，三、四季度增幅分别达25%、30%，存在较大疑点。经重点检查三、四季度购进情况，发现问题交易事项如下。

① 2019年7月15日和10月22日，采购明细账记录从春江板材制造有限公司分两批购进TD板材，合计金额3 800 000元。核对“应付票据——春江公司”年末余额为3 800 000元。检查合同订单，约定数量10 000张，单价380元，分别签发半年期商业承兑汇票结算。检查收货情况，无此收货记录，有关凭证记录如下：

a. 7/15-111#凭证：购进TD板材6 000张，汇票结算。

借：材料采购　　2 280 000

　　贷：应付票据——春江公司　　2 280 000

附件：春江公司发货单一份，T公司签发的商业承兑汇票一份，收货单一份，核对相符。

b. 10/22-157#凭证：购进TD板材4 000张，汇票结算。

借：材料采购　　1 520 000

　　贷：应付票据——春江公司　　1 520 000

附件：春江公司发货单一份，T公司签发的商业承兑汇票一份，收货单一份，核对相符。

② 进一步检查，上述TD板材已分别结转原材料，全部领用于产品生产，并全部出售。

③ 因考虑上述交易存在疑点，小马又追索检查出2020年2月末“应付票据——春江公司”账户余额仍为3 800 000元，检查到3月份有关业务凭证（属期后事项），结果如下：

2020年3/6-12#凭证：春江公司转账。

借：应付票据——春江公司　　2 280 000

　　贷：应付账款——春江公司　　2 280 000

2020年3/25-134#凭证：春江公司转账。

借：应付票据——春江公司　　1 520 000

　　贷：应付账款——春江公司　　1 520 000

附件：无。

④ 针对上述情况，小马综合分析后提出质询，并函证了春江公司，证实无此交易业务，T股份有限公司只好承认虚构购进业务的事实。

【解析】

① T股份有限公司2019年度虚构两批TD板材购进业务，共计金额3 800 000元，并将该3 800 000元的材料金额转入生产成本中，虚增了当期产品成本。该项交易导致当期销售成本虚增、利润虚减3 800 000元。

② 为达到虚增成本费用的目的，通过虚设“应付票据——春江公司”和结转“应付账款——春江公司”挂账进货未付款项，企图事后借机转销，是较为典型的虚构进货的财务造假行为，其目的是要通过虚增成本费用来虚减利润，偷漏所得税，违背了会计法、会计准则、税法等规定。

③ 应调整2019年度虚增的销售成本及虚减的利润3 800 000元，并相应调整所得税费用、净利润、留存收益等相关账户。

调整会计分录为（年终结账后检查调整）：

借：应付账款——春江公司　　3 800 000
　　贷：以前年度损益调整　　3 800 000
借：以前年度损益调整　　950 000
　　贷：应交税费——应交所得税　　950 000
借：以前年度损益调整　　2 850 000
　　贷：利润分配——未分配利润　　2 850 000
借：利润分配——未分配利润　　285 000
　　贷：盈余公积　　285 000

互动讨论

1）若用上述所购的TD板材生产的产品完工入库，年末未销售，该审计人员的审计处理意见应怎样表达？

2）若用上述所购的TD板材生产的产品完工入库，年末已销售60%，该审计人员的审计处理意见应怎样表达？

3）若上述所购的TD板材尚未用于生产产品，该审计人员的审计处理意见应怎样表达？

4）若上述案情是审计人员在当年12月份审计中发现的，对此，该审计人员的审计处理意见应怎样表达？

二、除折旧/摊销、人工费用以外的一般费用的实质性程序

1. 一般费用的审计目标

一般费用的审计目标一般包括如下内容。

1）确定利润表中记录的一般费用是否确认发生（发生认定）。

2）确定所有应当记录的费用是否均已记录（完整性认定）。

3）确定一般费用是否以恰当的金额包括在财务报表中（准确性认定）。

4）确定费用是否已计入恰当的会计期间（截止认定）。

微课：管理费用实质性程序工作底稿的编制

2. 一般费用的实质性程序

1）获取一般费用明细表，复核其加计数是否正确，并与总账和明细账合计数核对是否正确。

2）实质性分析程序如下。

① 考虑可获取信息的来源、可比性、性质和相关性及与信息编制相关的控制，评价在对记录的金额或比率作出预期时使用数据的可靠性。

② 将费用细化到适当层次，根据关键因素和相互关系（如本期预算、费用类别与销售数量、职工人数的变化之间的关系等）设定预期值，评价预期值是否足够精确以识别重大错报。

③ 确定已记录金额与预期值之间可接受的、无须作进一步调查的可接受的差异额。

④ 将已记录金额与期望值进行比较，识别需要进一步调查的差异。

⑤ 调查差异，询问管理层，针对管理层的答复获取适当的审计证据；根据具体情况在必要时实施其他审计程序。

3）从资产负债表日后的银行对账单或付款凭证中选取项目进行测试，检查支持性文件（如合同或发票），关注发票日期和支付日期，追踪已选取项目至相关费用明细表，检查费用所计入的会计期间，评价费用是否被记录于正确的会计期间。

4）对本期发生的费用选取样本，检查其支持性文件，确定原始凭证是否齐全，记账凭证与原始凭证是否相符及账务处理是否正确。

5）抽取资产负债表日前后的凭证，实施截止测试，评价费用是否被记录于正确的会计期间。

6）检查一般费用是否已按照《企业会计准则》及其他相关规定在财务报表中作出恰当的列报和披露。

项 目 小 结

采购与付款循环主要影响资产负债表项目，本项目包括的主要内容有：采购与付款循环的主要业务活动，内部控制目标与控制测试，应付账款的函证程序及未入账应付账款的查找程序，除折旧/摊销、人工费用以外的一般费用的实质性程序等。以上内容也是本项目学习的重点内容和审计程序的关键环节。

演练与提升

一、思考题

1. 简述采购与付款循环的主要内部控制。
2. 试述如何进行未入账应付账款的查找程序。
3. 你认为注册会计师函证应付账款与函证应收账款一样吗？为什么？
4. 注册会计师运用分析程序对一般费用进行分析应从哪些方面进行？

二、实训题

（一）单项选择题

1. 不属于采购与付款业务涉及的程序是（　　）。

A. 采购商品　　B. 批准赊销　　C. 验收货物　　D. 付款申请

2. 健全、有效的内部控制要求由独立的采购部门负责（　　）。

A. 编制请购单　　B. 编制订货单

C. 控制存货水平以免出现积压　　D. 检验购入存货的数量、质量

3. 订购单应该由（　　）填写。

A. 使用部门　　B. 管理部门　　C. 采购部门　　D. 验收部门

4. 如果应付账款明细账年末余额出现在借方，注册会计师应提请被审计单位在资产负债表的（　　）项目列示。

A. 应收账款　　B. 应付账款　　C. 预收账款　　D. 预付账款

5. 应付账款函证最适当的方式是（　　）。

A. 积极式函证　　B. 消极式函证

C. 其他函证方式　　D. 积极式函证和消极式函证结合

6. 仓库或资产使用部门根据实际需要编制一式三联的（　　），并经有关负责人签字批准。

A. 请购单　　B. 采购单　　C. 验收单　　D. 付款凭单

7. 与采购交易的截止认定相关的内部控制是（　　）。

A. 采购价格要有批准制度　　B. 订购单应连续编号

C. 收到商品应及时记录　　D. 采购应经过批准

8. 以下应作为应付账款函证对象的是（　　）。

A. 期后付款的债权人

B. 余额很小，但是属于被审计单位的重要供应商

C. 企业应付账款与供应商的对账单一致的债权人

D. 合同、发票、验收单一致的债权人

（二）多项选择题

1. 应付账款一般不需函证，但出现（　　）时，注册会计师还应实施函证。

A. 应付账款重大错报风险较高　　B. 应付账款金额较大

C. 被审计单位陷入财务困境　　D. 被审计单位供货方内部控制薄弱

2. 注册会计师进行应付账款函证，根据函证结果分别做出的处理包括（　　）。

A. 与回函金额不符的，应查明原因

B. 未回函的，应进行再次函证

C. 未回函的重要项目，应执行替代审计程序

D. 与回函金额相符的，应抽查有关原始凭证

3. 下列各项中属于对采购与付款交易审计时涉及的凭证与会计记录的是（　　）。

A. 请购单与订购单　　B. 验收单

C. 购货发票　　D. 现金及银行存款日记账和总账

4. 注册会计师对某公司采购与付款循环进行审计，该公司明细账往来账户年末余额及本年度进货总额如下，请问注册会计师应该选择哪两家公司进行函证（　　）。

A. 469 000 元　　668 000 元　　B. 0 元　　23 542 100 元

C. 58 000 元　　54 380 元　　D. 3 566 700 元　　2 567 380 元

5. 在采购与付款循环中，必须分离的职务有（　　）。

A. 采购与付款审批　　B. 付款审批与执行付款

C. 物资采购与物资的验收、保管　　D. 物资采购与会计记录

6. 在应付账款审计中，注册会计师如发现被审计单位因（　　）等原因导致某些明细账借方出现较大余额，应提请被审计单位作重分类调整，以便将这些借方金额在资产负债表中列为资产。

A. 重复付款　　B. 付款后退货　　C. 重复收款　　D. 预付货款

（三）判断题

1. 由于多数企业在低估应付账款时，是以漏记赊购业务为主，函证无益于查找未入账的应付账款。（　　）

2. 函证是应付账款必须实施的审计程序。（　　）

3. 购入的存货，应由存储部门负责验收。（　　）

4. 即使某一应付账款明细账期末余额为零，注册会计师仍需要将其列为函证对象。（　　）

5. 一个良好的应付账款内部控制，在收到购货发票后，应立即送交会计部门登记入账。（　　）

（四）案例分析题

1. 注册会计师李雷审计 A 公司的应付账款项目。由于 A 公司为一家化工企业，每年从某固定供应商购入原材料近 2 100 万吨。截至 2019 年年底，A 公司应付该供应商货款为 21 388 124.57 元。由于该供应商属于长期客户，且应付账款金额巨大，因此注册会计师向该供应商进行函证。经函证，该供应商确认 A 公司欠货款为 29 287 133.57 元。李雷在分析审查产生差异的原因时，由于 A 公司认为对方售价太高，自 2016 年以来公司就没有付过货款，双方一直争执不下。

要求：请问李雷该如何处理？

2. 注册会计师在审查 ABC 公司 2019 年应付账款明细账时，发现“应付账款——甲公司”明细账有贷方余额 116 000 元，经检查有关凭证，该款项是 2015 年向甲公司购货的款项。

要求：分析可能存在的问题，提出进一步审查方案和审计处理意见。

3. 某公司 2019 年 12 月 31 日 5 家客户应付账款明细账的情况，如表 10-3 所示。

表 10-3　某公司 5 家客户应付账款明细

金额单位：元

户名	借方发生额		贷方发生额		期末余额	
	发生时间	发生金额	发生时间	发生金额	借方	贷方
A			16.10.10	30 000		30 000
B	19.04.20	40 000	19.08.20	50 000		10 000
C	19.08.30	60 000	19.07.05	35 000	25 000	
D	19.12.30	200 000	19.08.15	205 000		5 000
E			19.11.20	70 000		70 000

要求：根据以上资料，注册会计师应选择哪三家公司进行函证？并说明理由。

项目十一 存货与生产循环审计

【知识目标】

了解存货与生产循环涉及的主要业务活动及其特征;

熟悉存货与生产循环涉及的报表项目、主要会计凭证与会计记录;

了解存货与生产循环的内部控制及控制测试;

掌握存货、存货跌价准备的审计方法。

【技能目标】

能够制定存货与生产循环各任务的审计目标;

能够根据制定的审计目标确认审计范围和执行控制测试与实质性程序;

能够识别存货与生产循环活动可能发生的错报。

【素质目标】

培养良好的职业道德素养,提升审计工作的能力和质量。

【引导案例】

上市公司出于完成财务计划、维持或提升股价、增资配股、获取贷款、保住上市资格等目的,常常采用各种虚假手段虚报利润。在形形色色的利润操纵手法中,资产造假占据了主要地位。我国近年来影响较大的财务报表舞弊案绝大多数与资产项目的造假有关,上市公司琼民源、蓝田股份、东方锅炉、成都红光就是其中的典型。资产计价舞弊是资产造假的惯用手段,而存货项目因其种类繁多且具有流动性强、计价方法多样的特点,导致存货高估,构成资产计价舞弊的主要部分。国外的上市公司中,涉及存货舞弊的案件也是层出不穷,而存货审计的复杂性也为注册会计师带来了很大的审计风险。例如,美国的法尔莫公司就是通过伪造购货发票、制造增加存货并减少销售成本的虚假记账凭证、确认购货却不同时确认负债、多计或加倍计算存货的数量达到虚增资产的目的。财务部门可以隐瞒存货短缺是因为注册会计师只对 300 家药店中的 4 家进行了存货监盘,而且会计师事务所会提前数月通知法尔莫公司他们将会检查哪些药店,管理人员也会提前将这四家药店堆满实物存货……注册会计师们一直未能发现这起舞弊,他们为此付出了昂贵的代价。

思考

1)从存货审计的重要性来看,存货审计应该注意哪些要点?

2)存货的计价方法有哪些?

3)如何识别存货舞弊?

任务一　存货与生产循环概述

一、不同行业类型的存货性质

存货的性质由于被审计单位业务不同而有很大差别。表 11-1 列示了不同行业类型的经营主体的存货性质。

表 11-1　不同行业类型的存货性质

行业类型	收入来源
贸易业	从厂商、批发商或者其他零售商处采购的商品
一般制造业	采购的原材料、低值易耗品和配件、生产的半成品和产成品等
餐饮业	用于加工食品的食材、饮料等
建筑业	建筑材料、在建项目成本（一般包括建造活动发生的直接材料成本、直接人工成本和间接费用，以及支付给分包商的建造成本等）

从表 11-1 可见，一个企业所处的行业和经营性质决定了存货的性质不同。存货是企业的重要资产，存货的采购、使用、销售与企业的经营活动紧密相关，对企业的财务状况和经营成果具有重大而广泛的影响。

二、存货与生产循环中的主要业务活动

对存货与生产循环进行审计，首先应该了解该循环的业务活动。企业存货与生产循环涉及的主要业务流程，如图 11-1 所示。

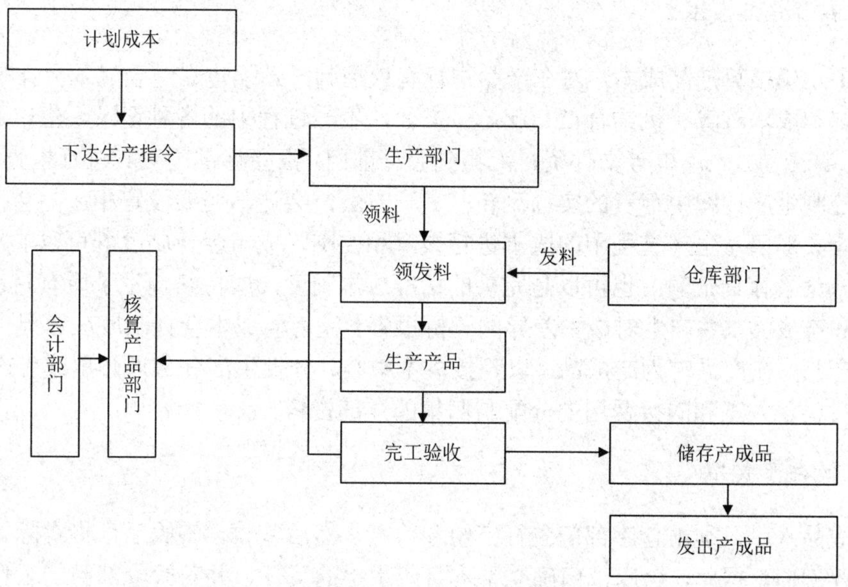

图 11-1　存货与生产循环涉及的主要业务流程

存货与生产循环所涉及的主要业务活动包括计划和安排生产、发出原材料、生产产品、核算生产成本、核算在产品、储存产成品及发出产成品等。上述业务活动通常涉及以下部门，即生产计划部门、仓库部门、生产部门、人事部门、销售部门、会计部门等。

1. 计划和安排生产

生产计划部门的职责是根据客户订单或者对销售预测和存货需求的分析来决定生产授权。例如，决定授权生产，即签发预先编号的生产通知单。该部门通常应将发出的所有生产通知单编号并加以记录控制。此外，还需要编制一份材料需求报告，列示所需要的材料、零件及其库存。

2. 发出原材料

仓库部门的责任是根据从生产部门收到的领料单发出原材料。领料单上必须列示所需要的材料数量、种类及领料部门的名称。领料单可以一料一单，也可以一单多料，通常一式三联。仓库发料后，以其中一联连同材料交还领料部门，其余两联经仓库登记材料明细账后，送会计部门进行材料收发核算和成本核算。

3. 生产产品

生产部门在收到生产通知单及领取原材料后，便将生产任务分解到每一个生产工人，并将所领取的原材料交给生产工人，据以执行生产任务。生产工人在完成生产任务后，将完成的产品交生产部门查点，然后转交检验员验收并办理入库手续；或是将所完成的产品移交下一个部门，以进一步加工。

4. 核算产品成本

为了正确核算产品成本，对在产品进行有效控制，必须建立健全成本会计制度，将生产控制和成本核算有机结合在一起。一方面，生产过程中的各种记录、生产通知单、领料单、计工单、入库单等文件资料汇集到会计部门，由会计部门对其进行检查和核对，了解和控制生产过程中存货的实物流转；另一方面，会计部门要设置相应的会计账户，并会同有关部门对生产过程中的成本进行核算和控制。成本会计制度既可以非常简单，只在期末记录存货余额；也可以是完善的标准成本制度，即持续地记录所有材料处理、在产品和产成品，并产生对成本差异的分析报告。完善的成本会计制度应该提供原材料转为在产品，在产品转为产成品，以及按成本中心、分批生产任务通知单或生产周期所消耗的材料、人工和间接费用的分配与归集的详细资料。

5. 储存产成品

产成品入库，须由仓库部门先行点验和检查，然后签收。签收后，将实际入库数量通知会计部门。据此，仓库部门确立了本身应承担的责任，并对验收部门的工作进行验证。除此之外，仓库部门还应根据产成品的品质特征分类存放，并填制标签。

6. 发出产成品

产成品的发出须由独立的发运部门进行。装运产成品时，必须持有经有关部门核准的发运通知单，并据此编制出库单。出库单至少一式四联：一联交仓库部门；一联交发运部门留存；一联交客户；一联作为给客户开发票的依据。

7. 存货盘点

管理人员编制盘点指令，安排适当人员对存货实物（包括原材料、在产品和产成品等所有存货类型）进行定期盘点，将盘点结果与存货账面数量进行核对，以调查差异并进行适当调整。

8. 计提存货跌价准备

会计部门根据存货货龄分析表信息及相关部门提供的有关存货状况信息，结合存货盘点过程中对存货状况的检查结果，对出现损毁、滞销、跌价等降低存货价值的情况进行分析计算，计提存货跌价准备。

三、涉及的主要凭证和会计记录

从以上的业务活动来看，存货与生产循环所涉及的主要凭证和会计记录主要包括以下几种。

1. 生产指令

生产指令又称“生产任务通知单”，是企业下达制造产品等生产任务的书面文件，用以通知生产车间组织产品制造、供应部门组织材料发放、会计部门组织成本计算。

2. 领发料凭证

领发料凭证是企业为控制材料发出所采用的各种凭证，如材料发出汇总表、领料单、限额领料单、领料登记簿、退料单等。

3. 产量和工时记录

产量和工时记录是登记工人或生产班组在出勤内完成产品数量、质量和生产这些产品所耗费工时数量的原始记录。产量和工时记录的内容与格式是多种多样的，在不同的生产企业中，甚至在同一企业的不同生产车间中，由于生产类型不同而采用不同格式的产量和工时记录。常见的产量和工时记录主要有工作通知单、工序进程单、工作班产量报告、产量通知单、产量明细表、废品通知单等。

4. 工资汇总表及人工费用分配表

工资汇总表是为了反映企业全部工资的结算情况，并据以进行工资结算总分类核算和汇总整个企业工资费用而编制的，它是企业进行工资费用分配的依据。人工费用分配表反映了各生产车间各产品应负担的生产工人工资及福利费。

5. 材料费用分配表

材料费用分配表是用来汇总反映各生产车间各产品所耗费的材料费用的原始记录。

6. 制造费用分配汇总表

制造费用分配汇总表是用来汇总反映各生产车间各产品所应负担的制造费用的原始记录。

7. 成本计算单

成本计算单是用来归集某一成本计算对象所应承担的生产费用，计算该成本计算对象的总成本和单位成本的记录。

8. 产成品入库单和出库单

产成品入库单是产品生产完成并经检验合格后从生产部门转入仓库的凭证。产成品出库单是根据经批准的销售单发出产成品的凭证。

9. 存货明细账

存货明细账是用来反映各种存货增减变动情况和期末库存数量及相关成本信息的会计记录。

10. 存货盘点指令、盘点表及盘点标签

一般制造型企业通常会定期对存货实物进行盘点，经实物盘点数量与账面数量进行核对，对差异进行分析调整，必要时作账务调整，以确保账实相符。在实施存货盘点之前，管理人员通常编制存货盘点指令，对存货盘点的时间、人员、流程及后续处理等方面做出安排。在盘点过程中，通常使用盘点记录表记录盘点结果，使用盘点标签对已盘点的存货及数量做出标识。

11. 存货货龄分析表

很多制造型企业通过编制存货货龄分析表，识别流动较慢或滞销的存货，并根据市场情况和经营预测，确定是否需要计提存货跌价准备，这对于管理具有保质期的存货（如食物）具有重要意义。

四、存货与生产循环的业务活动和相关内部控制

对于一般制造型企业而言，存货和生产通常是重大的业务循环，注册会计师需要在审计计划阶段了解该循环涉及的业务活动及相关的内部控制。注册会计师通常实施下列程序，了解存货和生产循环的业务活动和相关内部控制。

1）询问参与存货和生产循环各业务活动的被审计单位人员，一般包括生产部门、

仓库部门、人事部门和会计部门的员工和管理人员。

2）获取并阅读企业的相关业务流程图和内部控制手册等资料。

3）观察存货和生产循环中特定控制的运用。例如，观察生产部门如何将完工产品移送入库并办理手续。

4）检查文件资料。例如，检查原材料领料单、成本计算表、产成品出入库单等。

5）实施穿行测试，即追踪一笔交易在财务报告信息系统中的处理过程。例如，选取某种产成品，追踪该产品制定生产计划、领料生产、成本核算、完工入库的整个过程。

表 11-2 以一般制造型企业为例，针对生产与存货循环中的两个方面，即生产及成本核算和存货管理两个方面，分别列示了它们通常涉及的财务报表项目、主要业务活动及常见的主要凭证和会计记录。

表 11-2　生产与存货循环涉及的交易类型、财务报表项目、主要业务活动及常见主要凭证和会计记录汇总表

交易类型	涉及的财务报表项目	主要业务活动	常见的主要凭证和会计记录
生产和成本核算	存货	计划和安排生产； 发出原材料； 生产产品和成本核算	生产通知单； 原材料通知单； 领料单； 产量统计记录表； 入库单； 材料费用分配表； 工时统计记录表； 人工费用分配汇总表； 制造费用分配汇总表； 存货明细账
存货管理	存货营业成本	产成品入库及存货保管； 产出产成品； 提取存货跌价准备	验收单； 入库单； 存货台账； 盘点计划； 盘点表单； 盘点明细表； 出库单； 营业成本明细账； 存货货龄分析表； 可变现净值计算表

其他涉及发出产成品的主要凭证介绍已包含于销售与收款循环中。

现根据上面概述的存货与生产循环涉及的业务活动中可能存在的内部控制举例说明。

1）对于计划和安排生产这项主要业务活动，有些被审计单位的内部控制要求根据经审批的月度生产计划书，由生产计划经理签发预先按顺序编号的生产通知单。

2）对于发出原材料这项主要业务活动，有些被审计单位的内部控制要求：

① 领料单应当经生产主管批准，仓库管理员凭经批准的领料单发料；领料单一式三联，分别为存根联、仓库联和财务联。

② 仓库管理员应把领料单编号、领料数量、规格等信息输入计算机系统，经仓储经理复核并以电子签名方式确认后，系统自动更新材料明细台账。

3）对于生产产品和核算产品成本这两项主要业务活动，有些被审计单位的内部控制要求：

① 生产成本记账员应根据原材料领料单财务联，编制原材料领用日报表，与计算机系统自动生成的生产记录日报表核对材料耗用和流转信息；由会计主管审核无误后，生成记账凭证并过账至生产成本及原材料明细账和总分类账。

② 生产部门记录生产各环节所耗用工时数，包括人工工时数和机器工时数，并将工时信息输入生产记录日报表。

③ 每月末，由生产车间与仓库核对原材料和产成品的转出和转入记录，如有差异，仓库管理员应编制差异分析报告，经仓储经理和生产经理签字确认后交会计部门进行调整。

④ 每月末，由计算机系统对生产成本中各项组成部分进行归集，按照预设的分摊公式和方法，自动将当月发生的生产成本在完工产品和在产品之间按比例进行分配；同时，将完工产品成本在各不同产品类别之间分配，由此生成产品成本计算表和生产成本分配表；由生产成本记账员编制成生产成本结转差异分析报告，经会计主管审核批准后进行账务处理。

4）对于产成品入库和储存这项业务活动，有些被审计单位的内部控制要求：

① 产成品入库时，质量检验员应检查并签发预先按顺序编号的产成品验收单，由生产小组将产成品送交仓库，仓库管理员应检查产成品验收单，并清点产成品数量，填写预先顺序编号的产成品入库单经质检经理、生产经理和仓储经理签字确认后，由仓库管理员将产成品入库单信息输入计算机系统，计算机系统自动更新产成品明细台账并与采购订购单编号核对。

② 存货存放在安全的环境（如上锁、使用监控设备）中，只有经过授权的工作人员可以接触和处理存货。

5）对于发出产成品这项业务活动，在销售与收款流程循环中涉及产成品出库这一环节。此外，还有后续的结转销售成本环节。有些被审计单位可能涉及以下内部控制要求：

① 产成品出库时，由仓库管理员填写预先编号的出库单，并将产成品出库单信息输入计算机系统，经仓储经理复核并以电子签名方式确认后，计算机系统自动更新产成品明细账并与发运通知单编号核对。

② 产成品装运发出前，由运输经理独立检查出库单、销售订购单和发运通知单，确定从仓库提取的商品附有经批准的销售订购单，并且所提取商品的内容与销售订购单一致。

③ 每月末，生产成本记账员根据计算机系统内状态为“已处理”的订购单数量，编制销售成本结转凭证，结转相应的销售成本，经会计主管审核批准后进行账务处理。

6）对于盘点存货这项业务活动，有些被审计单位的内部控制要求：

① 生产部门和仓储部门在盘点日前对所有存货进行清理和归整，便于盘点顺利进行。

② 每一组盘点人员中应包括仓储部门以外的其他部门人员，即不能由负责保管存货的人员单独负责盘点存货；安排不同的工作人员分别负责初盘和复盘。

③ 盘点表和盘点标签事先连续编号，发放给盘点人员时登记领用人员；盘点结束后回收并清点所有已使用和未使用的盘点表和盘点标签。

④ 为防止存货被遗漏或重复盘点，所有盘点过的存货贴盘点标签，注明存货品名、数量和盘点人员，完成盘点前检查现场确认所有存货均已贴上盘点标签。

⑤ 将不属于本单位的代其他方保管的存货单独堆放并作标识；将盘点期间需要领用的原材料或出库的产成品分开堆放并作标识。

⑥ 汇总盘点结果，与存货账面数量进行比较，调查分析差异原因，并对认定的盘盈和盘亏提出账务调整，经仓储经理、生产经理、财务经理和总经理复核批准后入账。

7）对于计提存货跌价准备这项业务活动，有些被审计单位的内部控制要求：

① 定期编制存货货龄分析表，管理人员复核该分析表，确定是否有必要对滞销存货计提存货跌价准备，并计算存货可变现净值，据此计提存货跌价准备。

② 生产部门和仓储部门每月上报残次冷背存货明细，采购部门和销售部门每月上报原材料和产成品最新价格信息，财务部门据此分析存货跌价风险并计提跌价准备，由财务经理和总经理复核批准并入账。

任务二　存货与生产循环的控制测试

从总体上来看，存货与生产循环的内部控制主要包括存货数量和存货单价的内部控制两个方面。由于存货与生产循环与其他循环业务的紧密联系，存货与生产循环中某些审计程序，特别是对存货余额的审计程序，与其他相关业务循环的审计程序同时进行将更为有效。例如，原材料的采购和记录是作为采购与付款循环的一部分进行测试的，人工成本（包括直接人工成本和制造费用中人工费用）是作为工薪循环的一部分进行测试的。因此，在对存货与生产循环的内部控制实施测试时，要考虑其他业务循环的控制测试是否与本循环相关，避免重复测试。

风险评估和风险应对是整个审计过程的核心，表 11-3 列示了通常情况下注册会计师对存货和生产循环实施的控制测试。

表 11-3　存货与生产循环的风险、存在的控制及控制测试程序

可能发生的错报环节	相关财务报表项目及认定	存在的内部控制（自动）	存在的内部控制（人工）	内部控制测试程序
发出原材料				
原材料的发出可能未经授权	生产成本：存在		所有领料单由生产主管签字批准，仓库管理员凭经批准的领料单发出原材料	选取领料单，检查是否有生产主管的签字授权
发出的原材料可能未正确计入相应产品的生产成本中	生产成本：计价和分摊	领料单信息输入系统时须输入对应的生产任务单编号和所生产的产品代码，每月末系统自动归集生成材料成本明细表	生产主管每月末将其生产任务单及相关领料单存根联与材料成本明细账进行核对，调查差异并处理	检查生产主管核对材料成本明细表的记录，并询问其核对过程及结果
记录人工成本				
生产工人的人工成本可能未得到准确反映	生产成本：准确性	所有员工有专属员工代码和部门代码，员工的考勤记录记入相应员工代码	人事部门每月编制工薪费用分配表，按员工所属部门将工薪费用分配至生产成本、制造费用、管理费用和销售费用，经财务经理复核后入账	检查系统中员工的部门代码设置是否与其实际职责相符。询问并检查财务经理复核工资费用分配表的过程和记录

续表

可能发生的错报环节	相关财务报表项目及认定	存在的内部控制（自动）	存在的内部控制（人工）	内部控制测试程序
记录制造费用				
发生的制造费用可能没有得到完整归集	制造费用：完整性	系统根据输入的成本和费用代码自动识别制造费用并进行归集	成本会计每月复核系统生成的制造费用明细表并调查异常波动。必要时由财务经理批准进行调整	检查系统的自动归集设置是否符合有关成本和费用的性质，是否合理。询问并检查成本会计复核制造费用明细表的过程和记录，检查财务经理对调整制造费用的会计分录的批准记录
计算产品成本				
生产成本和制造费用在不同产品之间、在产品和产成品之间的分配可能不正确	存货：计价和分摊 营业成本：准确性		成本会计执行产品成本核算及日常成本核算，财务经理每月末审核产品成本计算表及相关资料（原材料成本核算表、工薪费用分配表、制造费用分配表等）并调查异常项目	询问财务经理如何执行复核及调查。选取产品成本计算表及相关资料，检查财务经理的复核记录
产成品入库				
已完工产品的生产成本可能没有转移到产成品中	存货：计价和分摊	系统根据当月输入的产成品入库单和出库单信息自动生成产成品收（入库）发（出库）存（余额）报表	成本会计将产成品收发存报表中的产品入库数量与当月成本计算表中结转的产成品成本对应的数量进行核对	询问和检查成本会计，将产成品收发存报表与成本计算表进行核对和记录
发出产成品				
销售发出的产成品的成本可能没有准确转入营业成本	存货：计价和分摊 营业成本：准确性	系统根据确认的营业收入所对应的售出产品自动结转营业成本	财务经理和总经理每月对毛利率进行比较分析，对异常波动进行调查和处理	检查系统设置的自动结转功能是否正常运行，成本结转方式是否符合公司成本核算政策。询问和检查财务经理和总经理进行毛利率分析的过程和记录，并对异常波动的调查和处理结果进行核实
盘点存货				
存货可能被盗或因材料领用／产品销售未入账而出现账实不符	存货：存在		仓库保管员每月末盘点存货并与仓库台账核对并调节一致；成本会计监督其盘点与核对，并抽查部门存货进行复盘。每年末盘点所有存货，并根据盘点结果分析盘盈盘亏并进行账面调整	

续表

可能发生的错报环节	相关财务报表项目及认定	存在的内部控制（自动）	存在的内部控制（人工）	内部控制测试程序
计提存货跌价准备				
可能存在残次冷背的存货，影响存货的价值	存货：计价和分摊 资产减值损失：完整性	系统根据存货入库日期自动统计货龄，每月末生成存货货龄分析表	财务部门根据系统生成的存货货龄分析表，结合生产和仓储部门上报的存货损毁情况及存货盘点中对存货状况的检查结果，计提存货减值准备，报总经理审核批准后入账	询问财务经理识别减值风险并确定减值准备的过程，检查总经理的复核批准记录

在上述控制测试中，如果人工控制在执行时依赖于信息系统生成的报告，注册会计师还应当针对系统生成报告的准确性执行测试，如与计提存货跌价准备相关的管理层控制中使用了系统生成的存货货龄分析表，其准确性影响管理层控制的有效性。因此，注册会计师需要同时测试存货货龄分析表的准确性。

有些被审计单位采用信息系统执行全程自动化成本核算。在这种情况下，注册会计师通常需要对信息系统中的成本核算流程和参数设置进行了解和测试（可能需要利用信息技术专家的工作），并测试相关信息系统一般控制的运行有效性。

表 11-3 中列示的是存货与生产循环一些较为常见的内部控制和相应的控制测试程序，目的在于帮助注册会计师根据具体情况设计能够实现审计目标的控制测试。该表既未包含存货与生产循环所有的内部控制和控制测试，也并不意味着审计实务应当按此执行。一方面，被审计单位所处行业不同、规模不一、内部控制制度的设计和执行方式不同，以前期间接受审计的情况也各不相同；另一方面，受审计时间、审计成本的限制，注册会计师除了确保审计质量、审计效果外，还需要提高审计效率，尽可能地消除重复的测试程序。保证检查某一凭证时能够一次完成对该凭证的全部审计测试程序，并按最有效的顺序实施审计测试。因此，在审计实务工作中，注册会计师需要从实际出发，设计适合被审计单位具体情况的实用高效的控制测试计划。

任务三　存货与生产循环实质性程序

如果控制测试的结果表明内部控制未能有效运行，注册会计师需要从实质性程序中获得更多的相关审计证据，注册会计师可以修改实质性程序的性质，如获取更多的外部证据、细节测试等。存货与生产循环中的存货审计，尤其是对年末存货余额的测试，通常是审计中最复杂也最为费时的部分。对存货存在和存货价值的评估常常十分困难。因为存货具有流动性强、周转快、变化频繁等特点，且涉及企业生产经营的各个环节，所以对存货的管理与控制是否严格，直接影响存货的发出成本与期末结存成本的正确性，也影响资产负债表中存货项目和利润表中主营业务成本项目的正确性。因此，存货审计是财务报表审计的重要内容。正是由于存货对于企业的重要性、存货问题的复杂性及存货与其他项目密切的关联度，也要求注册会计师对存货审计应当予以特别的关注。

存货审计主要涉及数量和单价两个方面。针对存货数量的实质性程序主要是存货监盘。此外，还包括第三方保管的存货实施函证等程序，对在途存货检查相关凭证和期后入库记录等。针对存货单价的实质性程序包括对购买和生产成本的审计程序和对存货可变现净值的审计程序。其中，原材料成本的计量较为简单，通常采用对采购成本的审计进行测试；在产品和产成品的单价较为复杂，包括测试原材料成本、人工成本和制造费用的归集和分摊。

一、存货审计的目标

存货审计的目标一般包括以下几个方面。

1）账面存货余额对应的实物是否真实存在（存在认定）。

2）属于被审计单位的存货是否均已入账（完整性认定）。

3）存货是否属于被审计单位（权利和义务）。

4）存货单位成本的计量是否准确（计价和分摊认定）。

5）存货的账面价值是否可以实现（计价和分摊认定）。

二、存货的一般审计程序

存货的审计程序除以下内容外，还包括最主要的存货监盘程序，在后面的内容中做专门介绍。

1. 取得年末存货明细账表，并执行以下工作

1）复核单项存货金额的计算（单位成本×数量）和明细表的加总计算是否准确。

2）将本年末存货余额与上年末存货余额进行比较，总体分析变动原因。

2. 实施实质性分析程序

实质性分析程序在存货与生产循环审计中占有重要地位。注册会计师在存货与生产循环审计过程中往往需要大量运用分析程序来获取审计证据，并协助形成恰当的审计结论。在存货与生产循环审计中通常运用趋势分析法和比率分析法。

（1）趋势分析法

在存货与生产循环的分析程序中，注册会计师通常进行的趋势分析包括以下几个方面。

1）比较前后各期及本年度各个月份存货余额及其构成，以确定期末存货余额及其构成的总体合理性。

2）比较前后各期及本年度内各个月份生产成本总额及单位生产成本，以确定本期生产成本的总体合理性。

3）比较前后各期及本年度内各个月份制造费用总额及其构成，以评价制造费用及其构成的总体合理性。

4）比较前后各期及本年度内各个月份工资费用的发生额，以确定工资费用的合理性。

5）比较前后各期及本年度内各个月份主营业务成本总额及单位销售成本，以确定主营业务成本的总体合理性。

6）将存货余额与现有的订单、资产负债表日后各期的销售额和下一年度的预测销售额进行比较，以评估存货滞销和跌价的可能性。

7）将与关联企业发生存货交易的频率、规模、价格和账款结算条件，与非关联企业对比，判断被审计单位是否利用与关联企业的存货交易虚构业务交易、调节利润。

（2）比率分析法

在存货与生产循环中，注册会计师通常运用的比率主要有存货周转率、存货周转天数和毛利率等，利用这些指标审查被审计单位是否存在残次冷背存货及超额库存等不合理现象。以下主要介绍存货周转率和毛利率。

1）存货周转率。存货周转率是用以衡量销售能力和存货是否积压的指标。其计算公式为

存货周转率＝主营业务成本/平均存货×100%

存货周转天数＝360/存货周转率

利用存货周转率进行纵向比较或与其他同行企业进行横向比较时，要求存货计价持续一致。具体审计过程如下：

① 根据对被审计单位经营活动、供应商、贸易条件、行业惯例和行业现状的了解，确定存货周转率（周转天数）的预期值。

② 根据对本期期末余额组成、实际经营情况、市场情况、存货采购情况等的了解，确定可接收到的差异额。

③ 计算实际存货周转率（周转天数）和预期周转天数之间的差异。

④ 通过询问管理层和相关员工，调查存在重大差异的原因，并评估差异是否表明存在重大错报风险，是否需要设计恰当的细节测试程序以识别和应对重大错报风险。

存货周转率的波动可能意味着被审计单位存在以下情况：一是有意或无意地减少存货储备；二是存货管理或控制程序发生变动；三是存货成本项目发生变动；四是存货核算方法发生变动；五是存货跌价准备计提基础或冲销政策发生变动；六是销售额发生大幅度变动。

2）毛利率。毛利率是反映盈利能力的主要指标，用以衡量成本控制及销售价格的变化。其计算公式为

毛利率＝（主营业务收入－主营业务成本）/主营业务收入×100%

毛利率的波动可能意味着被审计单位存在以下情况：一是销售价格发生变动；二是销售产品总体结构发生变动；三是单位产品成本发生变动；四是固定制造费用比例较大时销售数量发生变动。

3. 存货的计价测试

为验证财务报表上存货余额的真实性，注册会计师必须对存货的计价进行审计。存货的计价测试包括两方面：一是被审计单位所使用的存货单位成本是否正确；二是恰当计提了存货跌价损失准备。

在对存货的计价实施细节测试之前，注册会计师通常先要了解被审计单位本年度的存货计价方法与以前年度是否保持一致。如果发生变化，则变化的理由是否合理，是否

经过适当的审批。

（1）存货单位成本测试

1）直接材料成本测试。针对原材料的单位成本，注册会计师通常基于企业的原材料计价方法（如先进先出法、加权平均法等），结合原材料的历史购买成本，测试其账面成本是否准确，测试程序包括核对原材料采购的相关凭证（如合同、采购单、发票等）以及验证原材料的计价方法的运用是否正确。

直接材料成本测试主要内容包括以下几个方面。

① 抽查产品成本计算单，检查直接材料成本的计算是否正确，材料费用的分配标准与计算方法是否合理和适当，是否与材料费用分配汇总表中该产品分摊的直接材料费用相符。

② 检查直接材料耗用数量的真实性，有无将非生产用材料计入直接材料费用。

③ 分析比较同一产品前后各年度的直接材料成本，如有重大波动，应查明原因。

④ 抽查材料发出及领用的原始凭证，检查领料单的签发是否经过授权，材料发出汇总表是否经过适当的人员复核，材料单位成本计价方法是否适当，是否正确及时入账。

⑤ 对采用定额成本或标准成本的企业，应检查直接材料成本差异的计算、分配与会计处理是否正确，并查明直接材料的定额成本、标准成本在本年度内有无重大变更。

【例 11-1】 2020 年 1 月，审计人员对鸿运工具厂 2019 年“材料成本差异”账户进行了审查，发现 2019 年 6 月至 12 月“材料成本差异”账户累计贷方发生额为 198 万元，但该期间未作任何结转材料成本差异的分录。同期，“原材料”账户期初余额为 1 000 万元，借方累计发生额为 3 400 万元，贷方累计发生额为 3 000 万元。

【解析】 审计人员通过调查发现，鸿运工具厂生产的家具在市场上销售很好，工厂为了降低账面利润额，有意不进行材料成本差异的调整，造成“材料成本差异”贷方长期挂账，从而扩大了生产成本。鸿运工具厂按规定采用按加权平均法计算材料成本差异率，审计人员进行如下计算，即

$$材料成本差异率＝198÷（1\,000＋3\,400）＝0.045$$

$$少摊差异额＝3\,000×0.045＝135（万元）$$

鸿运家具厂少摊材料节约差异，虚增成本，应进行如下调整：

借：生产成本　　1 350 000

　　贷：材料成本差异　　1 350 000

2）直接人工成本测试。直接人工成本审计的内容主要包括以下几个方面。

① 抽查产品成本计算单，检查直接人工成本的计算是否正确，人工费用的分配标准与计算方法是否合理和适当，是否与人工费用分配汇总表中该产品分摊的直接人工费用相符。

② 将本年度直接人工成本与前期进行比较，查明其异常波动的原因。

③ 分析比较本年度各个月份的人工费用发生额，如有异常波动，应查明原因。

④ 结合应付职工薪酬的检查，抽查人工费用会计记录及会计处理是否正确。

⑤ 对采用标准成本法的企业，应抽查直接人工成本差异的计算、分配与会计处理是否正确，并查明直接人工的标准成本在本年度内有无重大变更。

3）制造费用测试。制造费用审计的基本要点包括以下几个方面。

① 获取或编制制造费用汇总表，并与明细账、总账核对是否相符，抽查制造费用中的重大数额项目及例外项目是否合理。

② 审阅制造费用明细账，检查其核算内容及范围是否正确，并应注意是否存在异常会计事项。如有，则应追查至记账凭证及原始凭证，重点查明企业有无将不应列入成本费用的支出（如投资支出、被没收的财物、支付的罚款、违约金、技术改造支出等）计入制造费用。

③ 必要时，对制造费用实施截止测试，即检查资产负债表日前后若干天的制造费用明细账及其凭证，确定有无跨期入账的情况。

④ 检查制造费用的分配是否合理。重点查明制造费用的分配方法是否符合企业自身的生产技术条件，是否体现受益原则；分配方法一经确定，是否在相当时期内保持稳定，有无随意变更的情况；分配率和分配额的计算是否正确，有无以人为估计数代替分配数的情况。对按预定分配率分配费用的企业，还应查明计划与实际差异是否及时调整。

⑤ 对于采用标准成本法的企业，应抽查标准制造费用的确定是否合理，计入成本计算单的数额是否正确，制造费用的计算、分配与会计处理是否正确，并查明标准制造费用在本年度内有无重大变动。

4）生产成本在当期完工产品与在产品之间分配的测试。检查成本计算单中在产品数量与生产统计报告或在产品盘存表中的数量是否一致；检查在产品约当产量计算或其他分配标准是否合理；计算负荷样本的总成本和单位成本。

【例 11-2】 2020 年 1 月 15 日审计人员在审阅某公司生产成本报表时发现，从 2019 年 5 月份开始产品成本有较明显提高，进一步查阅生产成本明细账，发现燃料和动力费项目增长异常，是造成产品成本提高的主要项目。结合总账审阅分析，发现企业“长期借款”增加，“在建工程”账户借方余额增大，料定企业有新工程上马。在查阅“银行存款”日记账中发现支付电费多了近一倍，再进一步审查“在建工程”明细账，发现线上自营建造生产车间工程成本中没有电费一项，审阅外购动力分配表发现，增加的电费部分全部计入“燃料和动力”项目中。

【解析】 审计人员分析，企业在生产产量基本稳定的情况下，生产产品成本较大幅度提高，说明企业很可能存在虚列、多列生产产品成本现象。对此，通过审查生产成本明细账，将生产成本明细账各成本项目进行比较分析，可以找出问题所在。该案例就是在分析生产成本明细账中发现“燃料和动力费”项目提高幅度较大，进而发现该企业在建工程没有反映电费支出，表明其电费被转嫁，如转嫁为生产成本。

根据分析和检查结果，审计人员查明企业存在的问题是：将在建工程支出的电费计入产品成本，虚增了产品成本，致使利润少计，目的是少缴纳所得税、增值税等。据此，审计人员应计算出工程用电有多少计入了产品成本，并把计入产品成本的电费转出，增加在建工程的成本，并要求该公司作如下调账处理（建议按结账后）：

借：在建工程——自营工程

　　贷：利润分配——未分配利润

再补交所得税。

（2）存货跌价损失准备的测试

注册会计师在测试存货跌价损失准备时，需要从以下两个方面进行测试。

1）识别需要计提跌价损失准备的存货项目。

注册会计师可以通过询问管理层和相关部门（生产、仓储、财务、销售等）员工，了解被审计单位如何收集有关滞销、过时、陈旧、毁损、残次冷背的信息，并为之计提必要的跌价损失准备。例如，被审计单位编制存货货龄分析表，则可以通过审阅存货货龄分析表识别滞销陈旧的存货。此外，注册会计师还要结合存货监盘过程中检查存货状况而获取的信息，以判断被审计单位的存货跌价损失准备计算表是否遗漏。

2）检查可变现净值的计量是否合理。

在存货计价审计中，由于被审计单位对期末存货采用成本与可变现净值孰低的方法计价，注册会计师应充分关注其对存货可变现净值的确定及存货跌价准备的计提。

可变现净值是指企业在日常活动中，存货的估计售价减去至完工时估计将要发生的成本、估计的销售费用及相关税费后的金额。企业确定存货的可变现净值，应当以取得的确凿证据为基础，并考虑持有存货的目的及资产负债表日后事项的影响等因素。

4. 审查存货在财务报表上披露的恰当性

【例 11-3】 某企业采用先进先出法计算结转发出产品成本。审计人员审阅“库存商品”明细账时发现：年初结存产品 1 200 件，单价 100 元，当年第一批完工入库 900 件，单价 110 元，第二批入库 2 600 件，单价 120 元，第三批入库 1 300 件，单价 105 元，第四批入库 500 件，单价 110 元，共销售 6 500 件，结转成本 732 500 元，截至审计日结存 2 000 件，保留成本 220 000 元。

【解析】 审计人员采用先进先出法对发出产品的计价进行复核，计算如下：

发出产品成本＝1 200×100＋900×110＋2 600×120＋1 300×105＋500×110
＝722 500（元）

多转发出产品成本＝732 500－722 500＝10 000（元）

其结果虚增了产品销售成本，虚减利润，偷漏所得税，同时使库存产品计价偏低。对此，审计人员应建议企业予以调整。调整会计分录如下。

借：库存商品　　10 000
　　贷：主营业务成本　　10 000

三、存货的监盘

1. 存货监盘的作用

如果存货对财务报表是重要的，注册会计师应当实施下列审计程序，对存货的存在和状况获取充分、适当的审计证据：①在存货盘点现场实施监盘（除非不可行）；②对期末存货记录实施审计程序，以确定是否准确反映实际存货盘点结果。

存货监盘的相关程序可以用作控制测试或者实质性程序。注册会计师可以根据风险评估结果、审计方案和实施的特定程序作出判断。

存货的监盘是指注册会计师现场观察被审计单位存货的盘点，并对已盘点的存货进行适当检查。定期盘点存货、合理确定存货的数量和状况是被审计单位管理层的责任。实施存货监盘，获取有关期末存货数量和状况的充分、适当的审计证据是注册会计师的责任。

（1）存货监盘是一项复合程序

存货监盘是一项复合程序，是观察程序和检查程序的结合运用。在存货监盘过程中，注册会计师应当现场观察被审计单位存货的盘点活动或盘点程序。同时，注册会计师还应当对已盘点的存货进行适当检查，包括检查与存货相关的记录或文件并检查存货实物。检查存货实物也包括对被审计单位盘点的存货进行抽点。

（2）存货监盘的目的是获取有关存货数量和状况的审计证据

存货的监盘针对的主要是存货的存在性、完整性、权利和义务三个认定。存货数量的准确性直接影响这三个认定。通过存货监盘，注册会计师还会获取有关存货状况（如毁损、陈旧、残次冷背等）的审计证据，从而为测试计价认定提供部分审计证据。

（3）存货监盘可以理解为一种双重目的的测试

被审计单位的存货盘点可以理解为一项控制活动。相应地，注册会计师的存货监盘可以理解为一项控制测试，即注册会计师通过观察和检查，确定被审计单位的存货盘点控制能否合理确定存货的数量和状况。

存货监盘也可以理解为一种双重目的测试。除上述控制测试功能外，在存货监盘过程中，注册会计师通过检查存货的数量和状况，能够提供存货账面金额是否存在错报的直接审计证据。关于存货监盘的具体程序和方法将在后面的内容中具体介绍。

注册会计师在绝大多数情况下必须亲自观察存货盘点过程。但在某些情况下，如果商品存储于公共仓库或注册会计师无法参加监盘，注册会计师必须执行充分的函证或其他程序。

2. 存货的监盘计划

注册会计师应当根据被审计单位存货的特点、盘存制度和存货内部控制的有效性等情况，在评价被审计单位存货盘点计划的基础上，编制存货监盘计划，对存货监盘做出合理安排。

（1）制定存货监盘计划前应实施的工作

1）了解存货的内容、性质、各存货项目的重要程度及存放场所。存货可分为原材料、在产品、产成品等。注册会计师在了解被审计单位存货时不仅需要关注被审计单位的存货有无易腐烂、易毁损、陈旧过时等情况，还应从以下几方面着手，确定存货项目的重要程度：一是存货与其他资产和净利润的相对比率及内在联系；二是各类存货占存货总数的比重；三是各存放地存货占存货总数的比重。

2）了解与存货相关的内部控制。注册会计师应当了解与存货相关的内部控制。存货的内部控制涉及被审计单位供、产、销各个环节，包括采购、存货验收、仓储、领用、加工、装运出库等方面。

3）评估与存货相关的重大错报风险和重要性。存货通常具有高的错报风险，影响错报风险的因素包括：一是存货的数量和种类；二是成本归集的难易程度；三是陈旧过时的速度或易损坏程度；四是遭受失窃的难易程度。由于制造过程和成本归集制度的差异，制造企业的存货与其他企业（如批发企业）的存货相比，往往具有更高的错报风险，对于注册会计师的审计工作而言则更具复杂性。

4）查阅以前年度的存货监盘工作底稿。通常，注册会计师需要审阅以前年度的存货监盘工作底稿，了解被审计单位的存货情况、存货盘点程序及其他在以前年度审计中遇到的重大问题。在查阅以前年度的存货监盘工作底稿时，注册会计师应充分关注存货盘点的时间安排、周转缓慢的存货的识别、存货的截止确认、盘点小组人员的确定、存货的多处存放等内容。

5）考虑实地察看存货的存放场所。注册会计师可以考虑实地查看被审计单位的存货存放场所，特别是金额较大或性质特殊的存货，这有助于注册会计师熟悉在库存货及其组织管理方式，也有助于注册会计师在盘点工作开始之前发现潜在问题，如存在难以盘点的存货、周转缓慢的存货、过时存货、残次品及代销存货。

6）考虑利用专家或其他注册会计师的工作。如果注册会计师不具备其他专业领域专长与技能，那么在确定资产数量或资产实物状况时（如矿石堆）或在收集特殊类别存货（如艺术品、稀有玉石、房地产、电子器件、工程设计等）的审计证据时，注册会计师可以考虑利用专家的工作。在很多情况下，被审计单位组成部分的财务信息由其他注册会计师审计并出具审计报告，其中包括其他注册会计师对被审计单位组成部分的存货实施监盘。

7）复核或与管理层讨论其存货盘点计划。在复核或与管理层讨论其存货盘点计划时，注册会计师应当考虑下列主要因素，以评价其能否合理地确定存货的数量和状况：盘点的时间安排；存货盘点范围和场所的确定；盘点人员的分工及胜任能力；盘点前的会议及任务布置；存货的整理和排列，对毁损、陈旧、过时、残次及所有权不属于被审计单位的存货的区分；存货的计量工具和计量方法；在产品完工程度的确定方法；存放在外单位的存货的盘点安排；存货收发截止的控制；盘点期间存货移动的控制；盘点表单的设计、使用与控制；盘点结果的汇总，以及盘盈或盘亏的分析、调查与处理。

（2）存货监盘计划的主要内容

在实施上述审计程序后，注册会计师需要制定存货监盘计划，存货监盘计划应当包括下列主要内容。

1）存货监盘的目标、范围及时间安排。存货监盘的范围大小取决于存货的内容、性质，以及与存货相关的内部控制的完善程度和重大错报风险的评估结果。对存放于外单位的存货，应当考虑实施适当的替代程序，以获取充分、适当的审计证据。存货监盘的时间，包括实地察看盘点现场的时间、观察存货盘点的时间和对已盘点存货实施检查的时间等，应当与被审计单位实施存货盘点的时间相协调。

2）存货监盘的要点及关注事项。存货监盘的要点包括注册会计师实施存货监盘程序的方法、步骤，各个环节应注意的问题及所要解决的问题。注册会计师需要重点关注的事项包括盘点期间的存货移动、存货的状况、存货的截止确认、存货的各个存放地点及金额。

3）参加存货监盘人员的分工。注册会计师应当根据对被审计单位存货盘点人员分工、分组情况，存货监盘工作量的大小和人员素质情况，确定参加存货监盘的人员组成，各组成人员的职责和具体分工情况，并加强督导。

4）检查存货的范围。注册会计师应当根据对被审计单位存货盘点和对被审计单位内部控制的评价结果确定检查存货的范围。注册会计师在实施观察程序后，如果认为被审计单位内部控制设计良好且得到有效实施，存货盘点组织良好，可以相应缩小实施检查程序的范围。

微课：存货盘点范围

3. *存货监盘程序*

在存货盘点现场实施监盘时，注册会计师应实施下列审计程序。

（1）评价管理层用以记录和控制存货盘点结果的指令和程序

注册会计师需要考虑这些指令和程序是否包括下列方面：

1）适当控制活动的运用，例如，收集已使用的存货盘点记录，清点未使用的存货盘点表单，实施盘点和复盘程序。

2）准确认定在产品的完工程度，流动缓慢（呆滞）、过时或毁损的存货项目，以及第三方拥有的存货（如寄存货物）。

3）在适当情况下用于估计存货数量的方法，如可能需要估计煤堆的重量。

4）对存货在不同存放地点之间的移动以及截止日前后出入库的控制。

一般而言，被审计单位在盘点过程中停止生产并关闭存货存放地点以确保停止存货的移动，有利于保证盘点的准确性。但在特定情况下，被审计单位可能由于实际原因无法停止生产或者收发货物，在这种情况下，注册会计师可以根据被审计单位的具体情况考虑其无法停止存货移动的原因及其合理性。同时，注册会计师可以通过询问管理层及阅读被审计单位的盘点计划等方式，了解被审计单位对存货移动所采取的控制程序和对存货收发截止影响的考虑。

在实施存货监盘程序时，注册会计师需要观察被审计单位有关存货移动的控制程序是否得到执行。同时，注册会计师可以向管理层索取盘点期间存货移动相关的书面记录，以及出、入库资料作为执行截止测试的资料，以为盘点结束的后续工作提供证据。

（2）观察程序的执行情况

在被审计单位盘点存货之前，注册会计师应当观察盘点现场，确定应纳入盘点范围的存货是否已经适当整理和排列，并附有盘点标识，防止遗漏或重复盘点。对于应纳入而未纳入盘点范围的存货，要查明未纳入的原因。对所有已确认为销售但尚未装运出库的商品是否均未包括在盘点范围内。在途存货和被审计单位直接向顾客发运的存货是否已得到适当的会计处理。注册会计师在实施存货监盘过程中，应当跟随被审计单位安排的存货盘点人员，注意观察被审计单位事先制定的存货盘点计划是否得到贯彻执行，盘点人员是否准确无误地记录了被盘点存货的数量和状况。

（3）检查存货

在存货监盘过程中检查存货，虽然不一定能确定存货的所有权，但有助于确定存货的存在，以及识别过时、毁损或陈旧的存货。注册会计师应当把所有过时、毁损或陈旧存货的详细情况记录下来，这既便于进一步追查这些存货的处置情况，也便于为测试被审计单位存货跌价准备计提的准确性提供证据。

（4）执行抽查

注册会计师应当对已盘点的存货进行适当抽查，将抽查结果与被审计单位盘点记录相核对，并形成相应记录。具体内容如下。

1）抽查的目的。控制测试的监盘方式，其抽查的目的是为了确定被审计单位的盘点计划得到适当执行；实质性程序的监盘方式，其抽查的目的是为了证实被审计单位的存货实物总额。如果观察程序能够表明被审计单位的组织管理得当，并存在充分有效的盘点、监督以及复核程序，那么注册会计师可决定减少所需抽查的存货项目。当采用实质性程序时，注册会计师实施抽查的范围取决于存货的性质或样本选择方法。如果对价值较高的存货项目实施抽查程序，那么即使注册会计师主要采用的是控制测试，也能通过该实质性程序获得进一步的确证。注册会计师应考虑根据被审计单位的盘点记录选取抽查项目。

2）抽查的范围。抽查的范围包括所有盘点工作小组的盘点内容以及难以盘点或隐蔽性较强的存货。如果注册会计师对被审计单位的有关程序不满意，或者注册会计师未能观察到相当比重的存货盘点项目，注册会计师应当实施实质性的盘点程序。需要特别说明的是，注册会计师应尽可能地避免被审计单位了解自己将抽取测试的存货项目。

3）抽查的方向。抽查时，注册会计师应当从存货盘点记录中选取项目追查至存货实物以测试盘点记录的准确性；注册会计师还应当从存货实物中选取项目追查至存货盘点记录，以测试存货盘点记录的完整性。

4）抽查中发现问题的处理方式。如果注册会计师在实施抽查程序中发现了差异，很可能表明被审计单位的存货盘点记录在准确性或完整性方面存在错误。由于抽查的内容通常仅仅是存货盘点中的一小部分，所以在抽查中发现的错误很可能意味着在被审计单位的存货盘点中还存在着其他错误。一方面，注册会计师应当查明原因，并及时提请被审计单位更正；另一方面，注册会计师应当考虑错误的潜在范围和重大程度，在可能的情况下，增加抽查的范围以减少错误的发生。注册会计师还可以要求被审计单位进行重新盘点。重新盘点的范围可限制在某一特殊领域或特定盘点小组。

（5）需要特别关注的情况

1）注册会计师应当特别关注存货的移动情况，防止遗漏或重复盘点。注册会计师在实施存货监盘程序时应当关注存货的移动情况，并确定（例如，通过实施必要的截止测试程序）被审计单位是否已经设置了相应程序，以便在适当的期间内对存货做出准确记录。

2）对特殊类型存货的监盘。对某些特殊类型的存货而言，被审计单位通常使用的盘点方法和控制程序并不完全适用。这些存货通常没有标签，或者其数量难以估计，或者其质量难以确定，或者盘点人员无法对其移动实施控制，在这些情况下，注册会计师需要运用职业经验判断，根据存货的实际情况，设计恰当的审计程序，对存货的数量和状况获取审计证据。

3）存货截止测试。注册会计师应当获取盘点日前后存货收发及移动的凭证，检查库存记录与会计记录期末截止是否正确。在会计上，就是检查存货及其对应的会计科目是否一并记入当年财务报表内。存货正确截止的关键在于存货实物纳入盘点范围的时间与存货引起的借贷双方会计科目的入账时间都处于同一会计期间。

存货截止审计的主要方法是抽查存货盘点日期前后的购货发票与验收报告（或入库单），档案中的每张发票均附有验收报告（或入库单）。

（6）存货监盘结束时的工作

在被审计单位存货盘点结束前，注册会计师应当实施下列审计程序。

1）再次观察盘点现场，以确定所有应纳入盘点范围的存货是否均已盘点。

2）取得并检查已填用、作废及未使用盘点表单的号码记录，确定其是否连续编号，查明已发放的表单是否均已收回，并与存货盘点的汇总记录进行核对。注册会计师应当根据自己在存货监盘过程中获取的信息对被审计单位最终的存货盘点结果汇总记录进行复核，并评估其是否正确地反映了实际盘点结果。

如果存货盘点日不是资产负债表日，注册会计师应当实施适当的审计程序，确定盘点日与资产负债表日之间存货的变动是否已做出正确的记录。在永续盘存制下，如果永续盘存记录与存货盘点结果之间出现重大差异，注册会计师应当实施追加的审计程序，查明原因，并检查永续盘存记录是否已做出适当的调整。如果认为被审计单位的盘点方式及其结果无效，则注册会计师应当提请被审计单位重新盘点。

4. 特殊情况的处理

（1）由于存货的性质和位置而无法实施监盘程序

如果由于被审计单位存货的性质或位置等原因导致无法实施存货监盘，注册会计师应当考虑能否实施替代审计程序，获取有关期末存货数量和状况充分、适当的审计证据。

注册会计师实施的替代审计程序主要包括以下几方面内容。

1）检查进货交易凭证或生产记录及其他相关资料。

2）检查资产负债表日后发生的销货交易凭证。

3）向顾客或供应商函证。

（2）因不可预见情况导致无法在存货盘点现场实施监盘

有时，由于不可预见情况导致无法在预定日期实施存货监盘，两种比较典型的情况是：一是注册会计师无法亲临现场，即由于不可抗力导致其无法到达存货存放地实施监盘；二是气候原因，即由于恶劣天气导致注册会计师无法实施存货监盘程序，或由于恶劣天气无法观察存货，如存货被积雪覆盖。注册会计师应当评估与存货相关的内部控制的有效性，对存货进行适当检查或提请被审计单位另择日期重新盘点；同时，测试在该期间发生的存货交易，以获取有关期末存货数量和状况充分、适当的审计证据。

（3）第三方保管或控制的存货

如果第三方保管或控制的存货对财务报表是重要的，注册会计师应当实施下列一项或两项审计程序，以获取有关该存货存在和状况充分、适当的审计证据：

1）向持有被审计单位存货的第三方函证存货的数量和状况。

2）实施检查或其他适合具体情况的审计程序。根据具体情况（如获取的信息使注册会计师对第三方的诚信和客观性产生疑虑），注册会计师可能认为实施其他审计程序是适当的。其他审计程序可以作为函证的替代程序，也可以作为追加的审计程序。其他审计程序如实施或安排其他注册会计师实施对第三方的存货监盘（如可行）；检查与第三方持有的存货相关的文件记录，如仓储单等。

此外，注册会计师可以考虑由第三方保管存货的商业理由的合理性，以进行存货相关风险的评估，并计划和实施适当的审计程序。例如，检查被审计单位和第三方所签署的存货保管协议的相关条款，复核被审计单位调查及评价第三方工作的程序等。

5. 存货监盘结果对审计报告的影响

注册会计师应当根据已获取的审计证据，形成有关期末存货数量和状况的审计结论，并确定对审计报告的影响。如果无法实施存货监盘，也无法实施替代审计程序以获取有关期末存货数量和状况充分、适当的审计证据，注册会计师应当考虑出具保留意见或无法表示意见的审计报告。如果通过实施存货监盘发现被审计单位财务报表存在重大错报，且被审计单位拒绝调整，则注册会计师应当考虑出具保留意见或否定意见的审计报告。

微课：存货舞弊方法

【例 11-4】 注册会计师王红在观察被审计单位存货实地盘点时，注意到下列特殊的项目，请问王红对这些项目应进一步实施哪些审计程序？

1）产成品储藏室内有数台电动马达没有悬挂盘点单。经查询，这些马达属于客户（被审计单位）的承销品。

2）验收部门有一台切片机（为客户主要产品之一），盘点单上标明“重做”字样。

3）运输部门有一台已装箱的切片机，没有悬挂盘点单，据称该切片机已销售给红光公司。

4）小型仓库内存有 5 种布满灰尘的原材料，每种原材料均挂有盘点单，经王红抽点与盘点单上的记录相符。

【解析】

1）承销品的口头凭证应通过下列步骤证实：审查承销品记录、寄销合同和往来信函、向寄销人直接函证等。

2）从切片机的存放地点和盘点单上的“重做”字样来看，可能是退回的货物，应审核验收报告、销货退回和折让通知单、应收账款函证回函等，查明切片机的所有权。如果所有权仍属顾客，则不应列入客户的存货中。

3）查阅有关购销协议、结算凭证，查证装箱切片机的所有权，如果销售尚未实现，应将切片机列入被审单位的存货之中。

4）应向生产主管查询这些原材料还能否用于生产，如果属于毁损、报废材料，则不应列入客户的存货。

项 目 小 结

存货是企业拥有的具有实物形态且流动性比较强的一项资产，因此验证期末报表上列示的存货是否真实存在，是否为被审计单位所拥有，是审计中很重要的一项内容。存货的内部控制测试、存货的监盘程序、存货的计价和跌价准备的测试是否正确都是非常重要的内容。本项目实践中还要结合被审计单位实际情况进行应变，难度比较大，存货监盘应作为重点学习的章节。

演练与提升

一、思考题

1．存货与生产循环主要有哪些业务活动？涉及哪些会计记录和凭证？

2．如何进行存货监盘？其作用和定义是什么？

3．简述存货监盘的程序。

4．通常用到的存货实质性分析程序的方法包括哪些内容？

二、实训题

（一）单项选择题

1．下列程序中，（　　）是存货审计最重要、最具有决定性的程序。

A．观察　　B．函证　　C．监盘　　D．直接盘点

2．下列项目中，不属于实质性程序的是（　　）。

A．成本会计控制测试　　B．存货计价测试

C．存货分析程序　　D．购货业务年底截止测试

3．注册会计师对（　　）的核实，与被审计单位管理当局关于存货“权利和义务”认定的关系最为密切。

A．残次、冷背的存货　　B．代替其他公司保管

C．来料加工的材料　　D．抵押的存货

4．一般来说，（　　）与存货与生产循环有关，而与其他任何循环无关。

A．采购材料和储存材料　　B．购置设备和维护设备

C．购买债券　　D．生产产品和储存完工产品

5．存货监盘计划由（　　）制定。

A．被审计单位　　B．参与此项工作的注册会计师

C．会计师事务所　　D．被审计单位的主管部门

6．在存货与生产循环审计中，注册会计师常通过前后各期，本年各月的存货余额及其构成的简单比较来确定期末余额及其构成的（　　）。

A．总体合理性　　B．真实性　　C．完整性　　D．估价的合理性

7．对存货实施监盘程序最主要的目的是（　　）。

A．审查存货的质量　　B．确定存货的所有权

C．存货保管情况　　D．确定存货是否实际存在

8．下列各项属于存货控制测试审计程序的有（　　）。

A．检查企业是否建立存货定期盘点制度

B．检查盘点计划是否符合要求

C．进行购货业务年底截止测试

D．核对各存货项目明细账与总账余额是否相符

9．毛利率是反映盈利能力的主要指标，毛利率的波动并不会使注册会计师考虑被审计单位存在（　　）的情况。

A．销售价格发生变动　　B．单位成本发生变动

C．销售产品总体结构发生变动　　D．销售费用发生变动

10．注册会计师在对被审计单位存货的内部控制进行了解和测试时，应检查产成品发出的执行部门是否为（　　）。

A．销售部门　　B．仓库　　C．发运部门　　D．财务部门

（二）多项选择题

1．存货与生产循环的内部控制有（　　）。

A．成本会计控制　　B．存货实物盘点控制

C．存货内部控制　　D．存货实物流转控制

2．存货的审计目标有（　　）。

A．账面存货余额对应的实物是否真实存在（存在认定）

B．属于被审计单位的存货是否均已入账（完整性认定）

C．存货是否属于被审计单位（权利和义务）

D．存货单位成本的计量是否准确（计价和分摊认定）

3．在存货监盘过程中，最重要的两项工作是（　　）。

A．制定盘点计划　　B．实地观察存货盘点

C．抽查存货　　D．编制审计工作底稿

4．在存货与生产循环的主要业务活动中，生产单位的主要职责是（　　）。

A．产品加工　　B．计划生产

C．记录生产耗费　　D．保管存货

5．如果由于被审计单位存货性质或位置等原因导致无法实施存货监盘，注册会计师应当考虑能否实施替代程序，这些替代程序包括（　　）。

A．检查进货交易凭证或生产记录及其他相关资料

B．检查资产负债表日后发生的销货交易凭证

C．检查资产负债表日后的付款凭证

D．向顾客或供应商函证

6. 存货是指企业在生产经营过程中为销售或耗用而储备的各种资产，包括（　　）。

A. 产成品　　B. 半成品　　C. 原材料　　D. 包装物

7. 下列属于存货与生产循环涉及的主要凭证与会计记录的是（　　）。

A. 生产指令　　B. 工时记录　　C. 成本计算单　　D. 销售发票

（三）判断题

1. 存货保管，适用于记录人员可以参加存货的盘点。（　　）

2. 存货监盘时观察程序和检查程序结合运用。（　　）

3. 因为不存在满意的替代程序来观察和计量期末存货，所以注册会计师必须对被审计单位的存货进行监盘。（　　）

4. 对于企业存放于其他单位代为保管的存货，可以直接向其他单位进行函证。（　　）

5. 抽查存货盘点的目的是证实被审计单位制定的盘点计划是否恰当。（　　）

6. 在抽查存货盘点结果时，注册会计师可从存货实物中选取项目追查至存货盘点记录，以测试存货盘点记录的真实性。（　　）

7. 采用不同计价方法计算出来的本期主营业务成本应该是相同的。（　　）

8. 主营业务成本数额真实性的审计，应结合制造成本的审计。（　　）

（四）案例分析题

1. 注册会计师李红在对某公司存货项目的相关内部进行研究评价后，发现该公司存在下述可能导致错误的情况：

1）该公司可能将 X 公司存放在库中的原材料计入其存货项目。

2）由 Y 公司代为保管的原材料可能并不存在。

3）存货盘点工作不认真。

4）通过审计发现已销产品可能未进行相关的账务处理。

要求：注册会计师李红应执行怎样的审计程序？

2. 注册会计师在对××股份公司审计，该公司采用计划成本核算，注册会计师在审阅基本生产车间“生产成本”、“原材料”和“材料成本差异”等明细账时，发现 A 材料 12 月初“材料成本差异”账户借方余额为 8 340 元，库存原材料计划成本为 320 000 元。12 月份购入 A 材料的实际成本为 2 455 000 元，计划成本为 2 500 000 元，12 月份发出 A 材料的计划成本为 960 000 元，其中生产部门领用 920 000 元，其他管理部门领用 40 000 元，结转耗用材料的实际成本为 931 960 元。

要求：

1）请说明审计方法。

2）请指出企业存在的问题。

3）请提出审计调整建议。

3. 2020 年 2 月 15 日注册会计师对 Z 公司 2019 年度的财务报表进行审计时，发现报告日前后发生的业务事项如下：

1）2020 年 1 月 8 日收到价值 40 000 元的货物，入账日期为 1 月 12 日，发票注明由供应商负责运送，异地交货，开票日期为 2019 年 12 月 18 日。

2）按顾客订单制作的某产品，于 2019 年 12 月 31 日完工并送装运部门，顾客已于该日付款。该产品于 2020 年 1 月 5 日送出，但未包括在 2019 年 12 月 31 日存货内。

3）2020 年 1 月 6 日收到价值为 10 000 元的物品，并于当天登记入账。该物品于 2019 年 12 月 26 日按供货商离厂交货条件运送，因 2019 年 12 月 31 日尚未收到，故未包括在报告日的存货。

要求：分析上述几种情况中的物品是否应包括在 2019 年 12 月 31 日存货中，并说明理由。

4．M 公司的会计政策规定，入库产成品按实际生产成本入账，发出产成品按先进先出法核算。2019 年 12 月 31 日，M 公司甲产品期末结存数量为 1 200 件，期末余额为 5 210 万元。M 公司 2019 年度甲产品的相关明细资料如表 11-4 所示（数量单位为件，金额单位为人民币万元，假定期初余额和所有的数量、入库单价均无误）。

要求：在进行相关测试后，指出存在的问题并提出审计调整建议。

表 11-4　M 公司 2019 年度甲产品的相关明细资料

日期	摘要	入库			发出			结存		
		数量	单价	金额	数量	单价	金额	数量	单价	金额
01.01	期初							500		2 500
03.01	入库	400	5.1	2 040				900		4 540
04.01	销售				800	5.2	4 160	100		380
08.01	入库	1 600	4.6	7 360				1 700		7 740
10.05	销售				400	4.6	1 840	1 300		5 900
12.01	入库	700	4.5	3 150				2 000		9 050
12.31	销售				800	4.8	3 840	1 200		5 210
12.31	期末							1 200		5 210

5．审计人员受托对某企业在产品成本进行审查。该企业按约当产量法计算在产品成本，审计人员审阅基本生产成本明细账时，发现月初在产品成本为 239 040 元，其中直接材料 144 000 元，直接工资 36 000，制造费用 59 040 元。本月发生费用 999 000 元，其中直接材料 662 400 元，直接工资 90 000 元，制造费用 36 000 元。本月完工产品 480 台，月末在产品 240 台，在产品的投料率为 80%，完工率为 50%，经查实，本月账面在产品实际成本为 479 880 元，其中直接材料 350 400 元，直接工资 42 000 元，制造费用 87 480 元，本月完工产品成本已经结转。

要求：

1）请说明审计人员应采用的审计方法。

2）请指出该企业在产品成本计算上存在的问题。

3）请提出处理意见。

项目十二

12

货币资金审计

【知识目标】

了解货币资金审计涉及的主要业务活动及其特征;

熟悉货币资金审计涉及的报表项目、主要会计凭证与会计记录;

了解货币资金审计的内部控制及控制测试;

掌握货币资金审计的实质性程序;

掌握现金监盘、银行存款对账单和余额调节表的审计要点。

【技能目标】

能够制定货币资金审计的审计目标;

能够根据制定的审计目标确认审计范围和执行控制测试与实质性程序;

能够掌握现金监盘和银行余额函证的要点且能进行实际操作。

【素质目标】

培养良好的职业道德素养，提升审计工作的质量。

【引导案例】

审计人员在核对某单位“银行存款日记账”与“银行对账单”时发现，银行存款调整后余额与对账单余额调整后相等，但未达账项的每项数额不一致。其中，10 月 18 日 51#凭证付出金额为 13 560 元，对账单的金额为 10 560 元；银行存款日记账 10 月 18 日 50#凭证存入现金 3 000 元，在对账单上没有反映。审计人员怀疑其中存在虚存虚报问题。那么，事实要怎么查清呢?

思考

1）审计人员应如何发现疑点并进一步追查?

2）对银行存款支出的审计要点有哪些?

任务一　货币资金与业务循环概述

货币资金是企业资产的重要组成部分，是企业流动性最强的一种资产。任何企业进行生产经营活动都必须拥有一定数额的货币资金，持有货币资金是企业生产经营活动的基本条件，可能关乎企业的命脉。货币资金主要来源于股东投资、债权人借款和企业经营累积，主要用于资产的取得和费用的结付。企业的生产经营过程，实质上就是货币资金的垫支、支付过程和货币资金的回收、分配过程的结合。总体来说，只有保持健康的、正的现金流，企业才能继续生存；如果企业出现现金流逆转迹象，产生了不健康的、负的现金流，长此以往，则企业会陷入财务困境，并导致对企业的持续经营能力产生影响。

根据货币资金存放地点及用途不同，货币资金主要包括库存现金、银行存款及其他货币资金。

一、货币资金与业务循环

企业资金营运过程，从资金流入企业形成货币资金开始，到通过销售收回货币资金、成本补偿确定利润、部分资金流出企业为止，企业资金的不断循环，构成企业的资金周转。货币资金与各业务循环中的业务活动存在密切关系。具体内容如下：

1）在销售与收款循环中，企业产品的销售、劳务的提供会导致货币资金的增加。

2）在采购与付款循环中，企业购买固定资产、无形资产和存货等会导致货币资金的减少。

3）在存货与生产循环中，企业支付各种生产费用会导致货币资金的减少。

4）在筹资循环中，企业发行股票、债券、向银行或其他金融机构借款时会导致货币资金的增加，而还本付息、支付股利则会导致货币资金的减少。

5）在投资循环中，企业购买股票、债券时，会导致货币资金的减少，而收回投资、收取股利、利息时，则会导致货币资金的增加。

货币资金审计与业务循环审计也存在密切关系。一些最终影响货币资金的错误只有在对销售、采购、筹资和投资的交易循环的审计过程中才会被发现。例如，未给顾客开票、未按销售额开票、两次支付卖方发票或支付未经验收的货物或劳务等，在现金余额中测试都不会被发现，但是限制货币资金付款和货币资金收款的错误可在货币资金的业务控制测试中发现，或通过对其余额测试程序发现。

货币资金与各循环之间的关系如图 12-1 所示。

二、货币资金涉及的凭证和会计记录

货币资金涉及的凭证和会计记录主要有：①现金盘点表；②银行对账单；③银行存款余额调节表；④有关科目的记账凭证（如现金收付款凭证、银行收付款凭证）；⑤有关会计账簿（如现金日记账、银行存款日记账）。

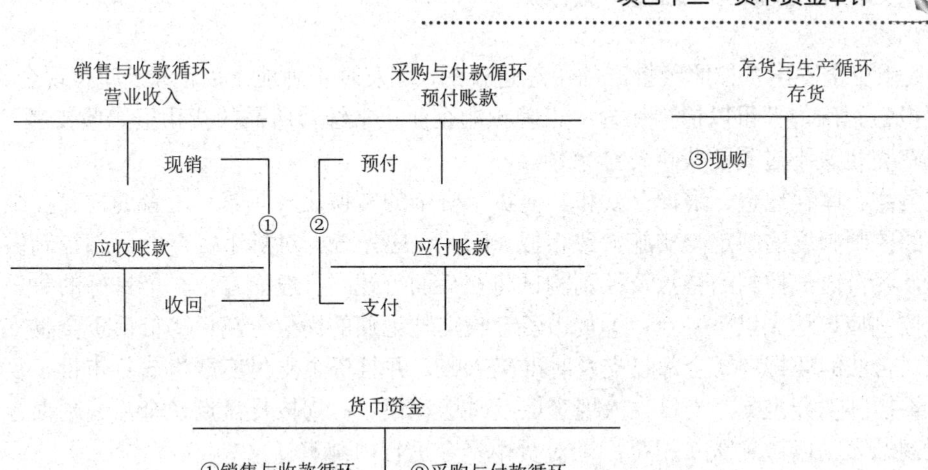

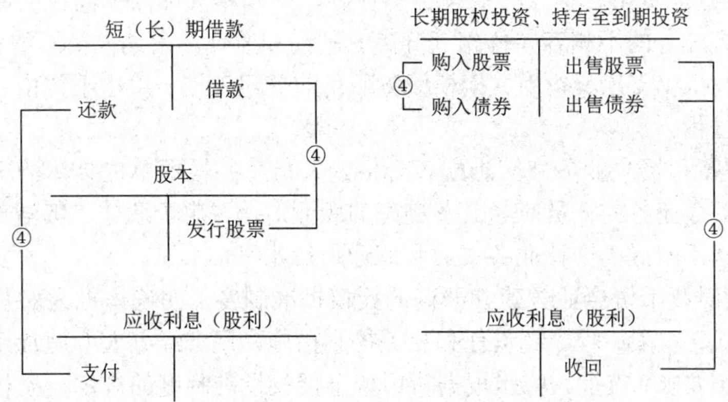

图 12-1　货币资金与业务循环的关系

三、货币资金涉及的主要业务活动

货币资金的增减变动与企业的日常经营活动密切相关，且涉及多个业务循环，在对本书前面章节销售与收款循环、采购与付款循环、存货与生产循环进行学习和了解后，在此基础上实施进一步审计程序。

任务二　货币资金的内部控制及其测试

一、货币资金的内部控制

由于货币资金是企业流动性最强的资产，企业必须加强对货币资金的管理，建立良好的货币资金内部控制，以确保全部应收取的货币资金均能收取，并及时正确地予以记录；全部货币资金支出是按照经批准的用途进行的，并及时正确地予以记录；库存现金、银行存款报告正确，并得以恰当保管；正确预测企业正常经营所需的货币资金收支额，确保企业有充足又不过剩的货币资金余额。

在实务中，库存现金、银行存款和其他货币资金的转换比较频繁，三者的内部控制目标、内部控制制度的制定与实施大致相似。因此，应先统一对货币资金的内部控制做一个概述，各自内部控制的特点及控制测试将在后面分述。一般而言，一个良好的货币资金内部控制应该达到以下几点：①货币资金收支与记账的岗位分离；②货币资金收支要有合理、合法的凭据；③全部收支及时准确入账，并且资金支付应严格履行审批、复核制度；④控制现金坐支，当日收入现金应及时送存银行；⑤按月盘点现金，编制银行存款余额调节表，以做到账实相符；⑥对货币资金进行内部审计。

尽管由于每个企业的性质、所处行业、规模及内部控制健全程度等不同，使得其与货币资金相关的内部控制内容有所不同，但以下要求是应当共同遵循的。

1. 岗位分工及授权批准

1）单位应当建立货币资金业务的岗位责任制，明确相关部门和岗位的职责权限，确保办理货币资金业务的不相容岗位相互分离、制约和监督。出纳人员不得兼任稽核、会计档案保管和收入、支出、费用、债权债务账目的登记工作。单位不得由一人办理货币资金业务的全过程。

2）单位办理货币资金业务，应当配备合格的人员，并根据单位具体情况进行岗位轮换。办理货币资金业务的人员应当具备良好的职业道德，忠于职守、廉洁奉公、遵纪守法、客观公正，不断提高会计业务素质和职业道德水平。

3）单位应当对货币资金业务建立严格的授权批准制度，明确审批人对货币资金业务的授权批准方式、权限、程序、责任和相关控制措施，规定经办人办理货币资金业务的职责范围和工作要求。审批人应当根据货币资金授权批准制度的规定在授权范围内进行审批，不得超越审批权限。经办人应当在职责范围内，按照审批人的批准意见办理货币资金业务。对于审批人超越授权范围审批的货币资金业务，经办人员有权拒绝办理，并及时向审批人的上级授权部门报告。

4）单位应当按照规定的程序办理货币资金支付业务。

① 支付申请。单位有关部门或个人用款时，应当提前向审批人提交货币资金支付申请，注明款项的用途、金额、预算、支付方式等内容，并附有效的经济合同或相关证明。

② 支付审批。审批人根据其职责、权限和相应程序对支付申请进行审批。审批付款业务的真实性、付款金额的准确性，以及申请人提交票据或者证明的合法性，严格监督资金支付。对不符合规定的货币资金支付申请，审批人应当拒绝批准。

③ 支付复核。复核人应当对批准后的货币资金支付申请进行复核，复核货币资金支付申请的批准范围、权限、程序是否正确，手续及相关单证是否齐备，金额计算是否准确，支付方式、支付单位是否妥当等。当复核无误后，应交由出纳人员办理支付手续。

④ 办理支付。出纳人员应当根据复核无误的支付申请，按规定办理货币资金支付手续，及时登记现金和银行存款日记账。

5）单位对于重要货币资金支付业务，应当实行集体决策和审批，并建立责任追究制度，防范贪污、侵占、挪用货币资金等行为。

6）严禁未经授权的机构或人员办理货币资金业务或直接接触货币资金。

2. 现金和银行存款的管理

1）单位应当加强现金库存限额的管理，超过库存限额的现金应及时存入银行。

2）单位必须根据《现金管理暂行条例》的规定，结合本单位的实际情况，确定本单位现金的开支范围。不属于现金开支范围的业务应当通过银行办理转账结算。

3）单位现金收入应当及时存入银行，不得用于直接支付单位自身的支出。因特殊情况需坐支现金的，应事先报经开户银行审查批准，由开户银行核定坐支范围和限额。

4）单位借出款项必须执行严格的授权批准程序，严禁擅自挪用、借出货币资金。

5）单位取得的货币资金收入必须及时入账，不得私设“小金库”，不得账外设账，严禁收款不入账。

微课：“小金库”的审计方法

6）单位应当严格按照《支付结算办法》等国家有关规定，加强银行账户的管理，严格按照规定开立账户，办理存款、取款和结算。银行账户的开立应当符合企业经营管理实际需要，不得随意开立多个账户，禁止企业内设管理部门自行开立银行账户。

单位应当定期检查、清理银行账户的开立及使用情况，若发现问题应及时处理。单位应当加强对银行结算凭证的填制、传递及保管等环节的管理与控制。

7）单位应当严格遵守银行结算纪律，不准签发没有资金保证的票据或远期支票，套取银行信用；不准签发、取得和转让没有真实交易和债权债务的票据，套取银行和他人资金；不准无理拒绝付款，任意占用他人资金；不准违反规定开立和使用银行账户。

8）单位应当指定专人定期核对银行账户，每月至少核对一次，编制银行存款余额调节表，使银行存款账面余额与银行对账单调节相符。如果调节不符，应查明原因并及时处理。

出纳人员不得同时从事银行对账单的获取、银行余额调节表的编制工作。若确需出纳人员办理上述工作的，应当指定其他人员定期进行审核、监督。

实行网上交易、电子支付等方式办理资金支付业务的单位，应当与承办银行签订网上银行操作协议，明确双方在资金安全方面的责任与义务、交易范围等。操作人员应当根据操作授权和密码进行规范操作。使用网上交易、电子支付方式的企业办理资金支付业务，不应因支付方式的改变而随意简化、变更所必需的授权审批程序。单位在严格实行网上交易、电子支付操作人员不相容职务相互分离控制的同时，应当配备专人加强对交易和支付行为的审核。

9）单位应当定期和不定期地进行现金盘点，确保现金账面余额与实际库存相符。若发现不符应及时查明原因，并做出处理。

3. 票据及有关印章的管理

1）单位应当加强与货币资金相关的票据的管理，明确各种票据的购买、保管、领用、背书转让、注销等环节的职责权限和程序，并专设登记簿进行记录，防止空白票据的遗失和被盗用。

单位因填写、开具失误或者其他原因导致作废的法定票据，应当按规定予以保存，不得随意处置或销毁。对超过法定保管期限、可以销毁的票据，在履行审核手续后进行销毁，但应当建立销毁清册并由授权人监销。

2）单位应当加强银行预留印鉴的管理。财务专用章应由专人保管，个人名章必须由本人或其授权人员保管。严禁一人保管支付款项所需的全部印章。按规定需要有关负责人签字或盖章的经济业务，必须严格履行签字或盖章手续。

4. 监督检查

1）单位应当建立对货币资金业务的监督检查制度，明确监督检查机构或人员的职责权限，定期和不定期地进行检查。

2）货币资金监督检查的内容主要包括：

① 货币资金业务相关岗位及人员的设置情况。重点检查是否存在货币资金业务不相容、职务混岗的现象。

② 货币资金授权批准制度的执行情况。重点检查货币资金支出的授权批准手续是否健全，是否存在越权审批行为。

③ 支付款项印章的保管情况。重点检查是否存在办理付款业务所需的全部印章交由一人保管的现象。

④ 票据的保管情况。重点检查票据的购买、领用、保管手续是否健全，票据保管是否存在漏洞。

3）对监督检查过程中发现的货币资金内部控制中的薄弱环节，应当及时采取措施，加以纠正和完善。

二、货币资金内部控制测试

1. 了解相应的内部控制

注册会计师在进行货币资金的控制测试时，应先对被审计单位的内部控制制度进行相应了解。了解其内部控制制度的设计及执行情况如何，可以通过查阅被审计单位的有关规章制度等重要文件，现场观察被审计单位的有关业务活动，询问被审计单位有关人员等方法，以获取被审计单位内部控制的资料（如为再度审计，还可以查阅以前年度有关的审计工作底稿），以掌握被审计单位有关内部控制的情况，并对所掌握的情况进行适当的记录。

下面以现金管理和银行存款管理要点为例，在实务中可能由于每个单位的货币资金管理方式或内部控制的不同而有所不同。

针对现金管理的内部控制主要了解：①出纳人员每日对库存现金自行盘点，编制现金报表，计入当日现金收入、支出及结余额，并将结余额与实际库存进行核对，如有差异应及时查明原因。②会计主管不定期检查现金日报表。月末，会计主管指定出纳人员以外的人员对现金进行盘点，编制库存现金盘点表，将盘点金额与现金日记账金额进行核对。

针对银行存款的管理主要了解：①银行账户管理。单位银行账户的开立、变更或注销须经财务经理审核，报总经理审批。②编制银行存款余额调节表。每月末，会计主管指定出纳人员以外的人员核对银行存款日记账和银行对账单，编制银行存款余额调节表与银行对账单调节相符。如果调节不符，应查明原因。会计主管复核银行余额调节表，对需要进行调节的项目及时进行处理。③票据管理。财务部门设置银行票据登记簿，防止票据遗失或盗用。④印章管理。单位的财务专用章由财务经理保管，办理相关业务中使用的个人名章由出纳人员保管。

如果了解内部控制之后，认为仅实施实质性程序不能提供认定层次充分、适当的审计证据，注册会计师应当实施控制测试，以就与认定相关的控制在相关期间或时点的运行的有效性获取充分、适当的审计证据。如果根据注册会计师的判断，决定对货币资金进行财务实质性审计方案，在此情况下，无须实施本节所述的测试内部控制运行的有效性的程序。

2. 库存现金的控制测试

在了解内部控制并已识别重大错报风险的基础上，注册会计师选取拟测试的控制并实施控制测试。以下举例说明几种常见的库存现金内部控制及注册会计师相应可能实施的内部控制测试程序。

（1）现金付款的审批和复核

如果被审计单位针对现金付款审批作出以下内部控制要求：部门经理批准本部门的付款申请，审核付款业务是否真实发生、付款金额是否准确，以及后附票据是否齐备，并在审核无误后签字认可。财务部门在安排付款前，财务经理再次复核经审批的付款申请及后附相关凭据或证明，如核对一致，进行签字认可并安排付款。针对内部控制，注册会计师可以在选取适当样本的基础上实施以下控制测试程序：①询问相关部门的部门经理和财务经理在日常现金付款业务中执行的内部控制，以确定其是否与被审计单位内部控制政策要求保持一致；②观察财务经理复核付款申请的过程，是否核对了付款申请的用途、金额及后附相关凭据，以及在核对无误后是否进行了签字确认；③重新核对经审批及复核的付款申请及其相关凭证，并检查是否经签字确认。

（2）现金盘点

注册会计师针对被审计单位的现金盘点实施的现金监盘可能涉及：①检查以确定其是否存在，并检查现金盘点结果；②观察执行现金盘点的人员对盘点计划的遵循情况，以及用于记录和控制现金盘点结果的程序的实施情况；③获取被审计单位现金盘点程序可靠性的审计证据。现金监盘程序是用作控制测试还是实质性程序，取决于注册会计师对风险评估结果、审计方案和实施的特定程序的判断。注册会计师可以将现金监盘同时用作控制测试和实质性程序。如果被审计单位库存现金存放部门有两处或两处以上，应同时进行盘点。

例如，被审计单位针对现金盘点作出以下内部控制要求，会计主管指定应付账款会计每月末的最后一天对库存现金进行盘点，根据盘点结果编制库存现金盘点表，将盘点余额与现金日记账余额进行核对，并对差异调节项进行说明。如果被审计单位的现金交易比例较高，注册会计师可以考虑在了解和评价被审计单位现金交易内部控制的基础上，针对相关控制运行的有效性获取充分、适当的审计证据。

3. 银行存款的控制测试

注册会计师选取拟测试的控制并实施控制测试，以下举例说明几种常见的银行存款内部控制测试及注册会计师相应可能实施的内部控制测试程序。

（1）银行账户的开立、变更和注销

如被审计单位针对银行账户的开立、变更和注销作出以下内部控制要求：会计主管根据被审计单位的实际业务需要就银行账户的开立、变更和注销提出申请，经财务经理审核后报总经理审批。针对该内部控制，注册会计师可以实施以下控制测试程序：①询问会计主管被审计单位本年开户、变更、撤销的整体情况；②取得本年度账户开立、变更、撤销申请项目清单，检查清单的完整性，并在选取适当样本的基础上检查账户的开立、变更、撤销项目是否已经财务经理和总经理审批。

（2）银行付款的审批和复核

如被审计单位针对银行付款审批作出以下内部控制要求：部门经理审批本部门的付款申请，审核付款业务是否真实发生、付款金额是否准确，以及后附票据是否齐备，并在复核无误后签字认可。财务部门在安排付款前，财务经理再次复核经审批的付款申请及后附相关凭据或证明，如核对一致，则进行签字认可并安排付款。针对该内部控制，注册会计师可以在选取适当样本的基础上实施以下控制测试程序：①询问相关业务部门的部门经理和财务经理在日常银行付款业务中执行的内部控制，以确定其是否与被审计单位内部控制政策要求保持一致；②观察财务经理复核付款申请的过程，是否核对了付款申请的用途、金额及后附相关凭证，以及在核对无误后是否进行了签字确认；③重新核对经审批及复核的付款申请及相关凭据，并检查是否经签字确认。

（3）编制银行存款余额调节表

被审计单位为了保证财务报表中银行存款余额的存在性、完整性和准确性作出以下内部控制要求：每月末，会计主管指定应收账款会计核对银行存款日记账和银行对账单，编制银行存款余额调节表，使银行存款账面余额与银行对账单调节相符。如存在差异项，应查明原因并进行差异调节说明。会计主管复核银行存款余额调节表，对需要进行调整的调节项目进行处理，并签字确认，针对该内部控制，注册会计师可以实施以下控制测试程序：①询问应收账款会计和会计主管，以确定其执行的内部控制是否与被审计单位内部控制政策要求保持一致，特别是针对未达账项的编制及审批流程；②针对选取的样本，检查银行存款余额调节表，查看调节表中记录的企业银行存款日记账余额是否与银行存款日记账余额保持一致、调节表中记录的银行对账单余额是否与被审计单位提供的银行对账单中的余额保持一致；③针对调节项目，检查是否经会计主管签字复核；④针对大额未达账项进行期后收付款的检查。

4. 评价货币资金的内部控制

注册会计师在完成上述程序之后，即可对货币资金的内部控制进行评价。评价时，注册会计师应首先确定货币资金内部控制可信赖的程序及存在的薄弱环节和缺点，然后据以确定在货币资金实质性测试中对哪些环节可以适当减少审计程序，哪些环节应增加审计程序，并做重点检查，以减少审计风险。

任务三　库存现金审计

现金是指企业的库存现金，包括人民币现金和外币现金。现金是企业流动性最强的资产，尽管其在企业资产总额中的比重不大，但企业发生的舞弊事件大都与现金有关。因此，注册会计师应重视现金的审计。

一、库存现金审计的目标

库存现金审计的目标一般包括如下几方面。

1）确定被审计单位资产负债表中的现金在财务报表日是否确实存在，是否为被审计单位所拥有或控制。

2）确定被审计单位在特定期间内发生的现金收支业务是否均已记录完毕，有无遗漏。

3）确定现金余额是否正确。

4）确定现金在财务报表上的列报是否恰当。

二、库存现金审计的实质性程序

库存现金审计的实质性程序一般包括以下几方面。

1. 核对现金日记账与总账的余额是否相符

注册会计师测试现金余额的起点是核对现金日记账与总账的余额是否相符，如果不相符，应查明原因，并做出适当调整。

2. 监盘库存现金

微课：库存现金的盘点技巧

监盘库存现金是证实资产负债表所列现金是否存在的一项重要程序。盘点库存现金，通常包括对已收到但未存入银行的现金、零用金、找换金等的盘点。盘点库存现金的时间和人员应根据被审计单位的具体情况而定，但必须有出纳人员和被审计单位会计主管人员参加，并由注册会计师进行监盘。盘点库存现金的步骤和方法如下。

1）制定库存现金盘点计划，选择合适的时间，实施突击性检查。时间最好选择在上午上班前或下午下班时进行，盘点的范围一般包括企业各部门存放的现金。在进行现金盘点前，应由出纳人员将现金集中起来存入保险柜。必要时，可加封条，然后由出纳人员把已办妥的现金收付手续的收付款凭证登入现金日记账。如企业现金存放部门有两处或两处以上者，应同时进行盘点。

2）审阅现金日记账并与现金收付凭证相核对。一方面，检查日记账的记录与凭证的内容和金额是否相符；另一方面，了解凭证日期与日记账日期是否相符或接近。

3）由出纳人员根据现金日记账进行加计、累计数额，结出现金结余额。

4）盘点保险柜的现金实存额，同时编制“库存现金盘点表”，分币种、面值列示盘点金额。

5）资产负债表日后进行盘点时，应调整至资产负债表日的金额。

6）盘点金额与现金日记账余额进行核对，如有差异，应查明原因，并做出记录或适当调整。

7）若有充抵库存现金的借条、未提现支票、未作报销的原始凭证，应在“库存现金盘点表”中注明或做出必要的调整。

3. 抽查大额现金收支

注册会计师应抽查大额现金收支的原始凭证内容是否完整，有无授权批准，并核对相关账户的进账情况，如有与被审计单位生产经营业务无关的收支事项，应查明原因，并做相应的记录。

4. 检查现金收支的正确截止

被审计单位资产负债表上的现金数额，应以结账日实有数为准。因此，注册会计师必须验证现金收支的正确截止。通常，注册会计师可以对结账日前后一段时期内现金收支凭证进行审计，以确定是否存在跨期事项。

5. 检查外币现金、银行存款的折算是否正确

折算方法是否符合规定，是否与上年度一致。

微课：现金盘点表的填制

6. 检查现金是否在资产负债表上恰当地披露

【例 12-1】 2020 年 1 月 20 日，注册会计师张强和李梅在对 A 公司 2019 年 12 月 31 日资产负债表审计中，查得“货币资金”项目中的库存现金为 1 062.10 元。1 月 21 日上午 8 时，张强和李梅对该公司出纳人员王英所经管的现金进行了清点。该公司 1 月 20 日现金日记账余额为 832.10 元，清点结果如下：

1）现金实有数 627.34 元。

2）在保险柜中有下列单据已收、付款但未入账：

① 职工刘阳预借差旅费 200 元，已经领导批准。

② 职工刘刚借据一张，金额 140 元，未经领导批准，也没有说明用途。

③ 已收款但未记账的凭证共 4 张，金额 135.24 元。

3）银行核定该公司现金限额为 800 元。

4）经核对 1 月 1 日～1 月 20 日的收付款凭证和现金日记账，核实 1 月 1 日～1 月 20 日收入现金数为 2 350 元、支出现金数为 2 580 元正确无误。

要求：根据以上资料，编制库存现金盘点表，核实库存现金实有数，并调整核实 2019 年 12 月 31 日资产负债表所列数字是否正确，对现金收支、留存管理的合理性提出审计意见。

【解析】 该公司的库存现金盘点表见表 12-1。

表 12-1　库存现金盘点表

编制人：张强　　日期：2019.1.21

复核人：李梅　　日期：2019.1.22　　单位：元

项目	工作底稿	金额	备注
实点库存现金金额		627.34	
加：已付讫未入账的支出凭证 1 份		200.00	
加：白条抵库数 1 份		140.00	
减：已收未入账的收入凭证 4 份		135.24	
减：代保管现金情况			
库存现金实际占用额		832.10	
库存现金账面金额（2019 年 1 月 20 日）		832.10	
银行核定库存现金金额		800.00	

现金管理人：王英　　会计主管：赵飞

根据表 12-1 资料可知：

1）该公司库存现金没有发生短缺。按会计制度规定调整后，账面余额应为 767.34 元（832.10＋135.24－200）；现金实有数为 627.34 元，加上白条抵库数（应由出纳人员退回）140 元，与账面余额相符。

2）2019 年 12 月 31 日，库存现金应有数为 997.34 元（767.34－2 350＋2 580），与 2019 年度资产负债表中“货币资金”项目的库存现金数 1 062.10 元不相符，相差 64.76 元。此差异应尽快查明原因并做会计分录调整处理。

3）该公司库存现金收支、留存中存在不合法现象：一是有白条抵库 140 元，违反现金管理制度；二是超现金限额留存现金，2019 年 12 月 31 日超限额 197.34 元，违反现金限额的有关规定。

任务四　银行存款审计

银行存款是指企业存放在银行或其他金融机构的货币资金。按照国家有关规定，凡是独立核算的企业都必须在当地银行开设账户。企业在银行开设账户以后，除按核定的限额保留库存现金外，超过限额的现金必须存入银行；除了在规定的范围内可以用现金直接支付的款项外，在经营过程中所发生的一切货币收支业务，都必须通过银行存款账户进行结算。

银行存款较之现金，其业务涉及面广、内容复杂、金额较大，收付款凭证数量较多，因而是货币资金审计的重要组成部分。

一、银行存款的审计目标

银行存款的审计目标一般包括：

1）确定被审计单位资产负债表中的银行存款在财务报表日是否确实存在，是否为被审计单位所拥有或控制。

2）确定被审计单位在特定期间内发生的银行存款收支业务是否均已记录完毕，有无遗漏。

3）确定银行存款的余额是否正确。

4）确定银行存款在财务报表上的列报是否恰当。

二、银行存款审计的实质性程序

1. 核对银行存款日记账余额与总账余额是否相符

注册会计师在审查银行存款余额时，首先应做的是核对银行存款日记账余额与总账余额是否相符。如果不相符，则注册会计师应查明原因，将其作为继续审查银行存款余额的基础。

2. 实施实质性分析程序

计算银行存款累计余额应收利息收入，分析比较被审计单位银行存款应收利息收入与实际利息收入的差异是否恰当，评估利息收入的合理性，检查是否存在高息资金拆借，确认银行存款余额是否存在，利息收入是否已经完整记录。

3. 检查银行存款账户发生额

注册会计师还可以考虑对银行存款账户的发生额实施以下程序：

1）分析不同账户发生银行存款日记账漏记银行交易的可能性，获取相关账户相关期间的全部银行对账单。

2）如果对被审计单位银行对账单的真实性存在疑虑，注册会计师可以在被审计单位的协助下亲自到银行对账。在获取银行对账单时，注册会计师要全程关注银行对账单的打印过程。

3）从银行对账单中选取交易的样本与被审计单位银行存款日记账上选取样本，核对至银行对账单。

4）浏览银行对账单，选取大额异常交易，如银行对账单上有一收一付相同的金额，或分次转出相同金额等，检查被审计单位银行存款日记账上有无该项收付金额记录。

4. 取得并检查银行对账单和银行存款余额调节表

取得并检查银行存款余额对账单和银行存款余额调节表是证实资产负债表所列货币资金中银行存款是否存在的一个重要程序。银行存款余额调节表通常应由被审计单位根据不用的银行账户及货币种类分别编制，具体审计程序主要包括以下几点。

微课：银行存款余额调节表审计的重点

（1）取得并检查银行对账单

① 取得被审计单位加盖银行印章的银行对账单，注册会计师应对银行对账单的真实性保持警觉，必要时，亲自到银行获取对账单，并对获取过程保持控制。

② 将获取的银行对账单余额与银行存款日记账余额进行核对，如存在差异，应获取银行存款余额调节表。

③ 将被审计单位资产负债日的银行对账单与银行询证函回函核对，确认是否一致。

（2）取得并检查银行存款余额调节表

① 检查银行存款余额调节表中加计数是否正确，调节后银行存款日记账余额与银行对账单余额是否一致。

② 检查调节事项。对单位已收付、银行尚未入账的事项，检查相关收付款凭证，并取得期后银行对账单，确认未达账项是否存在，银行是否已于期后入账；对于银行已收付、单位尚未入账的事项，检查期后单位入账的收付款凭证，确认未达账项是否存在，如果单位的银行存款余额调节表存在大额或较长时间的未达账项，注册会计师应查明原因并确定是否需要提请被审计单位进行调整。

③ 关注长期未达账项，查看是否存在挪用资金等事项。

④ 特别关注银付、单位未付以及单位付、银未付中支付异常的领款事项，包括没有载明收款人、签字不全等支付事项，确认是否存在舞弊。

一般而言，银行存款余额调节表应由被审计单位编制并向注册会计师提供，但在某些情况下（如被审计单位内部控制比较薄弱），注册会计师也可自行编制，以证实被审计单位所列货币资金中所含银行存款的金额。

需要指出的是，对于其他货币资金，为了确定其真实性，同样可以向被审计单位或其开户银行索取银行对账单，核对各存款的账面余额，并对其未达账项编制银行存款余额调节表进行调节并加以审查，具体审查方法同上述银行存款的审查方法。

微课：银行存款余额调节表的检查

表 12-2 为银行存款余额调节表。

表 12-2　银行存款余额调节表

年　　月　　日

编制人：　　日期：　　索引号：

复核人：　　日期：　　页　次：

币　种：

户别：

项目	
银行对账单余额（　　年　　月　　日）	
加：企业已收、银行尚未入账金额	
其中：1.__________元	
2.__________元	
减：企业已付、银行尚未入账金额	
其中：1.__________元	
2.__________元	
调整后银行对账单金额	
企业银行存款日记账金额（　　年　　月　　日）	
加：银行已收、企业尚未入账金额	
其中：1.__________元	
2.__________元	
减：银行已付、企业尚未入账金额	
其中：1.__________元	
2.__________元	
调整后企业银行存款日记账余额	
经办会计人员：（签字）	会计主管：（签字）

5. 函证银行存款余额，编制银行函证结果汇总表，检查银行回函

银行函证程序是证实资产负债表所列银行存款是否存在的重要程序。通过向往来银行函证，注册会计师不仅可以了解单位资产的存在，还可以了解单位账面反映所欠银行债务的情况，并有助于发现单位未入账的银行借款和未披露的或有负债。

注册会计师应当对银行存款（包括零余额账户和在本期内注销的账户）、借款及与金融机构往来的其他重要信息实施函证程序，除非有充分证据表明某一银行存款、借款及与金融机构往来的其他重要信息对财务报表不重要且与之相关的重大错报风险很低。如果不对这些项目实施函证程序，注册会计师应当在审计底稿中说明理由。

当实施函证程序时，注册会计师应当对询证函保持控制，当函证信息与银行回函结果不符时，注册会计师应当调查不符事项，以确定是否表明存在错报。在实施银行函证时，注册会计师需要以被审计单位名义向银行发函询证，以验证被审计单位的银行存款是否真实、合法、完整。

根据《关于进一步规范银行函证及回函工作的通知》（财会〔2020〕12 号）（以下简称《通知》），各银行在收到符合规定的询证函之日起 10 个工作日内，按照要求将回函直接寄往会计师事务所或交付跟函注册会计师。各银行因询证函不符合规定拒绝回函，应当在收到询证函 3 个工作日内通知会计师事务所。参考格式如下所示：

银行询证函（通用格式）

编号：

××银行（以下简称“贵行”）：

本公司聘请的××会计师事务所正在对本公司××年度财务报表进行审计，按照中国注册会计师审计准则的要求，应当询证本公司与贵行相关的信息。下列第 1-14 项信息出自本单位的记录：

（1）如与贵行记录相符，请在本函 “结论”部分签字、签章；

（2）如有不符，请在本函“结论”部分列明不符项目及具体内容，并签字和盖章。本公司谨授权贵行将回函直接寄至××会计师事务所，地址及联系方式如下：

回函地址：

联系人：　　　　　　电话：　　　　　　传真：　　　　　　邮编：

电子邮箱：

本公司谨授权贵行可从本公司××账户支取本询证函回函服务的费用。

截至××年××月××日止，本公司与贵行相关的信息列示如下：

1. 银行存款

××（银行）　　　　　　　　　　　　　　　　　　　　　编号：

账户名称	银行账号	币种	利率	账户类型	账户余额	是否属于资金归集（资金池或其他资金管理）账户	起止日期	是否存在冻结、担保或其他限制（如有，请注明）	备注

除上述列示的银行存款（包括余额为零的存款账户）外，本公司并无在贵行的其他存款。

2. 银行借款

借款人名称	借款账号	币种	余额	借款日期	到期日期	利率	抵（质）押品/担保人	备注

除以上所述，本公司并无自贵行的其他借款。

3. 自　　年　　月　　日起至　　年　　月　　日期间注销的账户

账户名称	银行账号	币种	注销账户日

除上述列示的注销账户外，本公司在此期间并未在贵行注销其他账户。

4. 本公司作为委托人的委托贷款

账户名称	银行结算账号	资金借入方	币种	利率	余额	贷款起止日期	备注

除上述列示的委托存款外，本公司并无通过贵行办理的其他以本公司作为委托人的委托存款。

5. 本公司作为借款人的委托贷款

账户名称	银行结算账号	资金借出方	币种	利率	余额	贷款起止日期	备注

除上述列示的委托贷款外，本公司并无通过贵行办理的其他以本公司作为借款人的委托贷款。

6. 担保

（1）本公司为其他单位提供的，以贵行作为担保受益人的担保。

被担保人	担保方式	币种	担保金额	担保到期日	担保合同编号	备注

除上述列示的担保外，本公司并无其他以贵行作为担保受益人的担保。

（2）贵行向本公司提供的担保（如保函业务、备用信用证业务等）。

被担保人	担保方式	币种	担保金额	担保到期日	担保合同编号	备注

除上述列示的担保外，本公司并无贵行提供的其他担保。

7. 本公司作为出票人且由贵行承兑而尚未支付的银行承兑汇票

银行承兑汇票号码	结算账户账号	币种	票面金额	出票日	到期日	抵（质）押品

除上述列示的银行承兑汇票外，本公司并无由贵行承兑而尚未支付的其他银行承兑汇票。

8. 本公司向贵行已贴现而尚未到期的商业汇票

商业汇票号码	承兑人名称	币种	票面金额	出票日	到期日	贴现日	贴现率	贴现净额

除上述列示的商业汇票外，本公司并无向贵行已贴现而尚未到期的其他商业汇票。

9. 本公司作为持票人且由贵行托收的商业汇票

商业汇票号码	承兑人名称	币种	票面金额	出票日	到期日

除上述列示的商业汇票外，本公司并无由贵行托收的其他商业汇票。

10. 本公司作为申请人，由贵行开具的、未履行完毕的不可撤销信用证

信用证号码	受益人	币种	信用证金额	到期日	未使用金额

除上述列示的不可撤销的信用证外，本公司并无由贵行开具的、未履行完毕的其他不可撤销信用证。

11. 本公司与贵行之间未履行完毕的其他外汇买卖合约

类别	合约号码	贵行卖出币种	贵行买入币种	未履行的合约买卖金额	汇率	交收日期

除上述列示的外汇买卖合约外，本公司并无与贵行之间未履行完毕的其他外汇买卖合约。

12. 本公司存放于贵行的有价证券或其他产权文件

有价证券或其他产权文件名称	有价证券代码产权文件编号	数量	币种	金额

除上述列示的有价证券或其他产权文件外，本公司并无存放于贵行的其他有价证券或其他产权文件。

13. 本公司购买的由贵行发行的未到期银行理财产品

产品名称	产品类型	币种	持有份额	产品净值	购买日	到期日	是否被用于担保或存在其他使用限制

除上述的银行理财产品外，本公司并无购买其他由贵行发行的理财产品。

14. 其他

注：此表应列示注册会计师认为重大且应予函证的其他事项，如欠银行的其他负债或者或有负债、除外汇买卖外的其他衍生交易、贵金属交易等。

（预留印鉴）

年　　月　　日

经办人：

职务：

电话：

以下由被询证银行填列

结论：

经本行核对，所函证项目与本行记载信息相符，特此函复。 年　　月　　日 经办人：　　职务：　　电话： 复核人：　　职务：　　电话： （银行盖章）
经银行核对，存在以下不符之处。 年　　月　　日 经办人：　　职务：　　电话： 复核人：　　职务：　　电话： （银行盖章）

6. 检查银行存款账户存款人是否为被审计单位

若存款人非被审计单位，应获取该账户户主和被审计单位的书面声明，确认资产负债表日是否需要提请被审计单位进行调整。

7. 关注是否存在质押、冻结等对变现有限制或存在境外的款项

如果存在，是否已提请被审计单位做必要的调整和披露。

8. 对不符合现金及现金等价物条件的银行存款在审计工作底稿中予以列明，以考虑对现金流量表的影响

将现金流量表中反映企业经营活动、投资活动、筹资活动产生的现金流量及其各项目流入、流出涉及的银行存款详细审核，看是否符合现金及现金等价物条件，能否列入现金流量表中。

9. 抽查大额银行存款收支的原始凭证

检查原始凭证是否齐全、记账凭证与原始凭证是否相符、账务处理是否正确、是否记录于恰当的会计期间等项内容。检查是否存在非营业目的的大额货币资金转移，并核对相关账户的进账情况；如有与被审计单位生产经营无关的收支事项，应查明原因并做相应的记录。

10. 检查银行存款收支的截至是否正确

选取资产负债表日前后若干张、一定金额以上的凭证实施截止测试，关注业务内容及对应项目，如跨期收支事项，应考虑是否提请被审计单位进行调整。

11. 检查银行存款是否在财务报表中作出恰当列报

根据有关规定，单位的银行存款在资产负债表的“货币资金”项目中反映，所以，注册会计师应在实施上述审计程序后，确定银行存款账户的期末余额是否恰当，进而确定银行存款是否在资产负债表中恰当披露。此外，如果企业的银行存款存在抵押、冻结等使用限制情况或者潜在回收风险，注册会计师应关注单位是否已经恰当披露有关情况。

【例 12-2】 某会计师事务所接受环天有限公司的委托，对其 2019 年 12 月 31 日的资产负债表进行审计。在审查资产负债表“货币资金”项目时，发现该公司 2019 年 12 月 31 日的银行存款账面余额为 32 000 元，派审计人员向开户银行取得银行对账单一张，2019 年 12 月 31 日的银行对账单存款余额为 41 000 元。另外，查有下列未达账款和记账差错：

1）12 月 23 日，公司送存转账支票 6 000 元，银行尚未入账。

2）12 月 24 日，公司开出转账支票 7 200 元，持票人尚未到银行办理转账手续。

3）12 月 25 日，委托银行收款 10 500 元，银行已收妥入账，但收款通知尚未到达该公司。

4）12 月 30 日，银行代付水费 3 200 元，但银行付款通知单尚未到达该公司。

5）12 月 13 日，收到银行收款通知单，金额为 4 000 元，公司入账时将银行存款增加错记成 3 500 元。

要求：根据上述资料，编制银行存款余额调节表，核实 2019 年 12 月 31 日资产负债表上“货币资金”项目中银行存款数额的正确性。

【解析】　注册会计师根据收集的资料，编制银行存款余额调节表（表 12-3）。

表 12-3　银行存款余额调节表

2019 年 12 月 31 日

编制人：　　日期：　　索引号：

复核人：　　日期：　　页　次：

币　种：

户别：中国工商银行基本存款户

项目	
银行对账单余额　41 000 元　（ 2019 年 12 月 31 日 ）	
加：企业已收、银行尚未入账金额 其中：1. 6 000 元 2. ______元 减：企业已付、银行尚未入账金额 其中：1. 7 200 元 2. ______元 调整后银行对账单金额 39 800 元 企业银行存款日记账金额 32 000 元（2019 年 12 月 31 日） 加：银行已收、企业尚未入账金额 其中：1. 10 500 元 2. 500 元 减：银行已付、企业尚未入账金额 其中：1. 3 200 元 2. ______元 调整后企业银行存款日记账余额 39 800 元	
经办会计人员：（签字）王平	会计主管：（签字）张冬

从银行存款余额调节表可以看出，环天有限公司 2019 年 12 月 31 日银行存款的数额经调整后应为 39 800 元，从而证明该公司银行存款账面余额 32 000 元基本属实。

三、其他货币资金审计的实质性程序

1）如果被审计单位有定期存款，注册会计师可以考虑实施以下审计程序：

① 向管理层询问定期存款存在的商业理由并评估其合理性。

② 获取定期存款明细账，检查是否与账面记录金额一致，存款人是否为被审计单位，定期存款是否被质押或限制使用。

③ 在监盘库存现金的同时，监盘定期存款凭据。如果被审计单位在资产负债表日有大额定期存款，基于对风险的判断考虑选择在资产负债表日实施监盘。

④ 对未质押的定期存款，应检查开户证实书原件，以防止被审计单位提供的复印

件是未质押（或未提现）前原件的复印件。在检查时，还要认真核对相关信息，包括存款人、金额、期限等，如有异常，需实施进一步审计程序。

⑤ 对已质押的定期存款，应检查定期存单复印件，并与相应的质押合同核对。对于质押借款的定期存单，应关注定期存单对应的质押借款有无入账，对于超过借款期限但仍处于质押状态的定期存款，还应关注相关借款的偿还情况，了解相关质权是否已被行使；对于为他人担保的定期存单，应关注担保是否逾期及相关质权是否已被行使。

⑥ 函证定期存款的相关信息。

⑦ 结合财务费用审计测算利息收入的合理性，判断是否存在体外资金循环的情形。

⑧ 在资产负债表日后已提取的定期存款，应核对相应的兑付凭证等。

⑨ 关注被审计单位是否在财务报表附注中对定期存款给予充分披露。

2）除定期存款外，注册会计师对其他货币资金实施审计程序时，通常需特别关注以下事项：

① 保证金存款的检查，检查开立银行承兑汇票的协议或银行授信审批文件。可以将保证金账户对账单与相应的交易进行核对，根据被审计单位应付票据的规模，合理推断保证金数额，检查保证金与相关债务的比例和合同约定是否一致，特别关注是否存在有保证金发生而被审计单位无对应保证事项的情形。

② 对于存出投资款，应跟踪资金流向，并获取董事会决议等批准文件、开户资料、授权操作资料等。如果投资于证券交易业务，通常结合相应金融资产项目审计，核对证券账户名称是否与被审计单位相符，获取证券公司证券交易结算资金账户的交易流水，抽查大额资金收支，关注资金收支的财务账面记录与资金流水是否相符。

项 目 小 结

本项目阐述了货币资金审计，包括了解货币资金与交易循环、货币资金内部控制及控制测试，掌握关于现金审计和银行存款的实质性程序，其中读者应重点掌握现金的监盘程序、函证银行存款和取得并检查银行存款余额调节表。

演练与提升

一、思考题

1. 简述货币资金审计主要业务活动所涉及的凭证。

2. 简述货币资金和销售与收款环节、采购与付款环节、存货与生产环节、投资与筹资循环的关系。

3. 简述货币资金内部控制的内容。

4. 简述银行存款的实质性程序。

5. 如何进行银行存款截止测试？

6. 银行存款函证的主要目的是什么？如何函证？

7. 为什么要函证被审计单位银行存款账户余额为零或已结清的开户银行？

二、实训题

（一）单项选择题

1. 对库存现金实有数额的审计，应通过对库存现金实施（　　）来进行。

A. 审阅　　B. 核对　　C. 分析　　D. 监盘

2. 核实银行存款的实有数额，应采用（　　）或派人到开户银行取得决算日企业在银行存款数额的证明。

A. 审阅　　B. 函证　　C. 核对　　D. 监盘

3. 造成银行对账单和企业银行存款日记账余额不等的原因，不可能的是（　　）。

A. 企业错记　　B. 坐支　　C. 未达账项　　D. 舞弊行为

4. 货币资金审计不涉及的凭证与记录是（　　）。

A. 库存现金盘点表　　B. 银行对账单

C. 银行存款余额调节表　　D. 现金对账单

5. 如果被审计单位的某开户银行余额为零，则注册会计师（　　）。

A. 不需再向该银行函证

B. 仍需向该银行函证

C. 可根据需要确定是否函证

D. 可根据审计业务约定书的要求确定是否函证

6. 验证银行存款收付截止日期是为了（　　）。

A. 确保所有已开出支票均已入账　　B. 确保所有收款均已入账

C. 确保银行存款余额的正确性　　D. 以上均正确

7. 下列不属于银行存款函证对象的是（　　）。

A. 在本年存过款的所有银行

B. 存款账户已结清的银行

C. 已直接取得银行对账单和所有已付支票的银行

D. 往来单位的开户银行

8. 向开户银行函证，可以证实若干目标，其中最基本的目标是（　　）。

A. 银行存款真实存在　　B. 是否有欠银行的债务

C. 是否有漏列的负债　　D. 是否有充作抵押担保的存货

9. 在进行年度财务报表审计时，为了证实被审计单位在临近12月31日签发的支票未予入账，注册会计师实施的最有效审计程序是（　　）。

A. 审查12月31日的银行存款余额调节表

B. 函证12月31日的银行存款余额

C. 审查12月31日的银行对账单

D. 审查12月份的支票存根

10. 被审计单位动用银行存款支付伪造的并未收到原材料的款项，注册会计师可以采取（　　）程序予以发现。

A. 向银行函证　　B. 从卖方发票追查银行存款日记账

C. 调节银行对账单　　D. 从银行存款日记账追查卖方发票

（二）多项选择题

1. 银行存款函证的目的是（　　）。

A. 证实银行存款余额的正确

B. 了解企业欠银行的债务

C. 发现企业未记账的银行借款

D. 确定被审计单位银行存款使用的合法性

2. 注册会计师实施的下列各项审计程序中能够证实银行存款是否存在的有（　　）。

A. 分析定期存款占银行存款的比例　　B. 检查银行存款余额调节表

C. 函证银行存款余额　　D. 分析银行存款占货币资金的比例

3. 为证实资产负债表所列的现金是否存在，应采用盘点库存现金的程序，参与盘点的人员有（　　）。

A. 被审计单位的出纳人员　　B. 被审计单位的管理层

C. 注册会计师　　D. 被审计单位会计机构的负责人

4. 影响银行存款的循环包括（　　）。

A. 销售与收款循环　　B. 采购与付款循环

C. 投资与筹资循环　　D. 存货与生产循环

5. 注册会计师寄发的银行询证函（　　）。

A. 它是以被审计单位的名义发往开户银行的

B. 它是以会计师事务所的名义发往开户银行的

C. 要求银行直接回函至会计师事务所

D. 包括银行存款和借款余额

6. 资产负债表日后盘点库存现金时，注册会计师应（　　）调整至资产负债表日的金额。

A. 扣减资产负债表日至盘点日库存现金增加额

B. 扣减资产负债表日至盘点日库存现金减少额

C. 加计资产负债表日至盘点日库存现金增加额

D. 加计资产负债表日至盘点日库存现金减少额

7. 下列对监盘库存现金，表述正确的是（　　）。

A. 监盘库存现金是证实资产负债表所列库存现金是否存在的一项重要程序

B. 实施突击性检查，时间最好是上午上班之前或下午下班时进行

C. 在盘点之前，应由注册会计师将现金集中起来

D. 对现金存放部门有两处或两处以上的，应同时进行盘点

8. 良好的货币资金内部控制的要求是（　　）。

A. 控制现金坐支，当日收入现金应及时送存银行

B. 货币资金收支与记账的岗位分离

C. 全部收支及时准确入账，并且支出要有核准手续

D. 按月盘点库存现金，编制库存现金盘点表，以做到账实相符

9. 注册会计师在盘点库存现金时，不应实施（　　）性的检查，时间最好选在上午上班前或下午下班时。

A. 突击　　B. 定期　　C. 通知　　D. 计划

10. 货币资金的控制测试包括（　　）。

A. 结合收、付款交易测试

B. 抽取现金盘点表和银行存款余额调节表

C. 抽取银行结算凭证

D. 监盘库存现金

（三）判断题

1. 监盘库存现金通常采用突击的方式进行，现金保管人员不必始终在场。（　　）

2. 监盘库存现金必须有出纳人员和被审计单位会计机构负责人参加，并由注册会计师亲自进行盘点。（　　）

3. 为了确定结算日被审计单位银行存款余额，注册会计师应取得或编制每一银行的银行存款余额调节表，并进行相应的复核。（　　）

4. 银行存款函证的目的不包括查找未入账的银行借款。（　　）

5. 通过对银行存款期末余额调节表的审查，可以验证期末银行存款的真正余额。（　　）

6. 现金截止测试是为了证实现金余额的正确性。（　　）

7. 盘点库存现金是证实资产负债表所列现金是否存在的一项重要程序。（　　）

8. 若被审计单位某一银行账户已结清，注册会计师可不再向此银行进行函证。（　　）

9. 如果被审计单位对同一张购货发票两次付款，注册会计师通过审查银行存款余额调节表即可发现。（　　）

10. 资产负债表日后进行现金盘点时，应倒推计算调整至资产负债表日的金额。（　　）

（四）案例分析题

1. 注册会计师高洁对 ABC 公司银行存款进行审计时，发现以下情况：2019 年 12 月 31 日，银行存款余额 276 300 元，银行对账单中银行存款余额为 252 000 元（经核对正确）。2019 年 12 月 31 日，资产负债表“货币资金”项目中银行存款数额为 290 000 元，经审查发现有以下几笔未达账项：

1）2019 年 12 月 30 日，委托银行收款 45 000 元，银行已入账，收款通知单尚未到达公司。

2）2019 年 12 月 31 日，公司开出一张现金支票 12 000 元，银行尚未入账。

3）2019 年 12 月 31 日，银行已代付公司电费 20 000 元，银行已入账，公司尚未收到付款通知。

4）2019 年 12 月 31 日，公司收到外单位转账支票一张，计 58 000 元，公司已收款入账，银行尚未入账。

5）2019 年 12 月 30 日，收到银行通知单，金额为 138 500 元，公司入账时误记为 135 000 元。

要求：

1）审计人员应如何编制银行存款余额调节表？

2）如果发现银行余额不符时，应实施哪些程序进一步进行审计？

2. 阅读下述资料，并指出资料中财务管理上存在的问题。

一张白条牵出一批腐败分子

（1）一张白条

2006 年 3 月，一张在例行检查中发现的白条，让某市矿山设计研究院和院长孟某正式进入了检察人员的视线。这是一张盖有矿山设计研究院财务专用章的收据，时间是 2005 年 10 月，金额为 3 万元，项目为安全生产许可评价费。

其实在接到这张白条之前，检察人员关注煤炭行业已有一段时间了。某市矿山设计研究院是煤炭安全监察局下属的一个事业单位，业务范围是煤矿的设计、安全生产许可评价和安全生产预评价。由于与某市煤矿监察局有着非常特殊的关系，它打着煤矿安全监察局的旗号，进行安全生产许可评价，可谓是“近水楼台先得月”，有着得天独厚的条件。

因为一年中过手的这样的线索会有几十个，这样的白条在一般情况下是不会查的。但特殊的行业、特殊的背景，再加上曾特殊关注过，检察人员对这张白条没有轻易放手，而是做了一些“准备工作”。根据可能出现的情况进行摸底，是逃税？是贪污？还是有“小金库”？“小金库”的背后是否存在经济犯罪？

一般来说，白条就意味着收入不上账，意味着可能有“小金库”，检察人员分析矿山设计研究院可能有“小金库”，而且数目不小。

（2）可能有几本收据

首先对某市煤矿安全监察局下属的个体煤矿进行了概算：A 市 100 家，B 县几十家，C 区将近 200 家，D 区约 80 家，在这两三年前更多，也就是说在某市最少有五六百家个体煤矿。按 30%计算，矿山设计研究院若能承揽其中的一二百家的安全生产许可评价业务，就可能有五六百万元的收入，这是一个最保守的预计。其次，矿山设计研究院是一个业务部门，依据行规在承揽业务中存在收取好处费和回扣问题是非常有可能的，而好处费和回扣的来源正是问题之所在。

因此，查明矿山设计研究院是否存在“小金库”就成为问题的关键。

（3）必然有小金库

3 月 23 日上午，对某市矿山设计研究院进行了正常的例行检查，检察人员直奔财务室，要求协助调查，查实有关票据的真伪。检察人员要求出纳成某拿出白条收据的底联，她显得非常慌张，很不情愿地拿出了一本正在使用的收据，开出的金额有 100 多万元。

初步调查的结果和检察人员的预想基本相同。由于行业的特殊性，矿山设计研究院的收入大部分是现金，存在收入不入账，支出无明细的问题。

随后，检察人员又找到和白条有关的十几本收据，大约有 100 多笔，数额多的有 5 万元，少的有几千元，而且白条相加的数额和大账不符，在查账的同时，检察人员封存了矿山设计研究院的档案室，读取了 2006 年 6 月以后的所有的煤矿安全生产许可评价的合同书，与成某的账目进行核对，成某知道无法隐瞒下去，不得已拿出了二十几个存在自己名下的存折，大约有 800 万元。

为了解脱自己，成某还拿出了所有正当支出的票据，并说还有很多支出是没有票据和手续的，都是“领导拿走了”。为了证明自己的说法，她又拿出一个小本子。由于院长孟某经常从她保管的“小金库”里拿钱，有时打条，有时不打条，她怕日后说不清楚，就把许多支出记在这个本子上。

经仔细核对，检察人员初步认定矿山设计研究院的“小金库”中有 240 余万元支出去向不明，仅孟某名下就有 140 余万元，另有 87 万元的“借款”不知去向，可能涉嫌违法犯罪问题，检察人员当即将孟某和成某带回检察院协助调查。

由于孟某在财务上拿钱时没有任何手续，他一口咬定自己没拿过钱，而且毫不知情。经过几个小时耐心细致的思想工作后，孟某终于承认 87 万元是他拿走了。追问去向，他说都是自己用了，真实用途却“不能说”。

当晚，对孟某以挪用公款罪立案侦查。

案件进入了攻坚阶段。为加强保密，将孟某异地关押在 E 市 F 区看守所，由赵安灵检察长、江晨和谢宏江副检察长亲自指挥，陈加林处长坐镇的审讯小组加大了审讯的力度。

但第一次正面交锋孟某就给检察人员出了一道难题，在审讯的前两天，他除了“不知道”“不清楚”，拒绝回答问题，他的另一个“杀手锏”就是哭，而且花样翻新，有时是低声抽泣，有时则放声大哭，一哭就是一上午。

（4）“小金库”的去向牵出一批腐败分子

要想让孟某“开口”，首先要卸下他的思想包袱，减轻他的精神负担，为此，检察人员不再急于讯问钱款的去向，而是和他交朋友，聊家常，和他一起探讨价值观，设身处地为他着想，以同情的心态和他谈家庭，谈未来，晓之以理，动之以情。

在审讯方法上，2 名审讯人员各有分工，一人负责谈心，一人负责讯问，谈心和讯问交叉或同时进行。以谈心交流为主，讯问钱款去向为辅，讲解有关的法律知识，使他明白不讲真话应承担的法律后果，耐心给他指明出路。

检察官充满人性化的办案态度感动了孟某，他感到检察人员是他可以信赖的亲人，并逐渐认识到，从法律规定上讲，不讲清自己的问题，将会受到法律的严惩；从办案人员对他的关心来讲，不讲清问题也对不起自己的良心。一个星期后，孟某的心理防线开始松动。

在审讯组负责攻克堡垒的时候，外调组也在调查相关人员在银行的存款情况和查获的银行卡的开户手续、提取经过，对账组审查矿山设计研究院的往来账后，落实“小金库”的具体数额。

孟某的案件，可以说在某市煤矿安全监察系统投下了一枚重磅炸弹，其他区县的5个煤矿安全监察局局长应声落马，某省煤矿安全监察局技术装备保障处处长刁某、某市物价局行政事业性收费检查处处长李某、某市煤炭管理局行业管理处处长丁某也被横飞的“弹片”击中，落入法网。

参 考 文 献

常红，2002．审计理论与实务[M]．北京：清华大学出版社．

高翠莲，2018．审计基础与实务[M]．北京：高等教育出版社．

王顺金，刘鸿，陈立波，2010．审计学[M]．北京：北京理工大学出版社．

吴戈，2015．审计基础与实务[M]．北京：科学出版社．

张贵平，2013．审计案例分析[M]．北京：北京理工大学出版社．

中国注册会计师协会，2019．注册会计师全国统一考试辅导教材：审计[M]．北京：经济科学出版社．

附录一　技能训练资料

技能训练一

【实训题目】

练习对原始凭证的审核。

【背景资料】

收集、取得 5 张不同内容格式的凭证，练习原始凭证的审核。通过坐车、交费、购物、游乐、就餐等参加社会活动。

1）你所取得的原始凭证是否合法。

2）你所取得的原始凭证反映的内容是否真实。

3）你所取得的原始凭证应具备的要素是否齐全。

4）你所取得的原始凭证的责任人是否明确。

5）谈谈原始凭证的意义、作用。

【任务要求】

1）收集、取得 5 张以上内容格式不同的原始凭证。

2）提出收集原始凭证的方案及办法。

3）对取得的原始凭证按规定进行整理。

4）分析该原始凭证的取得来源是否合法。

5）检查审核原始凭证的要素是否齐全，格式内容填写是否规范，责任是否明确。

6）完成以上原始凭证的审核，并指出存在的问题。

【实训步骤】

通过自己 2 个月的生活学习活动，通过坐车、交费、购物、游乐、就餐等社会活动完成。

【结果评价】

序号	项目	等级分值		
		A	B	C
1	取得凭证合法真实	20 分	15 分	10 分
2	取得凭证要素齐全，责任明确	40 分	30 分	20 分

续表

序号	项目	等级分值		
		A	B	C
3	审核并能指出存在的问题	30 分	20 分	10 分
4	写出简单审核意见	10 分	5 分	3 分

技能训练二

【实训题目】

调查单位内部控制制度，明确内部控制的设立目的和意义。

【背景资料】

作为未来的一名审计人员，为保证财产物资的安全完整，需要对某单位的内部控制制度进行了解、测试，经过调查对比、分析，认识内部控制制度设立的目的与意义及要实现的目标，财务人员不相容职务有哪些及制定的相互牵制措施；钱、账、物分管的具体执行情况如何，并写出感受、认识。

【任务要求】

1）选择被调查对象（每 5 人 1 组）。

2）提出自己的调查方案。

3）对财务人员的分工、承担的责任、业务流程、凭证审核传递等进行调查。

4）用图表列出调查内容和结果。

5）写出工作底稿及建议。

【实训步骤】

1）深入各单位财务部门，询问查阅资料，查看财务规章制度。

2）对会计核算业务流程进行观察和测试。

3）列出调查提纲、调查计划，组织实施调查。

4）在调查了解、汇总资料的基础上，写出审计工作底稿或管理建议书。

【结果评价】

序号	项目	等级分值		
		A	B	C
1	深入被调查单位，调查记录的完整性	20 分	15 分	10 分
2	资料丰富，证据充分，有测试观察内容	40 分	30 分	20 分
3	管理及建议结合实际，能够提出合理建议	30 分	20 分	10 分
4	认识到内部控制制度的目标和意义	10 分	7 分	5 分

技能训练三

【实训题目】

分析判断下列书面凭证能否作为审计证据。

【背景资料】

在我们参加工作之前，首先要知道会计核算必须取得原始凭证，作为财务人员入账的基本依据，明确哪些书面证据能作为原始凭证，能否入账。要准确判断，通过调查对比、分析，写出调查认识。

【任务要求】

1）结合日常会计活动，取得原始凭证。

2）通过演练、模拟，取得书面证据。

【实训步骤】

1）由教师提供书面证据供参考：银行对账单、银行函证单、交费收据、经济合同书、法院判决书、财务预算书、询问被审计单位相关人员的书面记录、应收账款回函单等。

2）由学生自制形成书面证据：财产物资盘点表、财产物资领用申请书。

3）选择被调查单位进行调查，5 人一组。

4）列出调查提纲和调查计划，组织实施调查。

5）在了解汇总资料的基础上，写出调查报告。

【结果评价】

序号	项目	等级分值		
		A	B	C
1	调查记录完整，取得资料丰富	20 分	15 分	10 分
2	调查分析有理有据	40 分	30 分	20 分
3	调查报告规范合理，按时完成	30 分	25 分	25 分
4	对实践认识意义明确，能认识审计证据的重要性	10 分	7 分	5 分

技能训练四

【实训题目】

通过实训使学生能够了解企业单位中的业务活动，掌握对经济业务分析的能力，熟悉经济业务分析过程中使用的方法。

【背景资料】

审计人员审查某电扇厂2011年应收账款时，发现有两个明细账有异常情况，其中：

1）某商场明细账，2011年12月31日借方余额80 000元，本年无发生额。经查，此款是2008年该商场向电扇厂购电扇发生的货款。

2）某水泥厂明细账，2007年12月31日贷方余额75 000元，本年无发生额。

上述案例中的明细账可能存在什么问题？如何进一步审查此款的真实性？并提出相应的处理意见。

【任务要求】

1）结合所学专业知识，仔细观察分析业务资料。

2）提出进一步审查款项真实性的方法、途径。

3）说明如何运用审计方法。

【实训步骤】

1）对问题进行分析、判断。

2）提出自己的观点、意见。

3）提出自己的处理意见，并写出分析报告。

【结果评价】

交回分析报告，对存在的问题进行分析，谈谈自己的看法。

序号	项目	等级分值		
		A	B	C
1	对单位经济活动的了解情况以及调查询问记录的完整性	20分	15分	10分
2	提出经济业务中可能存在的问题	40分	30分	20分
3	提出自己的观点、意见	30分	20分	10分
4	分析报告的格式及内容	10分	5分	3分

技能训练五

【实训题目】

“应付职工薪酬”及其有关费用在企业成本费用中所占比重较大，如果工薪计算错误，就会严重影响成本费用和利润的正确性。因此，通过实训使学生对企业的工资薪金进行分析，判断工资薪金的范围、内容、形成的支出记录是否完整，计提依据是否合理，并且通过调查指出企业关于工资薪金计提或支付过程中可能存在的问题及解决办法。

【背景资料】

审计人员在审查某企业上年“应付职工薪酬”账户时，发现12月份比11月份多40 000元，审计人员对此有了疑问，决定进一步审查。

请问：上述企业“应付职工薪酬”账户中可能存在什么问题？应该如何展开进一步的审查？并提出相应的处理意见。

【任务要求】

1）分析问题，并提出自己的观点。
2）提出进一步审查的方法、途径。
3）提出相应的处理意见，并说明原因。

【实训步骤】

1）教师引导学生对案例作出初步分析。
2）制定审查方案。
3）提出自己的意见。
4）写出分析意见报告。

【结果评价】

序号	项目	等级分值		
		A	B	C
1	制定审查方案的合理性、可执行性	20分	15分	10分
2	提出该账户中可能存在的问题	40分	30分	20分
3	提出自己的处理意见及处理方案	30分	20分	10分
4	写出分析意见报告	10分	5分	3分

技能训练六

【实训题目】

通过对应交税费案例的分析，使学生更加清楚各个税种的计税依据、计算方法，使学生更加了解应交税费的收缴、缴纳的实质性程序，同时可以使学生了解企业中可能存在哪些偷税、漏税的行为，并且知道可以采取哪些措施来防止偷税、漏税行为的发生以及可以从哪些方面审查企业的税费缴纳情况。

【背景资料】

对企业税种、报税、交税、税控程序进行学习调查，结合所学会计专业知识，运用审计方法分析以下问题：

1）企业缴纳的税种都有哪些？它们的计税依据、申报过程、缴纳过程是如何完成的？

2）偷漏税都有哪些方法？偷漏企业所得税有哪些方法？偷漏个人所得税有哪些方法？

【任务要求】

1）查询相关资料，了解各个税种的计税依据、计算方法、收缴程序等有关知识。

2）对于偷漏税的方法提出自己的看法。

3）提出防止偷漏税行为的方法及建议，并说明原因。

【实训步骤】

1）通过实习查阅相关资料，分析企业偷漏税都有哪些方法，从而明确审计的内容和方法运用。

2）记录小组各个成员的看法，并进行整理。

3）提出关于防止偷漏税行为的方法，并记录下来（分小组进行讨论）。

4）如何防范并写出分析报告，结合实训成果在教室进行讨论讲评。

【结果评价】

序号	项目	等级分值		
		A	B	C
1	收集资料的相关性、齐全性	20 分	15 分	10 分
2	小组成员意见记录的完整性、合理性	40 分	30 分	20 分
3	观点明确，见解独特，提出自己的意见或建议	30 分	20 分	10 分
4	写出分析报告，报告格式的正确性及报告内容的丰富性	10 分	7 分	5 分

技能训练七

【实训题目】

写出管理建议书或评价报告。

【背景资料】

通过学习经济效益审计，结合市场实际对××企业进行调查。如经营方针、管理决策、投资方向、目标定位等是否准确。观察人力、物力、财力的运用是否合理、正确、有效，在调查了解的基础上写出审计工作底稿和管理建议书。

【任务要求】

1）提出自己的调查方案。

2）选择一家商场、超市或企业的经营管理方面的信息进行分析。

3）收集充分的证据（如经营决策方面成功或失败的教训）进行分析。

4）分析并写出合理建议，指出存在的问题。

【实训步骤】

1）选择一家商场、超市或企业，就目前发展和管理状况进行调查。

2）提出自己的调查方案。

3）列出调查提纲和调查计划。

4）在调查了解汇总资料的基础上写出管理建议书和评价报告。

【结果评价】

序号	项目	等级分值		
		A	B	C
1	调查方案内容的真实性，调查记录的完整性	20分	15分	10分
2	证据充足，分析有理有据	40分	30分	20分
3	调查报告规范，要素齐全，按时完成	30分	25分	20分
4	具有一定的实践效果，认识问题清楚	10分	7分	5分

技能训练八

【实训题目】

学习编写审计报告。

【背景资料】

审计报告是审计人员对被审计单位财务报表的公允性、合法性进行审查和评价的结果。通过参与某一被审计单位财务报表的审计过程，写出审计工作底稿，分类整理归纳证据资料，核实审计证据，分析问题的性质，拟订编写提纲，判断审计意见的类型，撰写简短的审计报告。

【任务要求】

1）参加某个会计师事务所、审计事务所和其他审计组织的审计活动。

2）提出自己的工作计划和调查方案。

3）提交一份简短的审计报告，要求格式规范、要素齐全，有证据、有分析、有评价结论。要求独立完成。

【实训步骤】

1）由教师推荐一些实习单位、学生报名参加，每3～5人一组。

2）列出调查提纲和实习计划，参与实施审计活动。

3）在实训过程中收集资料，并写出审计报告。

【结果评价】

序号	项目	等级分值		
		A	B	C
1	参与审计实践活动，调查记录的完整性	20 分	15 分	10 分
2	证据充分，资料丰富，分析有理且透彻	40 分	30 分	20 分
3	审计报告规范，要素齐全，按时完成	30 分	25 分	20 分
4	具有一定的实践意义及体会	10 分	7 分	5 分

附录二　课堂讨论资料

【资料 1】

君子爱财，取之有道

见到利益，人人都想得到，而且得到的越多越好，看到别人赚钱，自己也想发财，这也是非常正常的现象。

但是君子爱财，应该取之有道。

作为国君，如果太过于贪婪，那么国家灭亡的日子就不远了；作为官员，如果贪无止境，那么他的政治前途也将丧失。

人由于贪欲不止，往往只见利而不见害，结果利益也没有得到，祸害反而来临了。

一只老虎追赶一只鹿，鹿为了生存而狂奔不止，仓皇之际从悬崖上跳了下去，而老虎赶到了，也随着它跳了下去。鹿从悬崖上跳下去是不得已而为之，因为前边是悬崖，后边是老虎，后退是死，向前还有一线希望。老虎进退完全可以由自己决定，只是由于贪婪而被摔死。

为主贪，必丧其国；为臣贪，必失其身。

贪欲者众恶之本，人一旦贪欲过分，就方寸大乱，计算谋虑一乱，欲望就更加多，贪欲多心术就不正，就会被贪欲所控，离开事物本来之理来行事，必然导致把事做坏、做绝，大祸也就临头了。受贪欲的影响，总是希望自己能够多占多得，不劳而获，稍不如人，便气恨不已，只见眼前利益，丢掉长远利益。

【资料 2】

小杨的钱应该向谁要

小牛和小马是一对恋人，在准备结婚购置住房时，由于急需用钱，小牛就给同班同学小杨打电话借钱。

过了几天，小杨把钱准备好后，让小牛过来拿。但是由于小牛在外地不能赶回家就委托小马过去取钱，小马拿到钱后，小杨让打一张收条，于是小马写到：

今收到小杨人民币叁万元整。

收款人：小牛
××××年××月××日

落款是小牛，小杨看后觉得不合适，小马辩解说，是你同学小牛借你的钱，又不是我借的，只能写他的名字，我是替他来拿钱的啊。小杨想了想也就把该收条收起来了。

几年后，由于各种原因，小牛和小马分手了，和另外的小朱结婚了。小杨过去要钱时，小牛此时只承认打过电话，但并没有实际拿过钱，让小杨问小马去要钱，并说字据不是他写的，是小马自己写的。小杨问小马要时，小马却说，我就不认识你，是你同学小牛打电话向你借的钱，我只是帮他去拿一下，收据是我代他写的，落款结尾也写的是你同学小牛的名字。没有他打电话，你又不认识我，会把钱给我吗？

小杨很为难，大家分析一下他的钱该向谁要合适？如果小杨到法院起诉谁是被告，能胜诉吗？哪个地方出问题了？

【资料 3】

原始凭证的基本内容

原始凭证是会计核算的起点和基础，是记账的原始依据。

1. 原始凭证的要素

在实际工作中，原始凭证来源于四面八方，原始凭证的内容、格式、大小、颜色都不尽相同，但它们都应具备以下基本要素：原始凭证的名称；填制凭证的日期和时间；出具单位的名称及填制人的姓名；责任人、经办人员的签名盖章；接受凭证单位的名称；经济业务的内容；经济业务的数量、单位、金额；填制单位的公章；其他如原始凭证编号、防伪标识等。

2. 原始凭证的填制

为保证会计核算的质量真实，准确及时地反映经济业务内容，原始凭证的填制过程中应遵循以下要求：①真实可靠，记载真实，不允许作假、伪造、涂改、挖补；②日期与实际业务发生时间相符；③金额准确无误；④内容完整；⑤手续、要素填写齐全；⑥经手人责任明确；⑦填制及时；⑧书写清晰、字迹工整、不草不乱；⑨大小写规范一致，不串行跳格；⑩按编号次序填写使用；⑪原始凭证填写错误时，按规定的手续和方法进行更正，办理备案手续。

3. 对于特殊的原始凭证还应当符合一定的附加条件

这些附加条件包括：

1）从外单位取得的原始凭证，必须盖有填制单位公章，从个人手中取得的原始凭证，必须有填制人员签名盖章。

2）一式多联的原始凭证必须注明各联用途，并只能有一联作为报销凭证，而且必须用复写纸套写或机打。

3）自制原始凭证必须有经办单位领导或者授权指定人员签名盖章。

4）购买实物的原始凭证必须有验收证明或使用人、领用人签收签字。

5）支付款项的原始凭证，必须有收款单位收款人的收款证明。

6）发生销货退回业务，除填制退货发票外，还必须有退货验收证明，取得对方的收款收据或银行汇款凭证，不得以退货发票代替收据。

7）职工借款凭据必须附在记账凭证之后，收回借款或报销时，应当另开收据，不得退回还原借款借据。

经上级部门批准的经济业务，应当将批准文件作为原始凭证的附件，如果批准文件需要另外归档时，应当在凭证摘要栏注明文件的名称、日期、文号及存放地点，以便查阅。

4. 原始凭证的审核

原始凭证必须经过有关人员的审核，方能编制记账凭证。原始凭证审核主要从以下几个方面进行：①审核原始凭证的合法性；②审核原始凭证的真实性；③审核原始凭证的完整性、准确性；④具备的要素是否齐全；⑤数字计算、金额大小写是否准确一致；⑥收讫、付讫印鉴及有关公章是否清晰；⑦审核原始凭证配套性，原始凭证是否与相关凭证配套，如销货不但要有销货发票，还要有发货单、托运证明、出库单、结算凭证等；⑧医药费报销单还要有诊断证明，治疗过程记录、请假和销假记录。

原始凭证实效性审核主要从以下几个方面进行：①检查是否是该阶段、该期间税务局的规定发票，该发票是否有效，避免利用旧废发票损公肥私；②对于不符合规定的原始凭证，应退回有关部门或人员补办手续；③对于伪造、虚假、犯罪的应进行举报。

【资料4】

现金收付必须遵守的规定

现金收付必须遵守的规定如下。

1）到银行办理现金存取，必须明确说明来源和用途，不准编造和谎报用途套取现金。

2）不准利用支票和转账凭证套取现金。

3）不准用银行账户代其他单位和个人存入和支取现金。

4）不准用借条、白条等不符合会计制度的凭证顶替库存现金。（白条顶库）

5）不准将单位的库存现金收入以个人储蓄名义存入银行。（公款私存）

6）不准保留账外公款，不得私设“小金库”。

【资料5】

人为调节利润的方法

目前，一些企业出于股票上市、美化企业形象、获取非法利益等目的而蓄意粉饰会计报表，通过各种办法调节利润。常见的手段如下。

1）虚增销售，空挂应收账款而虚增利润。

2）销售收入不入账，作其他应付款或预收账款而隐瞒利润。

3）少转成本，或改变存货计价方法而虚增利润。

4）在建工程长期挂账，应计入损益的借款费用予以资本化，虚增利润。

5）该计提的费用不计提或少提，该摊销的费用不摊或少摊。

6）当期费用不计入，虚增利润。

7）通过固定资产折旧方式变更、调节利润。

8）购建固定资产列入成本，隐瞒利润。

9）通过变更投资收益核算方法调节利润。

10）利用计提资产减值准备调节利润等。